妈妈学堂

——让我们的孩子高贵起来

邵珊 著

作家出版社

目 录
Contents

序

我是在1990年的8月结识珊儿的。那时北京正在举办第十一届亚洲运动会，本人作为台湾大专体育总会代表团的成员之一前来参加亚运会的开幕式活动。那是我第一次访问大陆，在短短的两个星期里，我们拜访了国内各大知名高校，并观赏了开幕式及多项运动赛事，而陪同接待我们这个代表团的正是邵珊女士。

在这十四天的接触中，她的落落大方、知书达理以及敬业精神颇受代表团各位教授的青睐。在行程即将结束的时候，征得邵先生及我内人的同意，正式认其为义女。1993年我和太太一同前往北京参加了珊儿的婚礼。二十多年来，我们一直以书信、电话方式保持着联络，从未中断过。

有幸的是，这种情谊随着岁月的流逝变成了几代人的往来，我的两个儿子也和大陆的这个姐姐保持了密切的联络，并且成为了小乖（邵珊女儿）的舅舅，他们关注着小乖的成长和点滴的进步。看着她从一个嗷嗷待哺的小毛头长成一个亭亭玉立的大学生，完成了她人生中的一次又一次的蜕变。我至今收藏着我太太和珊儿的所有书信；而如今在这个信息发达的时代，儿子一刷微信一看人人，小乖的动静就全在舅舅的掌控中了。虽说联络方式变了，但不变的却是那份切切的关怀和悠悠的牵挂。

早些年，每年的暑假我们都会去北京，看望珊儿一家，那时总盼望着什么时候他们也能来台湾。现在两岸终于三通了，珊儿也终于来到了台湾。当她漫步在台大、政大的校园时，便再也抑制不住那份期盼已久而终于谋面的兴奋。

我和内人都是从事教育工作的，我退休前在台湾政治大学任体育系主任，退休后在健行科技大学任学务长，内人是台北市大安国中的教务主任。因此每每和珊儿相聚时，我们讨论最多的话题是孩子的教育问题。珊儿虽然学的是外语专业，但却热衷教育。每当小乖在成长过程中遇到这样那样的问题时，她都会和我们讨论并反复思考，找出最适合孩子的方式来教育孩子。

两岸同属中华民族，我们的教育理念自有很多相同之处，但也存在一些不同之处。在我看来有三点：

第一，相比之下，台湾会更注重传统道德文化的传承。我们会教小孩子很多做人及生活的规矩，让他们养成良好的生活习惯。这种培养从了解、认同到最后的实践、内化，它贯穿孩子的整个教育过程，从家庭到学校乃至到社会。这就是大家看到台湾的小孩子会更加有礼貌的原因。

第二，中国大陆的一胎化现象成为家庭教育一个独特景观。大陆近三十年的独生子女政策，让整整两代人因为没有兄弟姐妹而备受家长的关注，给家庭教育带来了前所未有的挑战。

第三，台湾在教育上更注重全人教育，而大陆更偏重于智力教育，这或许和大陆现行的高考制度有关。应试教育使孩子不得不花很多时间去学书本上的知识以应付考试而非孩子自己的兴趣所在。

这仅是我个人对两岸教育上的一点看法，不到之处请多多包涵。

珊儿改行从事儿童教育并写下这本书，出乎我们的意料，却也在意料之中。因为的确如她所愿，在四十岁的时候她抛开一切去做了自己喜欢做的事情。这本书是珊儿近二十年来的研修心得与自己养育女儿的切身体会。书中列举了诸多活生生的例子，生动且贴近事实，并佐以儿童教育心理的理论支持，内容详实精炼，值得家长们参酌、思考、学习。新理念的引介与推广、浅显的文字和清晰的语意是必须且相当重要的一环，珊儿很好地把握了这一原则并循序渐进，系统地将教育子女的理念介绍给新妈妈们，这不愧为当下一适当而明智之举。

义父　范振凤

2013.8.5

第一章　关系篇

送给孩子最好的礼物——父母间的亲密关系

记得许多年前，在公车上看到这样一个情景：一对年轻的夫妇，妈妈怀里抱着几个月大的孩子，旁边的爸爸很自然地抚摸了一下孩子的小脸，不料母亲狠狠地把父亲的手拨开，冷眼相向道："别用你的脏手碰我的宝宝！"难堪的父亲也不甘示弱："你这人真讨厌，把孩子给我！"他们争着、抢着，一会儿孩子哇的一声哭了起来。他们诚惶诚恐地看着孩子，哄着孩子，用最慈爱的眼神注视着孩子，却把最冰冷的目光投向了对方。这个场景给我留下了深刻的印象，我不忍想象，孩子在这样的家庭里长大会是什么样子。

曾有这样一个调查"在你的心中，谁最重要？"90% 的中国父母会不假思索地脱口而出："孩子。"而 90% 的西方父母却会回答说："伴侣。"可见中国人有着浓重的血缘情结，而西方人则不然，他们认为孩子 18 岁以后就该独立了，并且深知最终陪伴自己度过一生的是伴侣，因此在他们眼里，排在 No.1 的，一定是妻子或者丈夫。事实上只爱孩子的家庭，孩子并不幸福，而夫妻恩爱的家庭，孩子反而更快乐。因为夫妻相爱，家庭才会和睦，家庭和睦了，孩子才会获得真正的快乐。

国外有一组专业人士向一些 4–8 岁的小朋友提出问题：爱是什么？答案超出了一般人的想象。8 岁的瑞贝卡说，我奶奶得了关节炎，她不能弯腰剪脚趾甲了，于是我爷爷总是帮她剪，这就是爱。4 岁的切丝说，爱就是当你出去吃东西时，你把好多的薯条给了他，却不要求他把他的薯条给你。7 岁的麦克说，爱就是当妈妈给爸爸端咖啡时，她在给爸爸之前都先尝一口，以确保味道是好的。6 岁的马克说，爱就是当妈妈看到爸爸上厕所时仍不觉得恶心。这就是西方孩子眼中的爱，他们是从爸爸妈妈身上看到学到什么是爱的。而中国的孩子对爱的理解更多的是停留在父母对自己的爱上。

一、对一个孩子来说，家庭教育是一切教育的本源，而父母间的关系又是家庭教育的本源。

在做心理咨询的这些年里，我发现了这样一个现象：很多家长当孩子在青春期出现问题时，比如孩子早恋了、厌学了、网瘾了，他们会不惜花费重金寻求心理医生、教育专家的帮助，动辄就是几千甚至上万块钱，但在这之前他们却从没想过要花钱找心理医生来解决一下他们自己婚姻中的问题、他们之间爱的问题。正是因为他们婚姻中出现的种种问题才使这个家庭每天硝烟弥漫、剑拔弩张，夫妻之间恶语相加，相见如冰。在这样的家庭环境中长大的孩子是没有安全感的，没有安全感的孩子是会智力低下的，是会性格孤僻的。有的孩子在青春期会焦虑、抑郁、自闭，但你们知道吗？神经症虽发作于青春期，但它的种子却是播种于苦难的童年。

前不久，看到一篇报道，上海的公安局在连锁酒店莫泰 168、如家快捷搞了一次扫黄突袭，发现卖淫小姐居然都是 18 岁以下的未成年少女，最小的 14 岁。她们全是上海本地人，就是为了赚取更多的零花钱，相互介绍客户，效仿了早年台湾的交际互助。调查发现她们有的来自于离异的单亲家庭，有的来自于领养家庭，有的来自于暴力家庭，有的来自于溺爱的隔代寄养家庭。所以原生家庭的不完整、不和谐一定是造成问题少年的根源。

孩子为什么会有这样或那样的问题，孩子为什么会变成今天这个样子，其实都是有原因的。可以这么说，所有孩子的问题归根结底都是家庭的问题、家长的问题。

我们常挂在嘴边的一句话是：不要让孩子输在起跑线上。孩子不会输在起跑线上，孩子只会输在自己父母的手里。有的父母给孩子报了各种早教班，投入了不少钱，却不见起色，为什么？是因为他有学习壁障，是因为他的心门没有打开。一个整天生活在父母的吵架声中、责骂声中的孩子，一个在焦虑、恐惧中喘息的孩子，任何的智力开发其作用都是微乎其微的，所以对一个孩子来说，家庭教育是一切教育的本源，而父母间的关系又是家庭教育的本源。

在南方做讲座时，我遇到这样一对夫妇，二人均毕业于名牌大学，对孩子的教育都非常重视。在孩子出生前妈妈就特别自信地说：以后我家的孩子一定是个品学兼优的孩子！因为他们夫妻智商都特别高，“嚣张”点也在情理之中。可惜他们性格迥异（人的性格大致分四种：掌控型、影响型、温和型和完美型），爸爸是完美主义者，特别注意细节；妈妈则是影响型，热情冲动，大大咧咧。他们一开始为孩子爬行时该穿几公分的袜子争执，为喝奶时奶瓶的刻度辩论，虽说都是鸡毛蒜皮，两人却毫不相让。

孩子开始由姥姥带，但丈夫总不能放心，担心神经大条的姥姥把孩子弄丢了，于是就叫自己的父母来带孩子。妻子自然心理不平衡，公婆未到，已经暗生敌意。如果是一个心态好的妈妈，只要对孩子好，奶奶带就奶奶带呗。而这位妈妈本身就是单亲家庭长大的孩子，从小父母离异，她自身特别缺乏安全感，对“被人欺负”四个字特别敏感。所以她认为公婆此番前来，势必为老公助阵，会一家人联合起立孤立自己。这样想来，她觉得那个家就不再是她的家，于是经常以加班为名在外游荡。如此做法，公婆自然会有意见，常给她脸色看。于是“寡不敌众”的她再次把自己的父母从外地搬来做救兵，觉得这样做总算势均力敌了。这是个十分荒谬的想法。家庭矛盾肯定越简单越好，千万不要复杂化。一旦把老人牵扯进来，本来可以化解的矛盾都变得不易化解了。两家老人一来，一百平方米的房子一下住进了7口人：公婆、妈妈、继父、她和老公，还有孩子，成了一个不折不扣的雷区。女人之间的摩擦还是小事，男人之间若互生怨气，就更容易擦出“火花”。一次，在厨房，她的继父和丈夫因相互碰撞，加上平日里的积怨而动起手来，结果在劝架的过程中，她又不慎将婆婆推倒，造成轻度骨折。一家人闹得人仰马翻。

之后她从家里搬出来，孩子一周跟着妈妈，一周跟着爸爸。就这样在一家人的争吵、仇视中孩子慢慢长大，转眼两岁了。虽说夫妻二人分居了，但他们对孩子的“迫害”并没有结束。为什么会用迫害这两个字呢？因为奶奶会对孩子说你妈妈是坏人，姥姥会告诉孩子爸爸是坏人……两岁正是一个孩子对亲人构建亲密关系、依恋关系的关键期。这时你告诉他，他最亲的人、最信赖的人是坏人，对孩子会是什么样的影响？这世上有个词特别可怕，那就是分裂，国家分裂了就会有内战，山河分裂了就会有地震，家庭分裂了就会离婚，目光分裂了就会斜视，而人格分裂就会有精神疾患。孩子小的时候你给他分裂的教育，灌输分裂的意识，长大以后他的心智怎么能够健康呢？

孩子3岁该上幼儿园了，为了能让孩子上最好的幼儿园，妈妈竟然翻墙跳进幼儿园，拦住园长并把3万元“赞助费”硬塞进园长手里，这样妈妈安心了，孩子可以接受最好的教育了。殊不知，0—6岁时对孩子影响力最大的教育并非来自外界，而恰恰是来自家庭内部。女儿入园后，妈妈发现她和别的小朋友不一样，别人做什么她不做，别人吃饭她不吃，每天面无表情、目光呆滞。有时候她不吃饭老师就会吓唬她说：你不好好吃饭，晚上就不让妈妈来接你！孩子哇的一声大哭起来，一天到晚就盼着妈妈来接，却被告知不让接。我们想想看，对这个3岁的孩子而言什么人什么地方能给她带来安全感？表面看似乎有许多人在爱她，姥姥、姥爷、爷爷、奶奶、爸爸、妈妈，还有老师，但他们给的是真爱吗？是孩子需要的吗？

如果夫妻关系没有解决好，孩子会活得很纠结，爸爸妈妈的两股内力在孩子心中发生冲突。冲突的结果是孩子会不自觉地用他们的“不好”来引起父母的注意。有的孩子会生病，有的孩子会出现一些奇怪的动作，有的孩子会表现得非常愚钝。孩子无意识中的这些自我伤害、自我牺牲会让父母把注意力转移到孩子的身上，从而忽视了他们自身的矛盾和冲突。德国著名心理学家海灵格形容说：“孩子是家庭的保护神，他们这样做只是为了保持家庭的平衡。健康的家庭宛如平地，孩子会成长为挺拔的大树；而有问题的家庭宛如悬崖，孩子会成长为奇形怪状的树。”当孩子为我们的婚姻做出这样巨大的牺牲时，我们一定要清醒地意识到：调整自己，不要再去责怪孩子。

我曾听过一堂台湾专家关于“生命教育”的课，颇受启发。在西方和台湾都有生命教育课程，大陆的生命教育则刚刚起步。课中讲到：我们的生命是有价值的，而这种价值不是因为我们优秀、我们成功、我们创造了财富带来的，而是我们生命本身所具有的。一个生命的诞生需要一个最强壮、基因最优良的精子在几千万个精子中浴血奋战，遇到卵子形成受精卵，两个细胞真心相拥才能融合成一个新的生命。这样一个生命的诞生不值得我们去喝彩、去珍惜吗？这世上什么都能复制，唯独我们的DNA不可复制。全世界这么多人，居然没有一个人跟你一模一样，你不觉得很神奇吗？你的独一无二就是你的价值，我们人生的头等大事就是——珍爱生命。这世上没有任何东西比生命更重要，要教会我们的孩子尊重生命。

课堂上还提到这样一个例子：我们的家就像一棵大树，父母是大树的树根，孩子是树叶和果实，要想让大树枝繁叶茂，一定要在树根上浇水，而不是在果实上浇水。但现实生活中，我们把太多的目光集中在孩子身上，而忽视了自身作为父母之间的关系。树根都动摇了，果实还能丰硕吗？所以良好的夫妻关系才是家庭教育的基础。

二、家庭教育是关系教育，是生活教育。

很多家长认为家庭教育就是周末陪孩子上各种班、各种课，弹琴、画画、围棋、跆拳道等一项不落，其实不然。孩子在 3 岁前，最主要的学习内容不是知识，而是关系，就是父母与他的关系、父母之间的关系，这个关系就是他以后人格形成的基石。为什么有的孩子开朗、乐观、自信，有的孩子脆弱、自卑、敏感，这很大程度上是他在原生家庭中的习得，所以家庭教育的本质是关系教育，是生活教育。

我认识一个女孩，每天都笑呵呵的，从没见过她愁眉不展的样子。有一天朋友给她看手相时突然惊呼：你的生命线怎么中间断了一截呀！换做心重的女孩或许吓坏了，可她说，没关系，回家我拿圆珠笔给它连上！一次数学考了 38 分，她拿到卷子惊呼一声，我可真三八考了这么个分！于是继续学习。就这样，她一路阳光地迎接着成长中的各种烦恼，如今已经以优异的成绩进入美国名牌大学学习。后来有机会见到了她的妈妈，才发现她妈妈就是个极其开朗、乐观的人，后来又认识了她姥姥，终于发现那是个乐观的家族。这个家庭每天都是欢声笑语、其乐融融，在这样家庭中长大的孩子耳濡目染便沿袭了这种品质。积极乐观的心态对一个孩子来说真的太重要了，它是面对挫折、克服困难的先决条件，人很多时候不是被别人打败的，而是被自己打败的。我们做家长的，都希望自己的孩子具备良好的心态，殊不知，孩子良好的心态正是来源于良好的家庭氛围。

如果父母关系融洽，孩子的问题就会少，即便出现问题，家长也会齐心协力，积极采取措施。而如果父母关系不好，家庭根基不牢，每一个问题的出现都可能成为争吵的导火索。一个问题过来，这个家就要晃一晃，再一个问题过来家就倾斜了，等到第三个、第四个问题降临，家恐怕就要四分五裂，最终彻底坍塌了。其实问题家家都有，只是父母面对问题的态度不一样，解决问题的能力不一样罢了。

一个从小接受父母无条件爱的孩子，一个认为家是最安全、最温暖的地方的孩子，他的心理是优越的，长大后他会带着满身的阳光去面对一切。反之，父母关系紧张的家庭里，冷漠、攻击会成为孩子的生活教材，孩子会在这种氛围的浸染中表现出敏感、脆弱、刻薄、自卑。

同时因为夫妻之间感情不好，其中一方特别是母亲，会把更多的精力和爱转移到孩子身上，他们会比一般父母更疼爱孩子、关注孩子。而他们并没有意识到，这种过多的爱其实是扭曲的、病态的，往往带有某种专属性和专制性，从而成为孩子的一种束缚，使孩子难以承受而产生抗拒。做父母的往往以各种爱的名义，自顾自地爱着孩子来满足自身的情感需要，而没有考虑过这种爱是否是孩子需要的，是否对孩子有好处。

在现实生活中夫妻关系越不好的家庭孩子越叛逆。很多人会怨天尤人：为什么夫妻关系出现危机的时候亲子关系又亮起了红灯，真是屋漏偏逢连阴雨。其实夫妻关系和亲子关系是有因果关系的，悲剧就是在一个又一个的恶性循环中复制着，家庭最终成为一盘无法挽回的败局。

三、父母间的亲密关系是送给孩子的最好礼物。

首先，这样做孩子不会认为自己是家庭中最重要的人，不容易形成以自我为中心的意识。

曾经有位妈妈对我说，她回家想抱抱 3 岁的儿子，可是儿子由于心情不佳并不买她的账，死活不和妈妈亲热，惹得妈妈好生落寞。我对她说，如果下次儿子还犯脾气，你就别理他，去和他爸爸亲热。到了周末，他们一家三口去商场买东西，妈妈试探地去拉儿子的手，儿子仍然“不解风情”甩掉妈妈的手，这时妈妈去拉爸爸的手，爸爸配合地伸出手和妈妈握着，边走边聊，有说有笑。儿子见状愣了一下，而后讪讪地跟在后面。走了一会儿，妈妈故作淡定地再去拉儿子，儿子突然变“乖”了，顺从地把小手伸给了妈妈。所以说，没有生来就以自我为中心的孩子，只有以孩子为中心的父母。没有天生缺乏独立性的孩子，只有扼杀孩子独立性的父母。

其次，父母间的亲密关系有利于孩子安全感的建立。

我国的父母在孩子面前总是一副正襟危坐的样子，而西方的父母从不避讳在孩子面前示爱。也许几千年传统文化的禁锢让我们羞于在孩子面前表现得过分亲密，会怕孩子认为我们不正经，也许会担心孩子会误解为是对他们的忽视，而事实正好相反。

还是上一位妈妈，有一天她心血来潮买了个迷你篮球架，回家后他们夫妻俩迫不及待地玩了起来，越玩越起劲，最后还进行了投篮比赛。他们忘记了儿子的存在，但儿子并没有因为父母无意的冷落而沮丧，而是兴致勃勃地找出哨子给爸妈当起了裁判。所以说，年轻的爸爸妈妈们，你们尽情地相爱吧，孩子会因为你们的相爱，而感到踏实、安全、幸福，会因为每个房间里弥漫的欢乐的气氛而感到轻松、充实、祥和。

最后，父母的亲密关系会产生良好的遗传效应。

很多孩子长大后对自己的原生家庭是心怀不满的，认为自己成长的那个家庭并不如意、并不和谐，甚至存在着某种缺陷。于是他们迫切渴望组建自己的新家庭，并一相情愿地认为那一定会是幸福而美满的。但事实并没有他们想象得那么美好，因为人往往是在批判中继承，你从小耳濡目染的生活态度已经被你有意无意地吸纳了，即使那些你曾经想刻意摆脱掉的，甚至是极度厌恶的不良相处模式，也会因为没有好的榜样而无从学起。很多人长大后诧异地发现，那些父母身上令自己十分反感的东西，竟然在自己身上也会存在。

调查显示，从小父母关系不好的子女在婚前已经注定其婚姻的失败率是50%。而这些不幸的孩子又特别爱找不幸的孩子，因为相似的境遇使彼此更能相互理解，同病相怜。但残酷的事实是，他们着实没有承担起这份爱。如果两个孩子都来自父母不和的家庭，那么他们的婚姻失败率是75%，试问这样的两个人需要怎样的智慧和毅力才能将爱情进行到底呢？

恋爱是需要能力的，这种能力不是每个人都具备的。有的女孩因为原生家庭爱的缺失，带着补偿心理匆匆开始早恋，遗憾的是却又频频失恋，究其原因是她们根本不具备这种能力。恋爱是所有人际关系中难度系数最高的一项，远不是恋爱前期你侬我侬的浪漫以及火树银花的激情那般简单。因为你要和一个没有任何血缘关系的人亲密接触、朝夕相伴并且终此一生，他不是路人甲、同事乙，不高兴可以不理，他是那个你要朝夕相对，并且执子之手与子偕老的人。所以说婚姻幸福的人一定是成功的人，婚姻这么难搞的事情都能搞定，还有什么事搞不定？但事业成功的人未必是幸福的人，因为经营婚姻要难于经营事业，它需要一个人太多的能力和素养。

而父母关系融洽的子女在这方面就相对容易些，因为他们有好的榜样，父母间良好的相处模式会被他们无意中习得。父母的融洽关系首先意味着父母双方的高素质、好修养。再者是两人良好的包容度，这点尤为重要，包容代表的是一个人的胸怀和气度。第三是面对问题的态度和解决问题的能力。很多家庭问题是从吵架开始的。吵架的初衷是为了解决问题，但很多夫妻一味地沉溺于吵架的过程以发泄情绪，而忘了吵架最初的“使命”。本来是因为对方没有洗碗吵架，吵着吵着变成“你怎么那么懒呀，什么活都不干，你没看我这么累吗”，进而上升为“你这人怎么这么自私呀”，最终升级为人身攻击而导致不可收拾的局面。

我认识一对年轻的夫妇，他们都来自和睦家庭。结婚后小两口和老人住在一起，老人帮着带孩子。他们相处得非常好，儿媳很懒，但婆婆从来不说，只是默默帮儿媳打理好家务，婆婆很节俭，儿媳也不说，只是买东西的时候一定会给婆婆带上一份。她们用各自的方式爱着对方，并接受着对方的爱。偶尔也有小波折，妻子和丈夫说说，妈妈和儿子说说，所有的矛盾在丈夫的一张巧嘴下灰飞烟灭。我觉得那个儿子好有本事，于是向他请教，而他只是不经意地说了一句:“嗨！都是跟我爸学的，他以前就是这么做的。”我突然意识到，这就是榜样的力量！它在不经意中教会了你该怎样生活，怎样处理家庭中的问题和矛盾。父母所做的一切都在潜移默化地引导着孩子。他眼中的父母是相亲相爱的，长大后他就会和妻子举案齐眉。与其说这种爱的能力是天生的，不如说是他从小在原生家庭中习得的。所以说父母间的亲密关系可以产生良好的遗传效应。

最后我想说，年轻的爸爸妈妈们，为了我们孩子今天幸福的童年、明天美满的婚姻，从现在开始，好好地相爱吧！

爸爸，你在哪里——父爱的力量

当我写下这个题目念给家人听的时候，我先生特别不以为然地说：“什么题目呀，爸爸你在哪里，爸爸在这里。你们吃的、喝的、用的、住的，都是老爸辛辛苦苦挣来的，还好意思问爸爸你在哪里，有良心吗？”这时我女儿突然冒出一句：“爸爸，你知道我在哪班吗？”“哪班？”先生支吾了半天，“一班？不是，那是高一，现在——还真不清楚。”女儿于是笑言：“看来我妈很有必要写这篇文章。”我想这种情景会发生在很多家庭中，爸爸不知道孩子在幼儿园是上中班还是大班，更有甚者，不知道孩子上几年级。有一次，我问一位出租车司机，您孩子上几年级了，他说：“不是三年级就是四年级，我还真不清楚，他妈妈知道。”

的确，我们中国长期以来都是个母教社会，秉承着男主外、女主内的传统习俗，男人在外负责挣钱养家，女人在家负责相夫教子。这几乎成了天经地义的社会分工模式。

但在国外，情况就不一样了。在西方的家庭教育中，父亲承担着非常重要的角色。如果问孩子，你心中最崇拜的偶像是谁，很多孩子的答案都是自己的父亲。父亲可以教孩子滑雪，父亲可以帮孩子把弄坏的玩具修好，父亲可以干很多很多的事。在美国，有一位父亲为自己的三个孩子做了八年的棒球教练；在日本，有一位父亲每天晚上和十七岁的儿子一起读报，分析和探讨国内外政治局势。的确父亲可以告诉孩子很多生活的哲理、做人的道理，对孩子品格、人格的形成发挥着巨大的作用。

这里摘录一位美国父亲给儿子写的十条家训：

（1）必须跟见到的人先打招呼，受到别人任何恩惠和帮助必须口头或者书面表示感谢，做了给别人添麻烦的事情一定要当场道歉。

（2）公共场合说话音量控制在不让第三个人听到的范围之内。

（3）不愿意告诉爸爸的事情，你可以只告诉妈妈；不愿意告诉妈妈的事情，你可以只告诉爸爸。但是不能对两者都不说。

（4）不许撒谎骗人，否则你会失去朋友家人最宝贵的信任，让你后悔一生。

（5）如果不能避免打架，不能用工具和牙，也不许戳眼睛，除此以外可以狠狠地打，而爸爸希望你能打赢。

（6）掉在地上的硬币可以捡起来拿回家积攒起来，但是钱包却不能据为己有。

（7）别人真诚款待你吃东西，如果你不喜欢的话可以说“我吃饱了”，但是绝对不能说“很难吃”。

（8）任何事物和东西都是有生命的，绝对不能想吃就吃、想扔就扔。

（9）必要时遵从集体和权威的意见，但内心一定要保持自己的想法。

（10）每个人和他的名字一样都是不同的，用不着和别人比较。

这十条家训都不是大道理，却对孩子做人做事有着切实的指导意义。

而在中国，父亲的教育和陪伴就显得远远不够。孩子在心烦时宁可找陌生网友聊天倾诉心声，都不会想到找自己的爸爸聊聊，听取些建议。这是为什么呢？我想有三方面原因：一是我们的爸爸在精神层面上对孩子的关注实在太少，很多孩子会说这样一句话：要钱找爸，要爱找妈。爸爸有时即使陪伴孩子，也是一边自己玩着手机，一边督促着孩子好好写作业，形式上的陪伴有时并不是真的陪伴，高品质的陪伴是心灵的交融。二是我们的爸爸本身在孩子心中缺乏应有的尊严和威信，孩子并不认为父亲是自己的偶像、父亲可以帮助自己解决问题。三是中国家庭中长期以来呈现出一种奇特的现象，那就是父爱很深，却不轻易表达。父亲给孩子的感觉总是威严但难以亲近，以至于等到孩子大了，你想和他亲近的时候，或是孩子出了问题，你不得不出手的时候，作为父亲的你已经失去了和他沟通的能力和资格。在中国的家庭教育中，父亲教育存在着很大的发展、提升空间。

我们不妨回去做这样一件事情：让宝宝画一幅画，就画他的家，画爸爸、妈妈和他自己。每个孩子画出来的都是不一样的。有的孩子画出的爸爸和妈妈一样漂亮。有的孩子画的爸爸很粗线条只有一个轮廓，而妈妈却画得非常细腻，栩栩如生：大眼睛、高鼻梁、小嘴巴，甚至妈妈有几根睫毛都清晰可见。这说明什么，说明宝宝和妈妈很亲密，很爱妈妈，所以把妈妈画得很美。有的孩子画出的爸爸只有一个背影，或许是因为孩子更多的时候看到的是爸爸离去的背影。宝宝的这幅画可以反映出你们家庭的结构和家庭成员间的亲密关系。

一、父爱在家庭教育中的重要性

多数孩子在幼年时期和妈妈比较亲近，但在一个家庭中，父亲的爱、父亲的教育、父亲的影响对一个孩子来说同样至关重要。为什么这么说呢？

首先，父爱与母爱的表现形式不一样，不同形式的爱会让孩子对爱的体验更完整。

母亲的爱多数在嘴上，它会表达出来。父亲的爱多数在心里，默默地注视着。母亲的爱是幅画，看着温馨；父亲的爱是本书，翻着厚重。母亲的教导是经意的，絮絮叨叨在你生活的方方面面；父亲的教导是不经意的，在看电影时无意中的一句点评，在和你玩嗨了时随意的一句叮咛。

我家里曾经发生过这样一件事。女儿13岁时心血来潮开了一个博客，每写完一篇文章，就满心期待地告诉她周围的同学，让他们来看，给她写评论，每天晚上看点击量、看评论是她最开心的事。有一天她兴冲冲地把我叫来说："妈妈，你快来看，有个陌生人给我写评论呢！"我一看还真是，上面写着：小朋友，你的文章写得真好，选题新颖，视角独特，就连那些错别字都显得那么可爱。我看了后也好欣喜。晚上先生回来时我就把这事告诉了他，说你瞧咱们闺女多有出息，刚开博客就有陌生人点评。先生只是笑笑，什么也没说。睡觉的时候先生对我说："告诉你吧，那个陌生人就是我，不过这是咱俩的秘密，你永远都不要告诉孩子，我只是想鼓励她，让她觉得写文章很有意思，把博客坚持写下去。"那一刻真的让我好感动，让我一下就体会到了父爱的厚重。所以说父爱是母爱的补充，它会让孩子对爱的体验更丰盈。

其次，一个好爸爸会成为孩子最好的玩伴。

相对女人而言，男人有时更像个孩子，所以男人对玩、对游戏也比女人更有兴趣，因此爸爸的作用、爸爸的影响往往也是从玩开始的。在玩中教孩子技能、方法，乃至品格。记得有一个高考状元，在接受采访时，记者问她："你为什么学习那么好？"她说："我主要是数学好，因为我爸从小就教我打游戏。"其实玩物未必丧志，要看怎么玩，游戏打得好的人是会通盘考虑问题的，所以这个女孩子的逻辑思维能力就比一般女孩子强。

但在很多家庭中，妈妈往往更在意自己的教育方式，在家庭教育中冲锋在前，当仁不让，因而忽视了父亲在家庭教育中的地位和作用，甚至认为父亲根本不懂教育，只会和孩子玩，孩子和父亲在一起简直就是浪费时间。有的妈妈认为孩子所有的业余时间都应该和妈妈在一起做各种训练。有的妈妈甚至剥夺了爸爸开家长会的机会，把孩子的教育责任大包大揽在自己身上。殊不知有时母亲处心积虑的教育，未必有父亲蜻蜓点水的教育效果好。

我女儿上小学三年级时，同学对她说："你以后不是个哲学家就是个思想家，因为你讲出的道理一套一套的。"女儿说："那是因为我妈妈每天都给我讲一个故事。"听着女儿的学舌，我颇有几分得意。但不成想后来女儿告诉我，爸爸在她很小的时候教她下五子棋，她学会后每次课间和同学下都能赢，从而建立了自信。所以对孩子而言，游戏比道理来得更直接。

再者，父亲不经意的教育往往更能触动孩子。

有件事给我的感触更深。我是学外语专业的，所以特别希望孩子的外语成绩好，因此每次都让孩子做很多的课外练习题，阅读呀，听力呀，久而久之孩子便厌倦了。一次女儿军训回来大呼："妈妈，饿死了，我要吃大餐！"我说："没问题，不过咱们先做一篇黄冈练习再去吃好吗？"没想到这句话一下激怒了孩子，她把我递过去的练习册一下撕了个粉碎，并对我咆哮道："我再也不学英语了！"之后两年我都没再管她的英语。她 15 岁那年，有一天先生在网上看到迈克杰克逊去世的消息，就把女儿叫过来说："闺女，你来看一眼，杰克逊去世了，这可是爸爸、妈妈年轻时的偶像。"这一看不要紧，她一下迷上了杰克逊，一个暑假下载了杰克逊二百多个视频。在美国，有个著名的脱口秀主持人奥普拉，她对杰克逊有段深度采访。我女儿对那段采访特别感兴趣，可是苦于自己的英语水平有限，很多话都听不懂。于是她主动要求去新东方上托福听说班，我欣然同意。每年托福考试经常是考死人不考活人，所以那年的很多练习题都是关于杰克逊的，女儿全都对答如流。女儿上课上得是如鱼得水，英语学得是兴趣盎然。之后因为杰克逊，她爱上了欧美音乐，关注了慈善事业，还写出了一篇篇精彩感人的好文章，如《我为杰克逊痴狂》等等。这件事让我很是挫败，我那么有意地引导，却抵不过先生无意间的一句话产生的效果。

所以说妈妈们，给孩子留出和爸爸相处的机会；爸爸们，积极地参与到家庭教育中来。这样教育出的孩子才全面、才多元。

二、把握和孩子相处的三个关键期

在孩子的成长过程中，父亲如果不能做到无时无刻地关注孩子的成长，那么有几个关键期需要你牢牢把握。

0–12 岁是爸爸唯一有机会和孩子建立亲密关系的时候，如果错过了，你再想挽回，可能连机会都没有了。

第一个和孩子建立亲密关系的关键期是孩子 2 岁以后，这段时间也是最佳时期。

这时期的孩子处于生殖器期，对异性父母开始敏感，男孩喜欢闻母亲身上的气味，女孩对父亲散发的气味更加着迷。这时父亲像个讨厌的第三者一样，闯入了母子的二人世界，儿子常常会把坐在妈妈身边的爸爸推开，看到爸爸妈妈亲热，他会生气、吃醋，真的会。女孩会常常要求睡在爸爸妈妈中间。这时只有父母足够好才能阻抗这股“外力”的侵入，让孩子在家庭中找到自己正确的位置。要让男孩知道我要做个和我爸爸一样优秀的男人，才可以娶到和我妈妈一样好的女人；要让女孩知道，我要像妈妈一样美丽，才能有爸爸这样的男人爱我。但是如果这个时期父母亲没有这个意识，不经意间男孩会和母亲结盟，女孩会和父亲结盟，孩子很快就会陷入恋母、恋父情结之中。

父亲的适时介入可以分散孩子对母亲日渐严重的依赖，有利于孩子独立品格的培养。在西方，让 2 岁的孩子拥有单独的睡房已成为促进儿童心理成长的共识；而中国的孩子跟母亲可以睡到很大，原本为孩子准备的小床、小房间，最后成了爸爸的“冷宫”。很多爸爸自从孩子出生后就再没机会返回到本该属于他的那张双人床上。孩子是否和大人睡在一个房间、一张床、甚至一个被窝里，里对孩子的心理成长有很大的影响，许多儿童的心理问题都是因此而产生的。

第二个关键期在孩子六岁左右，父亲要积极参与家庭的互动和规则的建立，父母与孩子需要形成一种三角关系，家庭关系才能得到平衡。

父亲要对孩子好，必须先和妻子建立亲密关系。如果是儿子，父亲要扮演规则建立的角色，在孩子心中树立父亲的威信、威严的同时也可以告诉小男生：这是我们男人之间的对话。这种神秘可以培养男孩子的性别认同感、长大的成就感和对父亲的亲切感。而对女孩子来说，父亲的角色更是至关重要。一个女孩对婚姻的态度很大程度上取决于幼年时和父亲的亲密关系。健康、良好的父女关系是一个女孩日后美满婚姻的基础。但有一点要提醒父亲们，那就是分寸感。对女儿的溺爱会加重女孩的恋父情结，为日后女儿的恋爱埋下隐患。

如今的中国家庭出现了一个奇怪的现象：男孩阴柔过剩却阳刚不足。爸爸们抱怨都是妈妈、姥姥一手带大的缘故。那该怎么办呢？很简单，参与进去，只有爸爸行动了，孩子才会改变。事实证明缺少父爱的孩子，尤其是男孩子，性格是有缺陷的。有一个小男孩，爸爸长期在外打工，家里全是女人，奶奶、妈妈、大姑、小姑。男孩在女人堆里长大，越长越秀气，行为也越来越女性化。有一次家里人让他帮助挑礼物，他一个 8 岁的男孩挑的全是手镯、项链、戒指、口红，而且挑得很到位，因为他整天陪家里的女性逛商场。但这真的不是件值得庆幸的事，因为这不是他这个性别、年龄该有的表现。所以说父亲的参与能让孩子的人格更健全。但不幸的是很多爸爸对家庭教育的参与是从训斥孩子开始的。爸爸的出现，意味着问题的严重，爸爸几乎是惩罚的化身，这样也不好。爸爸首先要被孩子接纳，然后才有教育孩子的可能和资格。教育的目的是为了让孩子能够接受你，如果孩子对你这个人完全不接纳，他怎么能接受你所说的话？那么你的教育只能是形式，只能是你自己在那儿过嘴瘾，对孩子没有任何意义。一般来说，对父亲越崇拜的孩子越听父亲的话。因此初次进入孩子世界一定要充当“好人”，经过一段时间的情感投入，再对孩子进行管教。

讨孩子喜欢的一个办法就是多些幽默、滑稽，不要整天一副不苟言笑、正襟危坐的样子。有一个爸爸和儿子踢足球，踢着踢着把自己的鞋踢飞了，给儿子乐得前仰后合，之后儿子特别喜欢和爸爸一起踢足球，也特别愿意和爸爸在一起。

第三个关键期是孩子的青春期，与母亲相比，父亲更易于接纳和鼓励孩子的独立。

有这样一对夫妻，他们上初中的儿子有一天给班里的一个女生写了一封情书。妈妈知道后不问来由，劈头盖脸一顿批，“你小小年纪不好好学习，整天胡思乱想，还给女孩写情书，想什么呢？”儿子就知道妈妈会这样说，一点不稀奇，根本就没往耳朵里听。妈妈走后，爸爸来了对儿子说：“儿子，你喜欢一个女生，给人家写情书爸爸可以理解，问题是有本事你自己写呀，干吗抄我给你妈的情书呀，有劲吗？一点创意都没有。”爸爸的这句话一下刺激到了儿子作为男人的自尊心，儿子辩解道：“爸，我根本就不喜欢她，她老追我，我就想戏弄她一下，就抄了你的情书。”爸爸说：“要是这样，那你就太可恶了，这是品质问题。你为什么要去戏弄别人，你可以不接受别人的这份感情，但你没有戏弄别人感情的权利。”儿子低下了头，说：“爸爸，我错了。”同样是关于早恋的教育，妈妈的话儿子当成了耳旁风，而爸爸的话却触动了儿子的心灵。

与母亲相比，由于父亲平时对孩子的管教较少，而且父亲对孩子进行教育时也多是从男性的角度出发，而不是像母亲那样“面面俱到”，所以孩子与父亲之间的接触不是导致陌生感就是体验宽容度。因此做父亲的要多多参与，减少和孩子的陌生感，让孩子意识到父亲的宽容。

三、父亲教育的五大好处

最后我们来说一下父亲教育的五大好处：

1. 爸爸可以影响孩子的体格发育。

我们常说，爸爸是孩子的第一个大玩具。爸爸大多喜欢用身体运动的方式来逗孩子玩，比如骑大马、举高高等，给孩子以强烈的大幅度身体活动刺激，从而促进孩子的身体发育。有一本书模仿孩子的心理这样写道：妈妈，我的腿很短，请你慢点走；爸爸，我的个子很矮，只能看到一点点。所以当我们的爸爸把孩子高高举起的时候，便是孩子可以看到整个世界的时候。很多孩子长大后回忆童年时最幸福的事时，多数的回答居然是小时候骑在爸爸脖子上逛动物园的情景。另外男孩子小的时候身体内有很多的能量，爸爸应该每天抽点时间和孩子“打打架”，帮助孩子释放掉多余的能量。孩子玩累了，晚上就睡得香；睡得香，就能长大个，身体就能健壮。

2. 多和爸爸相处能够促进孩子智力的发展。

科学研究证实：爸爸较多地与孩子交往，能日益提高孩子的认知能力、成就动机和自信心。心理学家麦克·闵尼指出：一天中，与父亲接触不少于 2 小时的孩子，比那些一周以内接触不到父亲 6 小时的孩子，智商更高。更有趣的是研究人员还发现，父亲对女孩子的影响力要大于对男孩子的影响力，与父亲密切相处的女孩，数学成绩则更佳。而且爸爸还是孩子闲暇时间的游戏伙伴，很多益智游戏，孩子更愿意和爸爸一起玩，因为那样玩得更过瘾，这有利于孩子的智力开发。

3. 爸爸参与孩子的活动，有利于孩子性别角色的发展和完善。

家庭是孩子自幼学习角色观念、形成角色意识、模仿角色行为的重要场所。子女最初是在家里模仿父母，进而模仿其他男人和女人的行为，从而形成自己的性别意识。如果“父亲”角色缺失，那么男孩子会缺乏角色认同感和男性特征，变得软弱，缺乏独立性、自主性及目标的持久性，会形成男性女性化倾向，导致其适应环境的能力差，难以适应男性的独立生活，且中途辍学率、犯罪率都较一般孩子高。而女孩子如果很少和父亲接触，一方面会因为家中男性角色的缺失，特别渴望与男性接触，出现早恋现象；另一方面会因为对男性的陌生感，在成年后与男性交往时，出现焦虑、恐惧、羞怯和无所适从等表现，即便结婚，婚后成为单身母亲的可能性也很大。

4. 父爱是孩子个性品质形成的重要源泉。

大家是否意识到这样一种现象，强势的母亲带出的儿子往往比较弱势，而这样的儿子往往又会找个像母亲一样强势的妻子，但这个男人往往 HOID 不住这两个强势女人，家里有时会矛盾重重。但强势的父亲带出的儿子却依旧强势。因为母亲多是命令式的，而且面面俱到，这容易让儿子变得唯唯诺诺，不敢担当。但独立、自信、宽容、坚强、果敢这些属于男人的品质，是会通过父亲和孩子的接触，有声无息地传递给孩子，影响着孩子。我曾经的一个同事，他特别喜欢大自然，特别喜欢户外运动，每个假期孩子跟着他不是在山上，就是在海里。从幼儿园开始孩子就喜欢和各种动物打交道，家里养了鸟、猫、兔子、蜗牛等不下 10 种动物，这个孩子开口说的第一个英文单词不是 apple（苹果），而是 mosquito（蚊子）。这孩子还特别勇敢，特别大无畏，大无畏这个词在形容当今的男孩子时已经不多见了，为什么？是因为长期受父亲的影响。勇敢、坚强这些品质，不是你此刻要他勇敢他就能勇敢的，它一定是长期影响的结果。

5. 和爸爸相处时间多的孩子心胸更宽广。

首先爸爸的社交圈子相对比较广，让孩子能够见多识广。其次爸爸的豁达会让孩子学会宽以待人。记得我要出嫁的前一天，妈妈的叮咛是，去婆家可千万别受气啊，要是受了委屈就回来啊。可爸爸却说，记得待公婆要比待自己的父母还要好啊。爸爸临别时的这句话，让我终生受益，二十多年来我和公婆一直相处得很好。婚后幸福的家庭生活让我更加深刻地领悟到了一个父亲的睿智和豁达。

而在没有爸爸的家庭中，孩子长大后会比较冲动，情绪变化比较激烈，缺乏自我控制，人格会相对偏执，对问题的看法不会那么全面、理性。

综上所述，父亲在家庭教育中是不可或缺的。有报道说从小和父亲玩大的孩子，长大后的社会地位 90% 会高于父亲。

所以说，亲爱的爸爸，快快出现吧，快快担当起你应该担当的那份责任和义务，你的孩子会因为你的存在而变得更加优秀和完美。

家教要兼容，婆媳要互帮

很多重视家庭教育的人都知道家庭教育要意见统一，这样孩子不容易钻空子。但是家教统一这件事是个说起来容易、做起来很难的事情，80%的家庭都做不到。因为夫妻双方也好，两代人也罢，他们都会固执己见。男人和女人思考问题的角度是不一样的，老人和年轻人过往的经历也是不同的，所以站在各自的角度、时代去考量，他们所持的教育理念也都是有一定道理的。

就父母双方而言，男女之间本身就存在着一定的性别差异，因而看问题的角度不同。就好比家里装修，女人一般喜欢白色的、玻璃的、通透的；男人喜欢深色的、实木的、有厚重感的。家装尚且如此，更何况教育呢？父母在管教孩子的问题上侧重点也是不一样的。一般来说，父亲喜欢“放养”、顺其自然；母亲喜欢以教育为目的的教育，并且要有结果。这是父母之间的差异。

再说两代人之间，由于时代的不同，两代人之间的教育理念会产生很大分歧。如今的老人一般都是40、50后，他们从小接受的是中国式的传统教育或者说是儒家教育，而年轻一代接受的是现代的或西方的蒙式教育，所以在教育理念上存在着很大的差异。你能说哪个就一定是最好的吗？不能。因为教育具有时代性，并且所有的教育都是因人而异的。如果你硬要把两种不同的意见统一在一起的话，很可能会弄巧成拙，反而出现对立的局面。因此，我们应该客观地看待并合理接纳家庭成员之间的教育分歧，避免这种分歧的恶化，因为家庭教育一旦对立，受害最大的一定是孩子。在家庭教育这个问题上，我个人的意见是家教能统一最好，统一不了，不必强求，不能统一，我们可以兼容，我们可以求同存异，事实证明兼容的家庭教育出来的孩子往往更全面、更多元。

一、父母教育的兼容，可以让孩子更多元化。

现在的家庭一般都是严母慈父，母亲往往要求孩子生活要规律、学习要努力、成绩要优秀，而父亲一般都不苛求孩子，他们说得最多的一句话就是：孩子高兴就好，他喜欢怎样就怎样吧。于是父母之间就产生了分歧。并且很多母亲偏执地认为，自己最懂教育，并且无时无刻不在关注孩子的成长，而做父亲的一点教育的义务都不尽，就知道和孩子玩，自己贪玩，还把孩子给带坏了，最终母亲决定剥夺父亲教育孩子的权利。孩子每天都和妈妈在一起，好好学习，天天向上。孩子真的就天天向上了吗？就发展得全面了吗？我看也未必。

一日，我听了一个广播，广播里提到的做法让我顿时眼前一亮。广播里说孩子周一至周五由妈妈带，周末由爸爸带。我认为这真的是个很好的建议。周一至周五孩子在妈妈的管教下有规律地生活，养成良好的卫生、学习、礼貌的习惯。周末孩子跟着爸爸美美地睡个懒觉，到公园里去撒个欢、打个滚，体验一把身体与泥土的接触，尝试一下男人之间肉体的搏击，然后吃个羊肉串，去个大排档。周末的时间是可以换个活法的。吃多了营养餐，偶尔可以吃个肯德基；看多了大师名剧，偶尔可以看看动画片；听多了古典音乐，偶尔也要唱唱流行歌曲。大家都知道健康食品对保护孩子的脾胃有好处，大师名剧对培养孩子的气质起作用，古典音乐对提升孩子的性灵有意义，可是，您知道吗？偶尔的小小放纵，会让孩子更开心，偶尔的些许俗气，会让孩子更生动、更真性情。所以我们不要消极地看待父母教育的不一致，因为多数家庭都是不一致的，有分歧是正常的，只有积极地把不一致兼容起来，才会收到更好的效果。

1. 试图理解父亲的想法

我经常听到妈妈们这样的抱怨："生下宝宝以后我让老公看育儿书，他根本不屑一顾！""他完全不懂教育新理念，我根本没法和他交流！"妈妈们要知道，并非只有读过育儿书的人，才懂得如何爱孩子，就像并非只有学过心理学的人，才有良好的心态一样，有的人根本不知道心理学为何物，却整天乐呵呵，遇事都想得开。爸爸们虽然没读过很多育儿书，但是或许因此没有了妈妈们因知识而引起的困惑和焦虑，反而更有一种天然浑厚的父爱情怀。

在这点上，我自己就深有感触。今天我之所以选择做家庭教育研究，是因为我曾经遇到了一个和我的教育观念大相径庭的人，那就是我的先生。我们来自于不同的地域，不同的家庭背景，因此我们对孩子的教育观念也截然相反。我主张严家教、有规矩，他主张溺爱、"放养"，所以从孩子一出生，两种不同的声音就开始碰撞、争吵。

于丹说过：一个真正智慧的人是知人的人。面对人心，你拥有什么样的判断力，你是否可以沉静下来，沿着他人生命的纹路去感悟他内心深处最隐秘的喜怒哀乐和最终的愿望。

有一天我吵累了、吵烦了，就静下心来仔细地揣摩，他为什么会这样想问题呢？他为什么会这么宠孩子呢？于是我试着沿着先生从小到大的成长轨迹去找寻这种想法形成的本源，并试图理解其存在的意义。因为任何事物、观点只要它存在，就有它存在的道理和原因。先生从小就是被"放养"的，他通过自己的努力考上了名牌大学，并且事业有成，所以他觉得“放养”很好。他曾经对我说：“我父母什么都没给我，但是他们给了我自由。”正是这种自由让他的潜能得以充分发挥。很多男人是不擅长讲道理的，女人不要奢望男人会把他认为的育儿理念像几何证明题一样“因为”“所以”地一一解析给你，不会的。这需要我们当妈妈的慢慢悟。有时并非人家不对，而是你看不到自己生命未曾触及过的、体验过的那部分，所以无法理解。因此当一个人对生活的体验越丰富的时候，对他人的理解也会越深入，对问题的看法也会越全面、越透彻。

当我明白这个道理后，我吸纳了先生观点中的精华部分，整合出了许多新的观点，也就有了今天的“家教要兼容不要对立”“爸爸你在哪里”这样的话题。在如今的“妈妈学堂”和“妈妈下午茶”里，当妈妈们向我讲述这样那样的问题时，我除了给予她们感同身受的理解外，还让她们看到了问题的另一面。正如一株盆栽，你是想让它整齐、美观、上得了台面，而你先生，或许更想让它自由、舒展、接近太阳。妈妈们常说，对呀，邵老师，我以前怎么从来没这样想过，我一直坚信我的教育是对的。我想今天的我是因为当初的不同引发了思考，因为思考而带来了接纳，因为接纳而产生了中和，因为中和而得到了升华。所以不要害怕不同的声音、不同的教育理念。它真的不是一件坏事。它可以让我们学会成长、学会整合；它可以让我们变得更完整。任何事情不要只讲对与错，而要在乎它是否有生命力，任何人也不要要求一定要多完美，而是要尽量完整。如果当初我先生和我观念一致的话，我们教育出的孩子一定是个本分的乖乖女。但社会是多元的，乖乖女有时是无法应对的，所以多元化的家庭教育未尝不是件好事。

当家庭教育出现分歧，如果我们做妈妈的采用对立态度的话，往往不能及时解决矛盾，反而只会让矛盾激化。有的妈妈说，我凭什么要听他的，他根本就不对。那我告诉你，就凭你更想让这个家庭和谐，更想让孩子在和睦的家庭中成长，这样的回答够了吗？

2. 别让孩子落下“心病”

据统计，中国有许多多动症孩子、自闭症孩子，大人们带孩子去看病吃药，药吃下去很多，却不见疗效，为什么？因为大多数孩子的多动症、自闭症是心理问题造成的，而心理问题大多是由于爱的缺失和不良的成长环境造成的，如果你不改变孩子的成长环境，吃多少药都没有用的。看问题要追本溯源，心病还要心药医。

现如今，我们的妈妈往往不惜余力地研究怎样科学地喂养孩子，怎样提高孩子的智商，但她们却不知道这样一个事实：从小生活在气氛紧张的“缺陷家庭”中的孩子，智商一般较低，而且存在不少心理问题；而生活在和睦家庭中的孩子，心智都比较健康。我们要培养孩子良好的习惯。这里包括卫生习惯、行为习惯和学习习惯，但还有一种更深层次的习惯您可能忽略了，那就是——仁爱、宽容的习惯。

所以，面对不同的声音，首先要学会包容和接纳。这并不意味着无条件妥协，而是在理解分析之后对自己和对方的理念做出理智的取舍，使双方所保留的部分达到完美的融合。同时，父母之间的这种包容和大度也会在无意中影响着孩子的品格塑造，让我们的孩子知道生活是多元的，而非单一的。任何事情没有绝对的好与坏，生活中除了黑和白以外还有灰色地带，而过于较真儿也会造成孩子的偏执人格。

二、两代人教育的兼容，能让孩子拥有温馨的成长环境。

有一位妈妈对我说，邵老师您快点开个祖母课堂吧，我们经常来听“妈妈学堂”，看各种家教书，教育理念越来越先进，可是和婆婆的冲突也会越来越大，因为发现老人在带孩子的过程中有很多不对的地方，说吧，怕婆婆不高兴，不说吧，又怕误了孩子，真不知该怎么办？

在这个问题上，我们要从几方面入手。

1. 带好孩子是你的事

我们要摆清主次关系，在带孩子的问题上你是主、她是次。孩子带得不好，是你的事，不是她的事。

老人帮你带孩子有时会有种补偿心理。年轻的时候忙工作无暇照看孩子，对自己的孩子心存愧疚，现在退休有时间了就该责无旁贷地帮你来带孩子。这是老人的好意，我们要心领。但是作为晚辈，我们不能认为老人就该帮我们带孩子，你是孩子的父母，如果你没有准备好，你有权利不要孩子，但是你一旦要了孩子，你就没有权利说我不抚养他，养育孩子是你的责任和义务。现在有种奇怪的现象，尤其年轻的父母们总觉得不生小孩有点对不住老人，传统观念中毕竟是不孝有三、无后为大，生了算是给老人有了个交代，完成了任务，生完就把孩子扔给老人，自己该干吗干吗，好像这孩子跟他们没什么太大关系。人一旦有了这种想法，对孩子就不会那么上心了，因为人只有认为对自己重要的事情才会认真去做。一定记住，孩子是你的，在他十八岁以前你要对他负责任。

我见过有的孩子青春期出问题了，父母前来咨询。结果一问才知道，孩子 15 岁以前就没和父母一起住过，一直和爷爷住，即使孩子现在出问题了，父母居然也不愿意把孩子接到身边，说不习惯住在一起了。他们拼命地给孩子花钱，包括给孩子做心理治疗，他们想用钱来买自己的心安，但这种心安是买不来的，这种父母真的很自私，而他们的这种自私一定会付出代价的。所以在养育孩子的问题上一定要搞清主次关系，不要本末倒置，让老人来替你承担你该承担的责任。

2. 别对老人要求太高

不要和老人太计较。当婆媳因教育孩子意见不同、闹矛盾时，要知道有时相互较劲的不是事物本身而是彼此之间的关系和态度。

对于那些不是很有原则性的生活细节、行为习惯，如果老人家改不了，那就试着接受吧。如果坚持要让婆婆做出改变，也切忌“强攻”，以退为进更为妥当。试想当你和婆婆据理力争、毫不相让时，如果婆婆是个有城府的人，即便表面上不计较，也会使你们的婆媳关系产生明显的隔阂；而如果婆婆性格刚强，那么一场唇枪舌剑自然不可避免，在你的咄咄相逼之下，她作为长辈的那种尊严和气势愤然而生，其结果一定是两败俱伤。但如果你大度一些，对长辈那些尚不触犯原则的问题欣然接受，同时又一如既往地尊敬她时，老人反而会自觉惭愧，悄悄地不失颜面地按照你的要求去做。因为你的态度让她接受了你这个人，和你保持了良好的关系，那么她就会接受你提的任何建议了。但遗憾的是很多妈妈做不到。

这里我要提到著名作家毕淑敏，她在这方面就做得很好。她儿子小的时候也是婆婆带，每周末儿子回来，她都要求孩子去洗手间上厕所，儿子也能做到，可是一回到奶奶家，儿子就在尿盆里尿尿，而且滋得哪儿都是。她开始也想和婆婆说，不要那么惯孩子，后来她想通了，说有一句话叫隔辈疼，为什么？其实是人上了年纪后对很多事情的态度变得更宽容了。

我们常说老人带孩子的最大问题就是溺爱，而老人恰恰最不愿看到的就是年轻人对孩子没有耐心。

前几天我在麦当劳看到这样一个场景：一个妈妈带着儿子和儿子的姥姥一起来吃麦当劳。吃饭时她让儿子先吃汉堡，再喝奶昔，孩子不听，非要先喝奶昔。妈妈说，不行，必须先吃汉堡，孩子硬是先喝了奶昔，妈妈一气之下打了孩子，孩子大哭。在一旁的姥姥看着心疼，就说孩子喝一口就喝一口吧。结果妈妈顿时把矛头指向姥姥："这孩子都是被你惯坏的，以后还怎么带呀！"声音之大、语气之重引起了周围所有人的围观。我想好的饮食习惯固然重要，但你对老人的态度就不怕被孩子今后效仿和继承吗？有一天孩子或许已经记不得你因为什么事情和姥姥吵架，但你和姥姥吵架的情景他会记忆深刻。

我个人认为老人惯了孩子，没必要当着孩子的面去说老人，然后又当着老人的面去训斥孩子。这样老人、孩子都不高兴。我们能做的就是多和孩子单独在一起，把自己良好的教育方式潜移默化地灌输给孩子就行了，在一个家庭里没有比和睦更重要的。不要误以为婆婆带的孩子就不喜欢妈妈，于是对老人、甚至对老人带的孩子有一种本能的抵触心理。试想哪个孩子不喜欢和年轻的、漂亮的、有活力的人在一起呀，孩子一定是喜欢妈妈的。可是如果孩子平时要不见不到你，偶尔见到了你不是训他，就是吼他，孩子肯定对你退避三舍。所以管教孩子的前提是要让孩子喜欢你、接受你。当孩子接受你、认可你后，他也会慢慢接受你的教育。

在婆媳关系的问题上，还有一点就是不要认为婆婆就是天才的教育家，天生的营养师，她带得好是应该的，她带不好，就是她的失职。有些道理、方法她不懂、她不会也是在情理之中的。孩子是你的，她只是好心来帮忙，不要对婆婆要求太高。

3. 爱奶奶的妈妈更受孩子尊敬

爱孩子是一个人的本能，爱老人是一种道德修养。

我们常说一句话：人往高处走，水往低处流。人都会本能地爱自己的下一代，可是我们几乎都不能做到用爱孩子的五分之一来关爱我们的老人，爱老人需要的是修养。

曾经有这样一个故事：一位年轻母亲大声地斥责自己的母亲把儿子给磕着

了，然后蹲下身子万般疼爱地抚摸着孩子的伤口。站在一旁的年迈的母亲伤心地叹了口气说：哎，当年我也是这么疼你的。好悲凉的故事啊！这样的人有何资格教育自己的孩子呢？又能教育出什么样的孩子呢？年轻人在为人父母之后，应该从孩子身上看到自己儿时的影子，从你对孩子的付出去领悟父母对你的付出，从而更好地去理解和感恩父母。百善孝为先，之所以为先，就是因为它是做人的根本，不懂孝，一切礼义廉耻便无从谈起。乌鸦反哺，羊羔跪乳，兽犹如此，人何以堪！不要总记着让我们的孩子以后回报我们，我们也应该时刻记着回报我们的父母。

一个爱奶奶的妈妈会更受到孩子的尊敬。

有一次我和孩子的奶奶闹了点小别扭，心里挺生气，就问女儿，要不要把这件事告诉爸爸。女儿说："妈妈，如果有人在我面前说我妈妈的坏话，我会不高兴的，我想爸爸也是吧。"女儿的这番话一下点醒了我。我只想到他是我的丈夫，没想到他也是别人的儿子。以后我会有意无意地当着老公、女儿的面夸夸婆婆，老公很受用，女儿很得意，她觉得这样的妈妈才值得她尊敬。

很多人爱问孩子一句话：宝宝，你喜欢妈妈还是爸爸？孩子会说：都喜欢。的确，孩子的爱不是泼出去的水，泼给爸爸了，就没妈妈的了。孩子的爱是口井，越挖越深，今天爱奶奶的孩子，明天一定会更爱妈妈，因为他是一个有爱的能力的孩子。

孩子不是你一个人的，他是两个人爱的结晶，更是两个家庭爱的结晶，因此你无法避免意见的分歧。我们能做的，只有客观、公正、积极地面对不同的声音，提高家教的兼容性，为孩子的成长提供一个和谐、圆融的环境。不同不可怕，可怕的是不和，不同而和，乃家庭教育之大境界。

妈妈VS保姆

一看题目，大家便知道是讲妈妈和保姆之间关系的，在如今月嫂、育儿嫂大军浩浩荡荡地进入千家万户，不知不觉中成为育儿的一个重要组成部分时，妈妈和保姆之间的关系便显得越来越重要，她们之间发生的事例也越来越值得我们深思。

这里我摘录了朋友的一篇关于保姆的博客，从中你会感受到妈妈和保姆之间那份浓浓的尊重与爱意。

阿姨走了

董雅莉

阿姨走了，在这个周末。我陪着噜噜没有送阿姨，主要是不想将离别的情绪渲染得太浓，再者，也怕噜噜有伤心的情绪。只当是阿姨回家休假几天一样，就像当初过不了几天又会回来一样。不过，这次，阿姨是真的不会回来了，我们家从此也终止了请阿姨的时代。

小高是噜噜的最后一个阿姨，毫不夸张地说，在几个阿姨中，小高是我们最满意也是我们认为综合素质最高的一个，她陪伴着噜噜整整走过了一年四个月的时间。在这里，我和噜爸深深地感谢她，一个善良的女孩。

小高是我见过的女孩中，脾气最好的，从来没见过她发脾气；对噜噜的耐心程度比我这个当妈妈的还要好很多，性格还比较活泼，经常和噜噜高兴地哈哈大笑。

还记得，噜噜半夜爱蹬被子，如果觉睡得太沉不能及时给他盖被子，第二天小家伙就会感冒。小高陪噜噜睡，噜噜从来都不会感冒。事后问起小高，她说，她都会把手机定上震动的铃声，隔段醒来，看噜噜是不是蹬了被子。

小高眼里有活儿，实际我对阿姨的要求并不是太苛刻，只要把孩子带好，饭做得好不好吃不重要，收拾不收拾家也不重要，轻重分开，而且从来都不会对阿姨呼三喝四。聪明的小高能看出我们对她的尊重，所以更加用心。把自己分内的事情做好后，家也收拾得利利索索、窗明几净的。前几任的阿姨没来几天，就要求涨薪，让我们很是反感。小高从来没提过涨薪，一点意向都没有，我们却看着这样一个女孩踏踏实实地做自己的工作，带着宝宝也辛苦，三次主动给小高提高了薪水。

待到噜噜上幼儿园后，我们也尽量多留小高一段时间，一来可以让噜噜有一个过渡的适应，二来我们也的确不舍得小高离去。相处得久了，在心里，更觉得小高像妹妹。小高来我家时，一直都是单身，幸运的是在我家工作期间，家人给她介绍了一个男孩子，终成她命中的MR.Right。看得出来，那是一个踏实本分的好男孩，对小高也好，这样，小高也算是在我家订下了终身大事。我和LG都替她高兴，像小高这样的女孩，娶回家可是很有福气的。订婚后的小高，一如之前那样踏实地工作着，从来没有因为爱情的来临而疏忽了对噜噜的照顾。我觉得小高的心态好，永远不会慌了阵脚，生活就在她不紧不慢的条理中继续着。

小高有时把噜噜哄睡着后，会偶尔和我一起看看湖南卫视的那个《我们约会吧！》小高比较喜欢看这个节目，我俩还会对里面的男女嘉宾评论一番，而我也大抵明白了小高对心中白马王子的要求和标准。噜噜上幼儿园这两个月，小高白天在家没什么事，我把我的书《红楼梦》让她去看，小高说，太厚了，看不进去，最后我又推荐她看《山楂树之恋》，看得小高也成了山楂迷。

小高快走那几天，噜噜似乎知道了阿姨要走，有时不爱表白的噜噜会对着小高说，我喜欢阿姨！如果听到小高说回家的事，就大声说，你走我就打你！（有点暴力哈，又似乎在用他假装的暴力表达着他对阿姨的爱）

小高还是走了，天下没有不散的筵席，但是我们真的为她高兴，下个月小高就要成为美丽的新娘，我们给小高的除了红包之外，还有我们深深的祝福。我们告诉小高，留下你新家的地址，等春暖花开了，我们会开上车带上噜噜去看你，看噜噜的弟弟或是妹妹。

小高目前还不会上网，也看不到我专门写给她的这篇文章。我和噜爸、噜噜祝福小高，愿上天保佑这个好女孩，愿小高以后的生活幸福美满。

一、保姆要的不仅是钱还有尊重

在孩子 0–3 岁这个阶段，有一部分家庭，妈妈既不能做全职妈妈，也得不到老人的帮助，就只好依靠保姆了。因此保姆的好坏、与保姆相处得是否融洽对孩子来说都是至关重要的。很多人认为，我花钱雇了你，我们之间只是雇佣关系，我出钱、你干活，天经地义。但你要清楚，你雇的这个人她服务的对象是你的孩子。你对她不尊重，怎么可能换回她对你孩子的好呢？她的工作不是计件、计效，她的工作是要用心的。

一日，我坐在沙发上看电视，手不停地拨弄着遥控器，更换着频道。突然一个正在播放的法制栏目一下吸引了我的注意。一个保姆用铁棍打死了雇主的妹妹，摔伤了雇主几个月大的孩子。这是怎么回事？原来雇主李女士和妹妹生活在一起，雇用了保姆小张来照顾几个月大的孩子，生活中李女士姐妹常常对保姆指手画脚，认为保姆这干得不好，那让她们不满意。认为我花钱雇你，你就必须按照我的要求把事情做好，做不好就别想拿工资。小张辛辛苦苦干满了一个月，不仅受了气、挨了骂，到头来一个月的工钱还迟迟不见踪影，想辞职，还不让，说新的保姆没来，你就不能走。那天小张一气之下从外面的工地里捡来了一根铁棍，李女士的妹妹看见后也没警觉，只是问她拿铁棍做什么。小张说，卖废品。妹妹说，你现在还是我家的人，你捡来的东西就是我家的东西，要卖废品也是我家卖，卖得的钱也是我家的。小张一听，更是气不打一处来，哪有这么不讲理的人，于是抄起铁棍就朝李女士的妹妹砸去，妹妹一个闪身，没有被砸到，于是两人就在十几平方米的小屋里追着，最后妹妹的脑部被铁棍狠狠击中，当场死亡，追打的过程中，孩子被打掉在地，昏死过去。等买菜回来的李女士开门进屋时，眼前的一幕让她惊呆了。

这是一个触目惊心的案例，通过这个案例，我们真的应该反思一下当妈妈的和保姆之间应该怎样相处，不要让这样的惨剧再次发生。

农村人也是人，保姆也是人，她在获得一份工作、一份薪水的同时同样需要获得一份尊重、一份认可。或许因为经济的窘迫、身份的卑微，她们会表现得更敏感，自尊心会更强，因此需要我们的体谅和理解。一个内心得不到满足、只为薪水工作的人是表面的、是机械的，她带孩子只是为了完成任务，而不是发自内心地爱孩子。而这个阶段的孩子大部分时间是和保姆在一起，就算孩子没有磕着、碰着，又能真正感受到多少爱和温暖呢？有句老话叫，人心换人心，你对她多尊重一分，她就会多爱宝宝一分。

人与人之间交往的最高境界就是尊重，我们再来听听这样一个发生在西方的故事。

有一个单亲母亲，白天在富人家里做女佣，晚上回家和 4 岁的儿子相依为命。主人知道了女佣的情况后，给她和孩子腾出个房间，说，把孩子接来吧，今后你们吃住都在我家里，一切免费，不扣你一分钱。女佣道了谢，说算了，不麻烦你们了，主人没再坚持。其实女佣有自己的担心，主人家的大房子里，光洗手间就十几间，最小的洗手间也比她家的房子大，不知道贫穷与富有的巨大落差会不会对自己四岁的孩子产生影响。

有一天主人要在家里请客，要请好多好多的人，人手明显不够，主人和女佣商量，今晚能不能晚点回去。女佣说，行啊，就是有点担心我的儿子，他晚上见不到我会害怕的。主人说这好办，你现在就去把他接过来，晚饭在我这里吃，和客人一起吃就行了。

女佣把儿子接过来时，客人正陆续抵达，她没领儿子从正门进来，走的是侧门，然后把他藏在一间客人不大光顾的洗手间里。

她从主人厨房里拿来一个盘子，从自己口袋里掏出香肠和面包，这是她在回家路上特意给儿子买的。孩子从来没有见过这么气派和华丽的房间，他不认识抽水马桶，不认识大理石洗漱台上那些色彩斑斓、晶莹剔透的瓶瓶罐罐，屋里好闻的气味让他幸福得要晕倒了。女佣告诉儿子说，妈妈带你来参加宴会，你是小孩，不能和大人一起吃饭，这是主人特意为你准备的单间。

孩子把餐盘放到洗漱台上，但他个头太矮，有点够不着，只好放到了马桶盖上，他坐在漂亮瓷砖铺就的地面上，一边唱歌，一边吃着这些平时很难吃到的美味佳肴。

很快，在富丽堂皇的宴会大厅里，主人没发现孩子的身影，就去问女佣。女佣支支吾吾地说，我一直在忙着，没时间照看他，或许他自己在外面玩呢。主人似乎明白了什么，他离开宴会大厅，把整幢房子的所有房间都找遍了，最后在一个位于角落的洗手间里，找到了孩子。主人问，你怎么在这里吃东西呀？你知道这是什么地方吗？孩子答：我妈妈说这是主人特意为我准备的单间，今天的香肠太好吃了，我好久好久没吃过了，对了，你是谁呀？这么好吃的香肠我可不能一个人吃，你愿意陪我在这里吃这些美味吗？主人强忍泪水点了点头，用最灿烂的笑容面对着孩子，他已经不需要再问什么了。此时，他想起了当初随父母来纽约时的经历，那时他们也很贫寒，也经历过十分艰辛的时期。

回到宴会大厅，主人对客人说，很抱歉朋友们，我现在必须得去陪一位特殊的客人，我不能和大家共进晚餐了，请大家慢慢享用吧！说完他装了满满两大盘子孩子最爱吃的佳肴，端到洗手间里，也模仿孩子的样子，把餐盘放到马桶盖上，也坐在地上，然后对孩子说，这么好的一个单间和美食，你一个人独享就可惜了，来来来，我们一起来吃晚餐。主人和孩子一边吃着东西一边唱歌，也聊了很多话题，他让这个四岁的孩子坚信，他的母亲是世界上最勤劳、最伟大的母亲，你不但应该为她感到骄傲，长大以后还要为她做些事情，而孩子直到现在也不知道他的母亲仅仅是佣人。

客人们发现主人端走两大盘子食物后，再也没有回来，觉得蹊跷，也去寻找。当他们看到情同父子的两个人坐在地上，围着马桶盖吃东西的场面，被深深地震撼了。这些被称为上层人士或社会精英的人们，端着酒杯纷纷赶过来，很快把洗手间挤满了，大家给孩子唱了很多好听的歌曲，表达了美好的祝愿。这些都让孩子确信，他的母亲是最令人尊敬的母亲，而他则是世界上最幸福的人。

很多年后，这个孩子长大成人，他不但拥有了自己的事业，也买下了拥有几间洗手间的大房子，进入了上流社会。每年，他以匿名方式捐很多钱给穷人，但从不参加任何捐赠仪式或接受采访，他对始终不理解他的朋友们说，我永远忘不了很多年前的那一天，有一位富人和很多他的朋友，用他们的诚恳与良知，维护了一个4岁孩子的尊严。

很长的一个故事，它让我们看到了真正的富有和贵族——不去惊动别人的幸福，幸福着别人的幸福！

二、和保姆关系的好坏直接影响孩子的身心健康

带孩子的保姆和小时工还不一样，小时工面对的是没有生命的地板、厨房，而保姆面对的是有血有肉有情感的孩子。她如果高兴、心情愉悦，就会总对孩子笑，总和孩子说话，这对孩子的各方面发展都能起到良好的促进作用。她如果受了气、受了委屈，就会很自然地把气撒到孩子身上，可能一个眼神，可能一句吓唬，就足以让不会说话的孩子感到极度没有安全感。孩子是敏感的，他能从大人的眼神中捕捉到很多东西，当他感受到每天抱他、和他睡觉的那个人其实不爱他、对他很凶时，孩子的内心是不安的，是恐惧的，继而会从他的行为中表现出来。

有一个小男孩2岁左右时，一见到陌生人，或到陌生的地方，就会用小手拍打自己的额头，紧张度越高，拍打的频率就越快。这就是典型的因心理紧张而导致的躯体反应。一问才知道，家里换过很多任保姆，不停地更换保姆，会使孩子刚刚构建起来的亲密依赖关系一次次地被打破，再加上不知哪个保姆的某个行为刺激伤害到了孩子，这样孩子心里就没有了安全感。安全感缺失的孩子在紧张、焦虑的时候就会用咬手、搓脚、挤眼等行为来缓解内心的不安。后来孩子的姥姥来了，一直陪在孩子的身边，孩子的安全感得到了满足，这种行为也就很快消失了。

三、不要让保姆取代了你的位置

那天我在网上看到这样一个帖子，主人很幸运，找到了一个非常爱孩子的保姆，每天给孩子讲故事、陪孩子玩耍，小两口工作忙，就把孩子全部交给了保姆。可是过年了，保姆要回家了，孩子哭得死去活来，完全不跟妈妈，而且妈妈发现保姆一走，自己对孩子竟然一无所知，完全摸不着孩子的脾气，看着乱成一团的家不知从何下手。

随着女性的社会化和职业化，原本由母亲来承担的角色和工作，现在可以由保姆来担当了。妈妈们用钱把自己从繁杂的家务和育儿中解脱出来，而保姆用时间和精力换取了钱。看上去是公平的，而实际上却暗藏危机。妈妈们失去的不光是钱，还有对孩子的了解和因了解而产生的亲情。当她认为我花了那么多钱雇你，那么带孩子就该是你的事时，她不再那么精心地去观察孩子的一言一行、一举一动，不再那么在意孩子点点滴滴的进步。有一天当保姆离开时，她会完全接不上手。说来不可思议，我们大学生，甚至硕士、博士的妈妈还抵不上一个只是经过短期培训、便胜任了育儿嫂工作的农村姑娘。她们知道怎样给孩子喂奶、洗澡，怎样给孩子做肤触、做训练，而我们却一无所知。为什么？是因为你学不会吗？非也。是你不想，是你认为没有必要把心思花在这里。你觉得带孩子太繁琐，那不是你的事业，你的事业在职场，在更精彩的地方。但是保姆再好毕竟是保姆，她不能跟孩子一辈子，即使你和保姆相处得很好，她也会有许多不确定性，而永远陪在孩子身边的是你——妈妈。与其把希望寄托在别人身上，不如自己成为一个育儿专家，你才是孩子的第一任老师。

记得在孩子三四岁的时候，我整天在外面出差，家里雇了一个小阿姨。等我回家时，我发现，饭是阿姨做的，宝宝的澡是阿姨洗的。阿姨知道孩子爱吃什么，一顿吃几个鸡翅。阿姨知道宝宝洗澡时候的特殊程序，阿姨知道宝宝今天在幼儿园里学了什么，阿姨甚至认识宝宝幼儿园小朋友的奶奶。而我简直就是个局外人。本想出差回来好好和孩子亲热一下，尽一点做母亲的职责，却发现自己无从下手。孩子完全可以离开妈妈，但却一刻也离不开保姆。这让我颇感郁闷。在这个家里，虽然我是主人，我是妈妈，但我的存在感、价值感和重要性远远不及保姆。我反思了自己，真的花在孩子身上的时间太少了，我并没有生硬地从保姆手中夺过孩子。我知道一个陌生的母亲和一个熟悉的阿姨，宝宝在阿姨身边会更放松、更自在、更有安全感，我需要时间。于是我参与到他们的活动中去，和他们一起玩、一起疯，还给他们增添了许多新的内容，没过几天孩子就和我熟络起来，从此后我再不敢掉以轻心，即使出差，也密切关注孩子的一举一动。人的谈话是有连续性的。你知道孩子今天发生了什么，就为明天的谈话准备了谈资。假如中间断了一大截，就很难很快续上。经过努力，妈妈在孩子的脑海中不再有断片了，开始认识并接受我这个妈妈了，即使最后阿姨离开，孩子也过渡得很好。

所谓保姆，应该是辅助母亲照看孩子的角色。既然是辅助，就要明确母亲作为主体的存在。任何情况下，保姆的喧宾夺主都意味着母亲的失职。所以记住永远不要让保姆取代了你的位置，你是孩子的妈妈，你要让孩子知道并感受到妈妈的心永远和他在一起，即使有时不在他的身边。

四、不要让保姆过多地介入你的家庭关系

保姆是来你家工作的，是来带孩子的，不是来处理你的家庭纠纷的。有的妈妈和丈夫闹别扭了，心里难受，无人倾诉，于是不假思索地把保姆当成了倾诉对象。保姆不是你的亲人，更不是心理医生，不要指望保姆来为你主持公道，把家里太多的隐私告诉保姆对家庭是存有隐患的。如果保姆参与到

你的家庭纠纷中，那就更是一件可怕的事情了。所以对保姆要做到找对位置，厘清关系，给予尊重，保留空间。

五、妥善处理和保姆的关系

1. 慎重选择

保姆的选择因人而异，但有个标准不容忽视：人品、性格。性格有问题，一切将无从谈起，即便是再好的职业素养，再多的育儿经验，一旦遇上极端事件，后果不堪设想。

2. 赋予人道主义精神

妈妈对保姆，要有基本的人道主义尊重和关怀。你可以要求她、指导她，但一定要注意分寸。当你越过人性的边界，让保姆感到人格被践踏，保姆将会变成为一颗随时都可能引爆的定时炸弹，一旦爆炸，可能会伤到你，伤到孩子，也伤到她自己。

3. 保持一定的距离

妈妈与保姆之间的距离是门很深的学问。这个距离太近，她可能忘了自己的身份，“太把自己不当外人”；太远了又会让她觉得生分，觉得始终低人一等，心中会耿耿于怀，这样又怎么能把真心的爱给孩子呢？因此妈妈对保姆，要在亲和中保持一定的距离感。

最后想对妈妈们说，保姆是孩子成长过程中很重要的一个角色，要学会妥善处理好和保姆的关系。但是千万不能让保姆把我们从育儿的岗职中彻底解脱出来。孩子是自己的，你永远都是守护他的那个人。

亲爱的，我爱你！

先来讲一个故事：

有一对夫妇，在婚后第11年生了一个男孩。夫妻恩爱，男孩自然是二人的宝贝！男孩两岁的某一天早晨，丈夫出门上班之际，看到桌上有一瓶打开盖子的药水，不过因为赶时间，他只大声告诉妻子："记得要把药瓶收好！"然后就匆匆关上门上班去了。

妻子在厨房里忙得团团转，却忘了丈夫的叮咛。男孩拿起药瓶，被药水的颜色所吸引，觉得好奇，于是一口气给喝光了！药水的成分剂量很高，即使成人也只能服用少量。由于男孩服药过量，虽然被送到医院，但仍旧回天乏术。

妻子被突如其来的意外惊呆了！不知该如何面对丈夫，更害怕丈夫的责备——

焦急的父亲赶到医院，得知噩耗，非常伤心！看到儿子的尸体，他望了妻子一眼，然后说了一句话，"I love you,dear!"（亲爱的，我爱你！）

西方人称这种行为是"前摄行为"。它的含义就是要反过来控制局面，而不是被局面所牵制！这个做丈夫的因为儿子的死亡已成事实，再多的责骂也不能改变现状，只会惹来更多的伤心。他明白不只自己失去了儿子，妻子也同样失去了儿子。

这则故事主要是提醒我们，面对人生的各种各样的处境，我们都有选择的机会。面对一件不幸的事情，你可以大发雷霆、怨天尤人，甚至责备所有的人，但事情却不会因为这些而有丝毫改变。不幸的事会继续伴着你今后的生活，让你背负着一生的痛苦活下去。相反地，如果能放下怨恨和惧怕，换一个角度来看问题，或许事情就没有想象中的那么糟糕。但在现实生活中有多少人能做得到呢？这需要怎样的心量！

当我看到“I love you, dear”时，心中真是感慨万千。多么简单的一句话，但要经过怎样的修炼，怀有多大的包容，多深的智慧，才能在那种时刻，说出如此令人动容的一句话。

这让我联想到在我们教育孩子的过程中，会遇到这样或那样的麻烦，孩子也会遇到这样或那样的问题时，我们本能的第一反应会是什么？

去年的六一，我去山东的一家私立幼儿园讲课，讲座之后，便是小朋友们上台表演节目。这时一对年轻的夫妇走到我的身边，指着站在幕布旁的一个小男孩说，这是他家的帅帅，可聪明了。我顺着他们手指的方向看过去，一个虎头虎脑的可爱男孩子在冲这边笑。

演出结束后，爸爸忙把孩子领过来，让孩子和我打招呼。孩子有点认生，不肯叫，爸爸一再坚持并面露不悦。孩子一下躲到妈妈身后，哭了起来。爸爸顿时觉得很没面子，脱口而出，“都是让他姥姥惯的，一点规矩没有，见了生人就哭。”爸爸很自然地把责任推到了姥姥身上，为当下的尴尬做出了解释。

这是我们身边会经常发生的情景：

儿子淘气了、不听话了，妈妈会说，和你爸一个德行，一点正形没有。

女儿胆小了、上课不积极发言了，爸爸会说，和她妈一样，都是“杵窝子”。

孩子任性了，爸爸妈妈会同时说，都是奶奶惯的。

我们习惯了在问题出现的时候，第一反应是去谴责别人，似乎这样我们就不用承担责任了，也似乎这样我们谴责完了，事情的归因找到了，我们就可以该干吗干吗了。

但您想过吗？一个男孩子如果没有男子气，有多少问题是出在爸爸身上？因为您的缺席，因为您的少得可怜的陪伴，因为您的不科学的教养方式，孩子今天才会这么胆小，如果您参与进来了，发挥作用了，姥姥的宠爱其实微不足道。

您想过吗？一个女孩子的粗心往往是因为妈妈平时总丢三落四、心不在焉，即使有爸爸的遗传，那也不是全部。

您想过吗？孩子会你说一句顶一句，是因为他看到你们吵架时就是这么话赶话，谁都不第一个妥协，这和性格关系不大。

所以当我们看到孩子的问题时，我们要做的第一件事是：站出来说一句，是我的错，这样你才会去发现问题、解决问题。

当我们看到孩子遇到不幸时，我们要做的第一件事是：搂着你伴侣的肩膀，对她说，我和你一起分担。这样再大的不幸也能扛过去。圣经上说过一句话：“恨能挑起一切争端，爱能遮掩一切过错。”

当我们坐在观众席上看别人讲演时，我们可以很轻松地对台上的那个人评头论足，做个评论的看客很容易，但是又有几个人可以很勇敢地走到那个讲台前被别人评论呢？这需要勇气！同样道理，做个指责对方的家长也很容易，但做个有担当的家长实则不易。

今天让我们从“亲爱的，我爱你！”开始吧！

我拿什么拯救你——再婚家庭的“亲子”关系

再婚父母与子女的关系，特别是继母与女儿的关系，不是个易解的问题，但也不是个无解的问题。它包含了很多的因素：一个人的胸怀、气度；一个人解决问题的能力；还有对问题本身的认知和处理技巧。前两者是一个人的修为，是需要慢慢修炼的，但最后一条是可以通过学习改变的。

再婚家庭在人际关系上是有一定难度的，如果我们在再婚前把这个难度考虑进去，当你面对问题时，就会有一定的思想准备，这样反而是对婚姻的一种保障，俗话说，不打无准备之仗。但很多再婚夫妻由于一开始双方感情还不错，所以一相情愿地认为，结了婚我们会更好。至于对方的子女，认为只要我真心待他好就没问题了。那你真的是把问题想简单了。很多人再婚后，发现子女问题是个很大的问题。并且严重地影响到夫妻关系。在原配家庭中往往是夫妻关系影响子女关系，但在再婚家庭中却是子女关系影响夫妻关系。更有甚者，因为没有处理好这种关系，不仅新的夫妻关系破裂并且原来良好的亲子关系也受到影响，所以说和再婚子女处理好关系是一门很大的学问。如果说有一百个家庭的话，或许只有一两个能相处得很好，那么我们今天要做的事是让那九十九个家庭相处得不那么坏，不再为这样的亲子关系太苦恼。

以下十点，需要注意。

一、一开始不必对继子女过分热情

刚进入一个新的家庭，彼此都比较陌生，都有一个适应的过程，家庭里的每一个成员都会有自己以前生活的烙印。生活习惯呀、处事方法呀可能都不一样，这需要一个磨合期。在这段时间里，你不要因为一开始相处得还不错而高兴得太早，也不必因为一开始有些误会而万分沮丧，一切都会有变化的。在最初阶段，你需要做的只是：细心观察、面带微笑。不需要一开始就表现得过分热情和过分讨好孩子。这不符合交际心理，因为接受一个人的主动和热情，往往意味着自己也要对对方这么做。但是你要知道，孩子可能还没准备好，你需要给他时间，有时慢热比快热更长久。其实你在观察他的同时，他也在观察你，所以在这个阶段，你只要做个各方面都很得体的自己就好。

二、第一眼就能捕捉到对方子女身上毛病的本能

很多继父继母在婚前都会信誓旦旦地说："婚后，我一定会对你孩子好的。"他们说这话时是真诚的，一点都不虚伪，这就是当时的心里话。可是真的生活在一起的时候，他们会突然发现怎么就好不起来呢？怎么就没有像自己想象的那样喜欢对方的孩子呢？并且你会发现自己有种本能，就是第一眼就能发现这孩子身上的毛病。这不是你的错，也不是孩子的错，这是这种关系中必然存在的一种现象。看到孩子的问题了，先不要忙于指出来。不要说："我说出来是为你好，是为了让你改了以后，变得更好。"一个孩子有缺点的同时肯定还有优点，你与其指出他的缺点打击他，让他讨厌你，不如发现他的优点赞美他、让他能与你亲近。一个孩子不会去听他讨厌的人的任何建议的，哪怕这个建议是对的。所以要先让孩子接纳你，接纳你的人了，他才会去接纳你所说的话。

三、“我把她当亲闺女待了，怎么还不行啊！”

任贤齐有首歌叫《心太软》，里面有这样一句歌词：相爱总是简单，相处太难。一个新的家庭的建立，一组新的亲子关系的建立，都不是件容易的事情，它需要一个漫长的磨合过程。很多继母说，我把她当亲闺女待还不行吗？我们要承认的一个事实就是：不是亲的就不是亲的，你们没有血缘关系，这个事实无法改变。对于亲生孩子你的很多感觉是来自本能的。他受伤了，你会像碰着心一样的痛，但不是亲生的，这种感觉就真的没有那么撕心裂肺，它是装不出来的。亲生的孩子你即使说了他，甚至打了他，过一会儿，他还会叫你妈妈。但继母，你话说重了，他会记恨你一辈子。从某种意义上讲，继母比婆婆还要难当。因此拿捏好这个分寸非常重要，和睦、相互尊重有时比亲密更重要。亲密对于重组的亲子关系来说是个奢侈品，我们不如把它放一放，先争取到我们的必需品——和谐。

四、同性之间更难相处

在我们的家庭关系中，本身就存在着异性相吸、同性相斥的现象。父亲会更疼女儿一些，母亲会和儿子更亲一些。在再婚家庭中，这种现象也会出现。相比较来说，继母和女儿更难相处，继父和儿子更难沟通。所以当继母的切忌在女儿面前和丈夫争宠，因为女儿会认为在你来到这个家庭之前，爸爸只爱我一个女人，可是现在爸爸的爱要分一半甚至更多给你，女儿心里肯定不舒服，所以要让女儿知道，你是来给她爱的，不是来抢爱的。一个聪明的继母不是让大家都感到她很重要，而是让每个家庭成员因为她的出现都体会到了自己的重要性。让别人满足，别人才会记得你的好。爱不是蛋糕，越分越少，爱是种子，有播种才有收获。

五、既不要过分和自己孩子亲热而疏忽了继子女，也不要刻意对继子女太好而伤害了自己的孩子

出于本能，妈妈会对自己的孩子比较亲热，你在屋里忘情地搂抱着自己的孩子的时候，可能那个丈夫的孩子正好从门旁走过看到这一幕，这会引起那个孩子对自己母亲的无尽思念。所以不要当着对方孩子的面，表示出对自己孩子的过分亲热；同样，也不要为了保全你的婚姻，为了表现出你是个好继母，而刻意地对对方孩子很好而冷淡了自己的孩子。我认为这并不是高风亮节，这样同样会伤害到自己的孩子。所以尽量让两个孩子成为朋友，让他们成为同盟军，这样孩子就不会太在意父母对他们的态度了。

六、不因再婚袒护孩子

首先你要明白谁都有追求自己幸福的权利，你再婚没有错，不必面对孩子，心存愧疚。一个孩子在混合家庭中，如果和继父、继母关系融洽，和兄弟姐妹关系和睦的话，或许可以获得更多的幸福。就像电视剧《家有儿女》里的刘星，又有姐姐又有弟弟的，多好。因为你的再婚，因为你内心的愧疚，所以你对孩子格外地骄纵、刻意地讨好都是对孩子的不负责任。告诉孩子，在这样的家庭中生活本身就是一种学习和成长，其实一个可以在再婚家庭中健康成长的孩子，是有能力去应对以后各种复杂的人际关系的。但如果孩子向你诉说心中的委屈、不满时，你一定要认真倾听、表示理解，并和他产生共情。这样孩子会认为不管怎样，妈妈是爱我的、理解我的。他的不满发泄出来了，可能也就没那么严重了。

七、孩子会想念不在一起的亲生父母

有一句话叫做距离产生美。有时你对孩子再好，也替代不了他的亲生父母在他心中的位置，特别是在你管教他时，他会更加思念不在一起生活的亲生父母。这会给现任家庭中的父母带来不快，也会给现任父母的教育带来较大的困扰。要认识到孩子的这种思念是真实的，甚至是强烈的这个事实。给孩子的心里留有一定的空间，允许他去想念他想依恋的那个人，并且你要做好思想准备，他可能会出走去找他的亲生父母。虽说失落感、挫败感可能会让你痛彻心扉、失去理智，但切忌这个时候去痛骂孩子，比如："你这个白眼狼，我们平时白对你这么好了，你还要走，你有本事走了就别再回来——"说这些只会让孩子更快、更彻底地离开家。平和地面对孩子的冲动，也许走几天、换个环境，孩子对你们会有一个新的认识，走几天后发现还是这里最熟悉、最亲切，转一圈又回来了。回来了就当什么事都没发生，还像以前一样过日子，这样孩子在心里会感激你们对他的宽容。

八、学会控制自己的情绪

我们常说，我们要有面对问题和解决问题的能力。而控制和管理自己的情绪便是我们面对问题时首先要做到的。很多中年人再婚面对的正好是青春期的孩子，不要说再婚家庭，就是原配家庭，父母面对叛逆不听话的孩子也会控制不住情绪，恨不得一巴掌打下去。在再婚家庭中更容易出现极端的行为。所以我们一定要让自己有涵养。你想想，在单位，领导是不是会把最艰巨的任务交给能力最强的人去完成啊。现在是你碰到了最难啃的骨头，你就必须把自己变成能力最强的人、最有克制力的人。你若稍微放纵一下自己的情绪，任意宣泄，可能后果会不堪设想。

九、不要在孩子面前替他的亲生父母邀功

当孩子不听自己亲生父母的话时，作为继父母，不要在孩子面前为妻子或丈夫“邀功”。有的爸爸给儿子花了很多钱上补习班，儿子还是不好好学习。继母会说，你爸爸为你花了这么多钱，你还不好好学？这样的说法会让孩子特别反感，他会说，那是我爸，他给我花钱是应该的，关你什么事？这样做不是让孩子认为你在嫉妒甚至憎恨他和父亲的亲密关系，就是让孩子觉得你和他父亲的关系比他和父亲还近，都会给孩子带来极大的不悦。你没必要去做这种吃力不讨好的事。

十、不图回报

如果你为孩子做点什么，都要有所回报的话，那你可能真的就没有回报了。“你怎么好心当成驴肝肺呢？我为你付出这么多，你连句谢谢都没有？”当你把这些挂在嘴上的时候，你的计较心就写在脸上了。你要知道，恩情是在不计较的前提下产生的。你越不计较，越不图回报，别人就会越记你在心，因为人心都是肉长的。你会说，我凭什么要对他们那么好呀？那我告诉你，就凭你想把这个家的日子过下去。

所以当有了这些思想准备，掌握了一定的方法后，面对再婚、重组家庭，我们会更添一份淡定和从容。

不要让孩子成为人际交往的“极品”

这是一个初二家长会的现场，所有的家长都在聚精会神地听讲台前老师的讲话，突然走廊里传来一阵骚动，原来一个男生蹲坐在走廊的窗台前高呼：我不想活了。老师和家长闻讯赶来，这才一起把孩子劝说下来。

孩子的母亲是一位小学老师，对孩子一直管教严格。家长会上孩子的此番举动实在让这位母亲颜面丢尽。后来她耐着性子问孩子“你为什么要爬窗户，为什么不想活了？”孩子委屈地说：“同学们都不喜欢我，他们都不愿意和我玩。”原来孩子在学校一直人缘不好，所有同学都不愿和他玩、刻意孤立他。而这个时期的孩子，同伴的交往、集体归属感几乎是孩子心理的第一需求，因而孩子内心感到极度痛苦，最终大声喊出：我不想活了。

听了孩子的诉说，妈妈觉得百思不得其解，自己和先生在单位里人缘极好，从没有发生过人际关系上的困扰，应该没有这方面的遗传啊，孩子怎么会在这个问题上惹了这么大的麻烦？之后妈妈开始反思自己平日里对孩子的教育。有一天妈妈上街买东西，广告牌上一句广告语一下跃入了她的眼帘：“让孩子在宽容中学会宽容。”她看后突然醒悟，想起自己曾经因为孩子对一个叔叔的招呼充耳不闻而暴打过他，想起一次孩子内急憋不住要在马路上小便而遭到自己的严词拒绝。而且他们夫妇在管教孩子方面出奇地一致，都非常严格。没想到孩子在这样的教育下人格出现了扭曲，变得非常刻薄，事事和同学计较，处处挑同伴毛病，最后被彻底孤立。后来母亲反省了自己、放开了自己，对儿子越来越平和、宽容。两个月后儿子的人际关系得到了大大的改善，人也开心了很多。

我在咨询中发现这样一个现象，很多做老师的家长对自己的孩子要求特别严格，要比对其他学生严厉得多，他们常常用说一不二的命令口吻对孩子说："不许吃糖！""不许哭！""马上把作业写完！"并且一直以这样的教育方式为荣。但事实证明，很多教师的孩子与父母的关系并不好，有的甚至非常紧张，还有一部分孩子不仅和父母关系紧张，和周边人的关系也出现危机。为什么呢？因为人是在宽容中学会宽容、在苛刻中学会苛刻的。

我们来反思一下，为什么教师家长会对孩子尤为严格呢？

其一，自身的要求。身为教育工作者，往往理所当然地觉得自己教育出的孩子要比别人的孩子更加优秀，希望自己的孩子能像正面教材一样，使自己在教育他人的时候可以有据可依、有样可循，于是对孩子的要求格外高。

其二，他人的压力。在他人眼中，教育工作者理应培养出更优秀的孩子，自己都没把孩子教育好，怎么去教育别人？从而让身为教师的家长产生极大的压力和功利心，这样反而失去了教育孩子本应有的从容、平和、顺其自然的良好心态。

记得我上初中的时候，我们物理老师的孩子也在我们班上。我们回答不上问题，老师都会耐心地笑着让我们坐下，可当她的孩子答不上来时，就好一顿臭骂、挤兑。其实老师这时模糊了妈妈和老师的边界，使两个角色混为一谈。所以我们有时会说当老师的可以教好自己的学生，却未见得能教好自己的孩子，甚至老师的孩子因为严厉的管教而问题更多。

在日常生活中，不知你发现没有，一个群体里面，总会有那么一两个"极品"孩子。他们会被同学孤立、被同学嘲讽，常常被同学框定为异类，因而更多地遭到同学的欺负。

女孩子多是语言上的攻击，每当你说出一句话，都会遭来同学们的嘲笑或反驳，好像自己从来没有说对过一样。一次次的负面回应，让这样的女孩子越来越不爱说话，变得自卑、冷漠，甚至眼里充满了仇恨和报复。

男生之间更多的是肢体上的欺负。中学生们会玩“锯人”游戏，偏偏所有的课间这些“极品”同学都是被锯的对象。我见过一个男孩，每到课间铃声一响，这个男生就以百米冲刺的速度跑向厕所，把门插好，躲在里面不敢出来，一直等到上课铃声打响，他才出来。这样的青春是在担惊受怕、极度恐惧、焦虑中度过的。而很多家长在意的只是分数，并不知道孩子在学校里发生的一切。

“极品”孩子大多是有些心理缺陷或人格扭曲的，是不受老师和同学欢迎的。这种孩子一般分为四种：一种是极度地以自我为中心，有极强的掌控欲，处处要别人听自己的。第二种是极端刻薄挑剔，总能一眼看到别人身上的毛病。第三种是性格极其内向、孤僻。第四种是各方面能力都较弱一些。这四种孩子容易成为“极品”孩子。

下面我们来听听雨欣的故事。

雨欣在一所寄宿的私立小学上四年级，学习成绩非常优异，几乎每次都是班里第一名，可是最令她害怕、担心的时刻就是每个期末考试后评三好学生的时候。因为像她这样成绩优异的学生在老师眼里理应是三好学生，所以每次她都是三好学生候选人的第一名（候选人的排序是按成绩的排序，这是个硬性指标），可每次等到同学无记名投票后，才发现雨欣从来都是榜上无名。这让老师觉得奇怪，也让她自己觉得十分窝火。

一天雨欣在妈妈的陪同下来找我，趁妈妈上厕所的功夫，她把衣袖撩起来给我看，顿时一排乌青块映入我的眼帘。我抬头看她，她低声说：“同学掐的。”我放下孩子的衣袖，这时发现孩子的后脖子上也有一块青，忙问：“她们还掐你脖子？”她更小声地说：“游泳的时候，她们把我按在水里，不让我出来，我差点被憋死。”我突然感到后背一阵冰凉，一个 11 岁的孩子在学校里承载了多少不为我们大人所知的心理压力和身体伤害。

在和孩子的聊天中我才知道，孩子特别愿意当个好干部，所以老师交给她的工作，她都认真完成，同学做得不好，她就会向老师报告。比如上舞蹈课的时候不能穿毛衣，她就会像小老师那样检查，发现有穿毛衣的同学，就立刻叫人家脱掉，并说，你要是不脱，我告诉老师。同学反击一句：“老师还没管我呢，你管得着吗？你算老几呀？”她经常是自己做好了，就要求其他同学都要做好，别人做不好，她就想去批评人家、指正人家。可惜她又不是班长，只是个宣传委员，很多事不在她的分内。于是遭到周围同学的反感，不仅三好生不评她，甚至还在身体上攻击她。

雨欣属于老虎型人格特质，老虎型人格的人天生就要当领导，有极强的掌控欲，如果在领导岗位上她会干得如鱼得水。但如果做不到领导，只是一般小老百姓，她就会活得很憋屈。她会遭到周围人的讨厌，因为她总在多管闲事。另外她身上还具有猫头鹰的人格特质，自己做得很好，但同时对别人挑剔、刻薄。总能第一时间发现同学的问题，并且不假思索地说出来，从不给别人留情面，也不考虑别人是否可以接受。

我对雨欣说，你身上有很多优点，但你缺少两种能力，一种是换位思考的能力，一种是欣赏的能力。我说如果是我，我会对那个同学说，你是不是觉得冷呀，那你先穿会儿，一会儿等老师来了，我告诉你，你马上脱了，别让老师说你。这么说既帮助老师执行了制度，又让同学觉得是为了她好，心里可以接受，何乐而不为呢？

再说欣赏的能力。你为什么总能看到别人做得不好的地方，而看不到别人做得好的地方呢？因为你看不到，所以你很少发自内心地去赞扬别人。你总批评别人，谁愿意和这样的人做朋友？就算有人愿意知道自己的缺点，也不愿意让指责声如影随形呀，这就是同学们远离你并伤害你的原因。当然他们的这种伤害是非常错误的，你要学会保护自己。雨欣听后默默地点着头。

其实欣赏不是品质而是种能力，这种能力不是每个人都具备的。总挑别人毛病的孩子一般出自“严家教”的家庭里。父母要求严，孩子知道很多事情完美的标准是什么，自己本身在许多方面也做得比较出色。所以眼里容不得半点别人做得不好的地方，总能一针见血地指出别人的硬伤，丝毫不差地摸到别人的软肋。犀利、尖锐是他们的代名词。

这种孩子身边往往没有什么朋友。首先朋友会害怕和这种人在一起，试想谁愿意和一个整天都在挑自己毛病的人在一起呀？其次这种孩子也不大愿意交朋友，因为在他眼里，别人的毛病实在太多，能力实在太差，和他们搭伴干活、学习、做实验效率实在太低。在他看来很多的人际交往是在浪费时间，不如自己再学点什么，于是这种孩子会越来越孤芳自赏。

要知道没有合作精神、没有欣赏能力的人是做不了大事的。因为他处处不求人，也懒得帮助别人。自己样样都做得来的人体会不到求人帮忙的那份不易，更体会不到今天自己也可以帮到别人的那份喜悦。所以说，这样的人从不在人际关系上下工夫，因而也没有什么太深切的体会。最终只做他愿意做并一直在做的那点事。很多干大事的领导往往做小事能力并不很强，需要这个帮忙、那个协助，但却因为情商高，在关系的处理上游刃有余，最后笼络一群人来帮他做事，他便成了领导。

欣赏，是人际交往的前提。在欣赏的前提下交往，内心是愉悦的，而不是功利的虚伪。虚伪的奉承不会掩藏太久，有时在扭头的一瞬间，你的眼神就把你心中的秘密暴露无遗。欣赏是发自内心对别人的认可和尊重。有欣赏能力的人可以捕捉到别人身上最闪光的一面并拿来欣赏。这种欣赏是真诚的，这种能力我们是可以从小培养和引导的。

在养育女儿的过程中，最令我欣慰的是我从来没有为她的人际关系操过心。从小到大，她每天回来都会给我讲学校里发生的各种事情。哪个同学怎么了不起了，哪个同学怎么让她感动了，说着的时候满眼都是欣赏。我想我是她最亲的妈妈，在妈妈面前说说某某同学的“坏话”本也是件很正常的事，但是几乎听不到，我想她不是装的，她是真的很幸福。

有一次，她和一个同学在学校当值周生，学校一个年长的工友推着泔水车从食堂出来，一不小心，泔水车洒了，剩饭剩菜倒了一地。女儿说：“和我一起值周的女生，二话没说，跑过去就去帮老奶奶清理那些恶心的垃圾，当时我第一反应是愣了一下，真心有点嫌脏，但看她那样，我也只好跟了过去，一起帮老奶奶清理了垃圾。妈妈，你说那个同学境界怎么这么高呀？这人和人之间的差距咋就那么大呢？”我听了心里好生欣慰。

一个可以看到别人身上优点的孩子是会不断进步的。她会在欣赏的过程中不断获得愉悦并健全自己。

还有一次女儿和同学聚餐回来，她对我说：“妈妈，今天吃饭的时候，有两个好朋友总是给我夹菜，他们给我夹菜的时候，我心里很感动，有一种被人照顾的感觉，可是我怎么从来都不会想到给别人夹菜呢？总想着自己吃。”我说：“那是妈妈的错，妈妈从小就是独生女，总是别人给我夹菜，我说谢谢。所以你也就没有了给别人夹菜、敬酒的习惯，但是你现在体会到了被别人照顾的感觉很好、很温暖。那么以后你也要这样去照顾别人。”她连连点头，说好的，说着往我碗里夹了块肉，我也回敬了她一个大虾。我们在笑声中演习着这种好的习惯。

上了大学，同学们来自五湖四海，每个人的成长环境不同，脾气秉性也不同。我也像其他家长一样担心她能不能和同学相处得很好，在大学里因不能和同学和睦相处而患上心理疾患的比比皆是。但每次和女儿通电话，我都能从她的笑声中感到她在学校里生活得如鱼得水。

一次，她在电话里说，妈妈，外面下雨了，我要去给同学送伞，接她们回宿舍。于是匆匆挂断了电话。回家后我问她，你怎么对同学这么好呀？她说，是呀，在宿舍里我最小，大家处处都照顾我，我总想如果我也能为她们做点什么就好了，今天机会终于来了，下雨了，我就拿了雨伞把她们一个一个都接了回来，她们抱着我说："小六，你真好！"我心里好开心啊！

女儿是幸福的，她的这种幸福绽放在她的脸上、荡漾在她的心里。我想她的这份幸福是源于她从小养成的欣赏能力。

记得孩子上小学三年级的时候，圣诞节要给同学买贺卡，我问她，你准备送给谁呀，送给班长吗？她说，不，班长每个同学都送，有的她看都不看就放进抽屉里了，我想送给那些学习不太好、平时不怎么能得到贺卡的同学，他们如果能得到同学的贺卡，他们会很珍惜的。我问她，那你都准备写点什么呢？她说："我不想只写圣诞快乐四个字。"我说："对，你应该把这个同学的特点、与众不同的地方，和他留给你的印象写出来。"女儿晚上冥思苦想，认真地写着每一张贺卡。若干年后一位同学的妈妈碰到我说："这么多年我们家孩子一直珍藏着你女儿送的那张贺卡，贺卡上写她像一个小天使，孩子每次看到这张贺卡都会美半天。"当时我是想通过写贺卡这件事让孩子学会发现别人身上闪光的地方。

这种能力如果没有先天养成，家长可以后天培养的。在孩子和别的小朋友一起玩的时候，让孩子说出每个小朋友的优点，放大孩子看到的美好的一面，缩小孩子看到的丑陋的一面，让更多的阳光洒进孩子的心田。

每个孩子都愿意和自己喜欢并喜欢自己的小朋友在一起玩。让别人喜欢，自己就要尽可能地在各方面做得好；喜欢别人，就要多发现别的小朋友身上的优点，因为好才会喜欢。但更多的时候不是人家不好，而是你看不到人家的好。

人际关系的好坏，在一定程度上决定着一个人的幸福指数。不要让我们的孩子因为您管教的疏忽和不得法，而使他们成为孩子中的"极品"。这样对孩子的伤害真的太大了。

妈妈的脸色，孩子的天空

春秋时期，一位有名的智者路过一片稻田。他看到一个农夫赶着两头牛奋力地耕田，就随意地问道：你的哪头牛干活更好些？老农没有答话，等到了田边，他把两头牛拴好，才来到智者身边，背对着牛小声对智者说："就那头正摇尾巴的家伙，干起活来特卖力。"智者大为不解："我方才问你，你为什么不说呢？现在又为什么这么小声对我讲？难道怕谁听到吗？"老农一脸正色道："不错，就怕旁边的那头牛听到我夸别人而冷落它，你的眼神它能察觉到，而后这家伙就会闹情绪，不好好干活了。"牲口如此，何况孩子呢！

孩子在小的时候最在意的就是妈妈的脸色，妈妈的脸色是孩子的天空。

一、妈妈生气的脸色

有一位妻子，丈夫是驻外记者，一年只有很少的时间和家人团聚，那年春节妻子好不容易盼到丈夫回家过年，可丈夫却想回山东老家看望年迈的父母，妻子心里特别不高兴。这时，5 岁的儿子跑过来，拽着妈妈的衣服问："妈妈，妈妈，今天中午吃什么呀？"这位妻子一肚子的火正不知道往哪撒呢，抬手给了儿子一巴掌吼道："吃什么吃，就知道吃！"无辜的儿子捧着打红的小脸抹着眼泪走了。夫妻间发生矛盾、产生口角也是在所难免，但是在大人暴风骤雨的时候，别忘了给孩子遮把伞，你要知道，哪怕只是零星的雨点滴落在孩子身上，孩子也会觉得冷的。有的孩子特别胆小、紧张，那是因为妈妈常常这样无缘无故地对他发脾气、对他凶，妈妈的确心里有气、有委屈，但那跟孩子没有关系，不是孩子的错。我们不能把气撒在孩子身上。在孩子还太小没有辨别、反抗意识的时候，你总这样对他，他会觉得自己很讨厌，妈妈不高兴都是自己引起的。这种环境下长大的孩子一部分会变得自卑、懦弱，另一部分会变得和大人一样，脾气暴躁。

纵然我们在外面有许多的生存压力，纵然我们在家里有许多的烦心事，但是在我们推开房门的那一刻，在我们迈进幼儿园的那一瞬，我们还是要控制一下自己的情绪，调整一下心情，给孩子一个灿烂的笑容。

二、妈妈哀怨的脸色

有些妈妈生活不尽如人意，充满艰辛。有的因为家庭关系不好，有的因为生活窘迫，有的因为病魔缠身，于是把所有的哀怨都写在了脸上。我曾经见过一位母亲，从年轻的时候一直到中年，她的眉头永远是紧锁着的。眉宇间的川字不知锁住了多少的哀怨和不幸。而与她朝夕相处的女儿也因此郁郁寡欢，小小年纪便像琼瑶小说里那些对话流泪的妇人了。最后那个妈妈在中年得了癌症早逝了，而她的女儿则因为母亲的去世性格更加孤僻。我们常说癌症是会遗传的，但我认为与其说得癌症是遗传了身体的基因，不如说得癌症是遗传了上一辈人对生活的态度。癌症病人大部分是内向的、悲观的。一个乐观、积极的人会在每一次忧患中都能看到一个机会，而一个消极悲观的人则会在每一个机会里面都能看到某种忧患。

有个女孩对她的同桌说：我觉得自己特别倒霉，爸爸妈妈总吵架，我一点都感觉不到家庭的温暖，生活真没意思。她的同桌对她说：怎么会没意思呢，你不觉得有我这样幽默的帅哥做你的同桌，是一件很幸福的事吗？那个女孩说：哦！还真是。其实幸福更多的时候，是一种感觉，它需要我们去捕捉、去找寻。所以我们要学会去拽住悬崖峭壁旁的那一棵草，发现穷山恶水处的那一抹绿。

俄罗斯诗人普希金写过这样一首诗——《假如生活欺骗了你》：

假如生活欺骗了你／不要悲伤，不要心急／忧郁的日子里需要镇静／相信吧！快乐的日子将会来临

因此我们当妈妈的，不管遇到再大的不幸、再多的困难，不要总让孩子看到你哀怨的眼神、哀愁的脸色。因为这样的孩子大了以后，他的天空也是阴郁的，是阳光照不进来的。这样的孩子多愁善感，一点风吹草动都会影响他的情绪，常常会哀叹人生无常，无病呻吟，觉得自己是世上最可怜的人。当然，与其扬汤止沸，不如釜底抽薪，最好的办法是能够改变自己对生活的态度，让自己真正地快乐起来。不然，明明不开心，还要在孩子面前假笑，多累啊！但如果你真的不能那么快地走出阴郁、改变自己，那就留一抹阳光给孩子吧。

三、妈妈讨好的脸色

有个10岁的男孩，脾气特别不好，常常为一点小事和妈妈争吵，只要妈妈的说法不遂他意，他就会大喊大叫，有时甚至歇斯底里地跳着脚说：你懂不懂呀，不懂就别说话。妈妈常常被气得说不出话来，有一次妈妈从冰箱里拿出刚买不久的柚子茶，发现里面长毛了，就感叹了一句，真可惜，才喝了几

次就长毛了。就这么一声感叹，儿子认为妈妈是在责备自己，于是大声对妈妈吼道：我又不是故意的，你凭什么这么说我，凭什么？妈妈见儿子发火，慌忙说，儿子，妈妈没有怪你，没有怪你，只是可惜了这瓶柚子茶。儿子喊道，你的意思就是在怪我。妈妈无语。过了一会，儿子气消了，跑过来问妈妈，中午吃什么？妈妈赶紧讨好地对儿子说，妈妈给你炖你最爱吃的排骨呢！妈妈为儿子能主动过来和妈妈搭讪感到无比的欣慰。而从没想过要和孩子谈谈他刚才的行为。孩子为什么会这样对妈妈，就是妈妈从来没有让孩子知道他的这种行为让妈妈很生气，妈妈生气了，后果很严重。因为孩子从来没有感受过别人也会生气，因为在家里生气、发脾气的只有他一个人。

还有一次，我走在大街上，看到对面走来一对男女，走着走着，突然那男的照着女的胸口就是一拳，女人一个趔趄没有站稳，摔倒在地上，因用力过猛，女人在地上连滚了几圈。周围路人都前去围观，有人说打110，怎么可以这样打一个女人，那个女的一听要打110，一个激灵爬了起来，用哀求的语气对打电话的人说："您千万别报警，千万别，他是我儿子。"大家惊愕地望着那个人高马大的男人，一时说不出话来，那个要报警的人说："小伙子，那是你妈，你怎么可以这样打她？"男孩子昂着头说："谁让她总在那儿烦我？"妈妈拍拍身上的土说："儿子，咱们走吧，妈妈不烦你了。"

爱孩子不等于要事事讨好孩子，孩子从小被妈妈这么惯着，只会养成以自我为中心的特性，母亲不光得不到回报，还会自取其辱。孩子是非常会看大人脸色的，你越讨好他，他就越飞扬跋扈。当一个母亲开始讨好自己的孩子时，一定要引起注意了，因为这种状况的发生，说明亲子关系已经不正常了。试想，如果母亲对孩子没有特别的歉疚或是其他客观因素，作为长辈你凭什么要对孩子低三下四、摇尾乞怜呢？如果只是出于爱孩子的话，那么盲目地讨好，只会让孩子在得到片刻的满足之后，愈发地、变本加厉地无理取闹。这种讨好不仅失去了作为一个母亲的尊严，同时也是对孩子不负责任的放纵！

四、妈妈妥协的脸色

有的妈妈说，孩子真的太难管了，我一点办法都没有。我真的不知道该怎么办了，随他去吧。记得小时候，同学对我说过一句话：你妈像弹簧，你硬她就软，你软她就硬。当时当玩笑听了，现在想想这句话还真是有一定的道理。孩子是很聪明的，很会察言观色的。你一味地妥协，他就会一味地坚持。当你希望孩子改掉某个坏毛病时要记住两点：第一、不轻易妥协。第二、想出个更有意思的做法。

有个 4 岁的小女孩一直吃奶嘴，妈妈也几次想给她拿掉，可每次一拿掉，孩子就哭得不行，孩子一哭，妈妈就妥协了。因此直到四岁孩子还含着奶嘴，牙齿都因为长期含奶嘴而长歪了。后来妈妈的一个朋友来到家里，想了个好办法，她拿来一个特别好看的大瓶子，跟孩子说我们来玩个游戏，看谁能最快地把宝宝所有的奶嘴都找到放到瓶子里，并且把它倒掉，谁赢了，就奖励一个冰激凌。宝宝很高兴，翻出了所有的奶嘴放进大瓶子里，并且自己把它倒掉。小孩子太小不知道对与错，但是知道好玩和不好玩，所以要用好玩的游戏来养成他的好习惯。

有的时候孩子一哭，你为了一时省事纵容了孩子，但孩子毛病改不了，你会更费事，所以决心改变时，不要怕那一时的阵痛。你不妥协，他就妥协了。

五、妈妈威严的脸色

妈妈是爱的化身，每个孩子都可以从妈妈身上感受到浓浓的爱，但这并不意味着妈妈不需要威严。有个词叫“不怒自威”，妈妈一定程度上的威严，会产生一种无形的力量，它会让孩子懂得分寸、有所规矩。没有规矩的孩子是由着性子做事，喜欢做的事就做，不喜欢做的事就不做。有规矩的孩子是考虑这事该不该做，即使碰到自己不喜欢的事，该做的也得做，碰到自己喜欢的事，不该做的，也不能做。在“大拇指”教育盛行的今天，妈妈一定的威严对孩子是有益的。

记得孩子 8 岁的时候，我带她去参加了一次同学的生日聚会。用餐时，旁边的小男孩没等大人动筷，就又抓又抢，坐在桌子另一端的女儿看着也要上桌去抓，我抬头看了她一眼，她便坐了回去。同学说，你的眼神还真有威慑力呀！有的时候不打不骂、不喊不叫同样可以教育孩子。

我们在爱孩子、满足孩子的同时，同样可以拒绝孩子。

孩子上初一的时候，有一次老师要求同学写一篇关于旅游名胜的文章，那时我还在从事旅游工作，她拿着作业题过来，理所应当地扔给我说：“这个你帮我做吧。”妈妈帮孩子找点素材，让她的作业完成得更好不是不可以，可是她漫不经心的态度让我很不高兴，我对她说：“你求妈妈帮你做事还这个态度，连个请字都没有？我不管，自己的事情自己完成。”我把作业纸扔了回去。那是我第一次拒绝孩子，她悻悻地拿起作业纸回屋了，之后我看着她翻书、查资料、找图片，就是不去帮她，最后她也把这项作业完成得很好。事后我对她说，这件事你要记住两点：第一，需要别人帮忙的时候要有个诚恳的态度，即便她是你的妈妈；第二，靠别人永远靠不住，万事还要靠自己，即便她是你的妈妈，也有不帮你或帮不上你的时候。

爱孩子不等于没有威严，适度的管教、严格，会让孩子更有张弛度和分寸感。

六、妈妈灿烂的脸色

很多孩子阳光，是因为妈妈灿烂，总让他看见生活中积极、阳光的一面。

于是孩子的心里也是阳光普照、灿烂无比。

在我的生活中，婆婆和妈妈就是两个鲜明的对比。在我怀孕的时候，在医院工作的母亲总是担心我会早产、会难产、会没有奶水，孩子会不足月、会不健康，等等。一直在纠结要不要剖腹产。而婆婆啥都不担心，说我一定能顺顺利利地给她生下个大胖孙子。我问婆婆生孩子疼不疼？农村长大的婆婆笑着说：很容易，每个女人都会，我都记不得疼不疼了。你一定能自己生的。婆婆每天带我到处溜达，怀孕期间我一直过着无拘无束的田园生活，没有丝毫的产前焦虑。最有意思的是生产那天，我非常顺利地生下了女儿，在产房门口等待的母亲居然不相信那声啼哭是她的外孙女。旁边的人说，你女儿生了，妈妈说，不可能，我女儿不会生得那么快，一定是别的产妇。直到把孩子推出产房，妈妈才相信那是她的外孙女。说实话女儿生下来并不胖也不白，婆婆看了一眼说，我的大孙女长得可真好，说得我心里好欢喜。同样一件事，不同的心态就会带来不同的心境。

婆婆乐观豁达的心态一直感染着我，每当我遇到困难时，都会给婆婆打电话，每次她都会说，这个不是事，一扛就过去了，你要是扛不住了，还有妈妈呢，我们一起扛。有时明知有些问题婆婆根本解决不了，但也愿意听到她的声音，因为那是一种力量。

妈妈灿烂的脸色是孩子心中满满的阳光。对孩子而言，妈妈几乎是整个世界。妈妈的歌声，是天际传来的天籁。妈妈的怀抱，是敦厚安详的山峦。妈妈的温柔，是心中浅浅流动的溪水。妈妈的脸色，是阴晴无常的天空：妈妈的脸色愤怒——打雷了，孩子的天空乌云滚滚；妈妈的脸色哀怨——下雨了，孩子的天空阴云密布；妈妈的脸色灿烂——出太阳了，孩子的天空万里无云……

第二章　家教篇

让我们的孩子高贵起来

我们在开设“妈妈学堂”之前，做了这样一个活动：从三十个主题中，让家长投票选出他们最感兴趣的三个话题。出乎我们意料的是，得票最多的居然是“让我们的孩子高贵起来”。可见家长对孩子高贵的渴望。这篇文章的产生是由于我之前的工作，因为长期和西方人打交道，看到了中西方文化的差别，因而有感而发。

我先给大家讲一个真实的故事：我曾经带一个北欧团乘飞机从桂林飞往西安，那天正好赶上晚航班。飞机上一百多人，除了七八个中国人外，余下的都是外国人。飞机抵达西安时，在前轮刚刚碰到地面的一刹那，那七八个中国人就像子弹一样从位子上弹了出去，一下全都涌到了机舱门口，干吗呢？抢着下飞机！此时飞机还在急速滑行，非常危险，空姐无奈地把同胞们一个个又按了回去。这时我看到我旁边的美国人哈哈大笑，笑得前仰后合。美国人是很少掩饰自己情感的，他们觉得太可笑了，怎么会有人抢着下飞机？欧洲人也轻蔑地笑着，修养好的客人会无奈地摇摇头。当时我们团里很多客人都扭头来看我，因为除了那七八个人之外，我是唯一的中国人，我当时的感觉就是真想找个地缝钻进去。

下了飞机，客人还在议论这事，虽然同胞们的行为让我难堪，但作为中国人我还是有些不平。我在车上对客人说："首先我为我的同胞刚才的行为给大家带来的困扰和不便表示深深的歉意，其次我也想为他们的行为说几句话。中国有十四亿人口，你们国家呢？五百万。谁能保证一个十四亿人口的大国每个人都坐过飞机！他们以前没坐过飞机，今天有机会坐了，知道坐飞机不用抢，下次就不抢了，对吗？再者，一个国家的国民素质的高低取决于这个国家的物质经济水平。中国很多地方刚刚脱贫，刚刚解决温饱问题，以前在中国不抢就吃不上、就得不到。西方人一直认为中国的计划生育是不人性的、不讲人权的，但是试想如果这三十年中国不计划生育，我们的人口会达到近二十个亿，我们怎么能保证这二十多亿的人个个都能像你们在座的诸位一样，生活得体体面面呢？所以说当我们的人口得到控制、物质水平提高后，国民素质的全面提升也就指日可待了，我们需要的只是一点时间。第三，你们知道，美国只有二百年的历史，我们中国有五千年的文化，世界四大文明古国古埃及、古希腊、古巴比伦、中国，留下来的就剩中国了。遥想当年在唐朝的时候，中国是世界上最强大的国家，曾经有二十四位外国使节到中国学习中国文化，日本的和服、盘头，筷子的使用，甚至文字，都是唐朝时从中国学去的。我们曾经也是个礼仪之邦，我们有着良好的文明基础。只是后来因为一些政治原因、历史原因，特别是"文革"，让我们把祖先留下来的好传统弄丢了。我们已意识到了这个问题，我们正在把丢掉的传统捡回来，在不久的将来，请相信中国人会把文明的火种传播下去的！"

话音刚落客人就鼓掌了。在我的工作中我一直坚持一点，那就是做人，特别是做中国人，一定要做到不卑不亢。这与贫穷富贵无关，这与职位高下无关，这是做人的尊严，更是一个国家的尊严。

对外我们要维护国家的尊严，但是对内，关起门来，我们是否也该反省一下我们自己的行为，我们的确还有很多地方做得不够好。大声喧哗、排队加塞，随地吐痰……

随着大批的国人出国旅游，中国人也被贴上了特定的标签。在法国的卢浮宫——世界上最大、最古老的博物馆之一，珍藏着达·芬奇的蒙娜丽莎画像。你听吧，中国旅客大声地叫着："哥们，蒙娜丽莎在这屋呢，快来呀！"人家蒙娜丽莎那么安静地神秘地微笑着，你那么大声地嚷嚷着，多不协调。还有很多的中国游客头戴遮阳帽、身穿蓝色西服、脚蹬白色旅游鞋、斜挎着大书包蹲在埃菲尔铁塔下面抽烟。这一幕幕构成了中国游客的众生相。外国人对中国游客的评价就是四个字：又爱又恨。爱的是你们每个团都能几百万、几千万地购买他们的高档奢侈品，给欧洲带来了巨大的经济效益，恨的是你们把他们美丽的城市弄脏了。

当今中国出现了许多"富二代""土豪"，他们的孩子可能会很快地成为中国的"富三代"。俗话说三代出贵族，如此算来在未来的一二十年里中国将会出现真正的贵族——所谓的"中国新贵"。因此现在大陆许多富二代在有意识地培养孩子的贵族风范。小的时候上贵族学校，大了考世界名校——哈佛、耶鲁、普林斯顿，开跑车、学马术、打高尔夫，享用高档奢侈品，可是总觉得他们离贵族还差了那么一点点，是什么呢？贵族的修养和由此表现出来的礼仪风范。

我们先来说说贵族的修养。它应该分为三部分：

第一、文化的教养：抵御物欲主义的诱惑，不以享乐为人生目的，培养自己高贵的道德情操和文化精神。

第二、社会的担当：作为社会精英，严以自律，珍惜荣誉，扶助弱势群体，担当起社会与国家的责任。

第三、自由的灵魂：有独立的意志，在权力与金钱面前敢于说不。能够超越时尚与潮流，不为强权与多数人的意见所奴役，内心高贵，风雨兼程，坚持不懈！

这才是真正的贵族精神。而所有的精神又是行为的表现。

台湾总统马英九的两个女儿就是很好的典范，家里这么有钱，可大女儿马唯中在美国读书时照样勤工俭学，工作了，别人做什么她做什么，从不搞特殊。周围的人很少有人知道她们是总统的孩子，每次外出都是自己拿行李。孩子这样是因为有父母的榜样。马英九的岳父曾经送给他一块表，他一戴就是三十年，为的是感谢岳父把女儿嫁给了他。妻子周美青也一直过着低调、简朴的生活，每周必和母亲一起吃一顿饭，上班时来回都坐公交车。所以说真正的贵族是一种世代相传的、坚韧的精神力量。真正的贵族精神，恰恰是在浮华社会里节制物质享乐，以文化艺术修身养心；即便手握权柄，也坚守心中的那份荣誉与道德。

我们再来说说礼仪风范，在这点上我们不得不承认和大陆相比，台湾把我们祖先留下来的传统继承得更好一些。我认识一对台湾的兄弟，初次见面是在二十年前，他们认我做了姐姐，那年他们刚上大学。他们给我的第一印象便让我终身难忘。上电梯时，他们会用手扶住电梯门，身子微微前倾说：姐姐请；上车他们一定会替长辈把门先打开；吃饭时，他们一定会双手举杯给长辈敬酒，长辈动筷，他们才会动筷。他妈妈说兄弟俩有一次打架了，哥哥教训了弟弟，弟弟说，你是我哥，我让你三拳，第四拳我要还手了。他们长幼有序的观念已经深深扎根在脑海中了，而作为同是知识分子家庭出生的姐姐，我却有太多的地方做得不到位。想想也是，我小的时候正是“文革”时期，父母正忙着闹革命呢，哪有工夫教我礼仪呀，况且这些礼仪规矩被当成封建礼教破四旧给破掉了。开始我很怕和他们在一起，处处都显得我失礼，后来我学着他们的样子做，我想我们这代没做好那是因为有政治原因，但是我们的下一代不能没有良好的教养啊！修养不是教出来的，是潜移默化地学出来的。只有自己改变了，我们的孩子才能做好。所以我们这代人要有意识地把我们民族好的传统捡回来，把我们丢失的礼教捡回来。不要让西方人一提到CHINA这个词便是“MADE IN CHINA”（中国制造），而是要把我们华夏的思想文化、礼仪文化发扬光大。

美国人在国内买的《中国旅游指南》上是这样形容中国人的：中国人不会笑，说话大声，行为粗鲁。我看后特别生气，对他们说这是污蔑！我们会笑，我们笑得比谁都甜，我们是心地最善良的民族。举个例子：中、日、韩三国学生有个生存比赛，赢的一定是日本学生，日本孩子的自我保护意识特别强，因为他们一定会在最后胜利的那一刻喝完最后一口水，而中国的孩子在半路早把自己的水借给同伴喝了。我们一起出行的中国团队，哪个人有困难了，哪个小孩病了，大家都会帮忙。相比起来，西方人会更冷漠、更自顾自。我接待过一个北欧自行车团，一个老太太身体不好，不能骑车了，人和车都上了汽车。另一个老太太的车胎爆了，可还想骑，就和那个老太太商量，能不能先借用一下她的车，那个老太太竟毫不犹豫地拒绝了。他们非常懂得保护自己的利益，你的车坏了那是你的事，和我无关。结果两个人都骑不成。外国人的观点是：我的事是我的事，你的事是你的事；中国人是我的事是我的事，你的事也是我的事。

那么如此热情、善良的中国人为什么总让人觉得素质低呢？其实不是内心的不高贵，而是外在的不得体，我们缺乏的是仪式，我们缺少的是表达，而这种缺失已经长久地成为一种习惯。

第一、打招呼

西方一个团队的成员，早上无论是在电梯里还是餐厅里见面，一定会相互点头说："Good morning ." 热情的美国人在电梯里见了不认识的人也会说："Morning ." 一句 "Morning" 会把人一下拉近。如果在电梯里见到两次，他们甚至会不厌其烦地说："Good morning again ." 而我们中国人早上见了面会说："今儿天不错，早餐不错！" 但很少会很正式地说早上好，我想不是我们不礼貌，是我们不习惯这种礼节性的表达。

第二、名字的称呼

西方人见面第一件事就是说出自己的名字、记住对方的名字，第二次见面就能叫出你的名字，他们认为这是一种礼貌的体现，因为西方人更在意人的自我价值。而我们中国团队在一起待了一个星期了，对方的各种情况都了如指掌，就是不问叫什么名字。有一次，在法国的迪斯尼我帮一个特别熟的小男孩占座位，他在排队买吃的，当我找好座位想叫他时，发现根本不知道他叫什么名字，情急之下就叫了一句“小胖子”，结果小男孩压根不知道我是在叫他。

更可笑的是我们曾经有个导游，见了一个客人，高兴地过去握着人家的手说，托马斯，我们又见面了。那个客人说，对不起，我是第一次来中国。她跑过去握着第二个客人的手说，大卫，你好！那个客人说，对不起，我不是大卫，我是迈克，弄得那个导游特别尴尬。所以说告诉别人你的名字、记住别人的名字真的是对人的一种尊重。

第三、预约、守时

我们常常没有意识到预约其实也是对他人的尊重。有一次我出差去上海想去看望一位好友，于是特意没有给她打电话，想来个突然袭击给她个意外惊喜。不成想她开门的一瞬间，不仅有惊喜还有一种惊愕的表情，随即她说你等会进来，然后转身回去收拾屋子，五分钟后才放我进去。每个人都希望给客人展示自己干净、整洁的一面，但大多数人做不到时时刻刻都很整洁，所以告诉人家拜访的时间，给人家留出收拾的时间，这也是一种得体的表现。

中国人总体来说没有太把守时当回事，觉得迟到不是什么太大的事。但在西方守时是一个人的基本素质。如果你连时间都不能遵守的话，你还能遵守什么承诺？再者时间和金钱相比，时间应该比金钱更重要，因为时间代表生命。你浪费别人的时间，就是在浪费别人的生命，这比浪费别人的金钱后果更严重，因此无论是开会、赴约，有教养的人从不迟到，迟到对准时到场的人来说是种不尊重。

我们有时给孩子讲太多的大道理，不如就从最小的事情开始培养。

第四、谢意的表达

我们中国人接受了别人的帮助都会记在心里，日后报答，而且是滴水之恩当涌泉相报。干吗要日后呢，为什么现在不说呢？总以为自己不好意思说别人也会不好意思接受。其实不然。

1. 勇于表达

有一次我做了一个手术，术后丈夫把我送到公婆家由他们来照顾。公婆尽心尽力地照顾我直到我康复痊愈。走的那天，我依依不舍很想上前去抱抱他们，以表达我的感激之情，但考虑到他们很传统或许不习惯这样的表达方式，我犹豫再三，迟迟不敢动作，眼看就要上车了，最后我还是鼓足勇气，走上前去拥抱了两位老人。果不其然，公公被我这一举动吓了一跳，本能地向后退了一步，我坚信这是他一生中唯一一次和别人拥抱。意想不到的是，我走后公婆直接去了弟弟家，告诉弟弟、弟妹，嫂子拥抱了他们。他们的描述带着兴奋、带着感动，还有小小的羞涩，弟妹说那种感觉真的太奇妙了。所以感谢是要说出来的，只要你愿意说，别人一定乐于接受，并且非常受用。

2. 仪式化

在西方他们会把这种感谢仪式化，我记得 1997 年时我曾经带过一个北欧自行车团，那是一个从俄罗斯莫斯科到挪威卑尔根的和平自行车环球游。领队托尼是个盲人，是诺贝尔和平奖的候选人，这个团的案例后来入选为上海体育大学的教材，我当时是这个团中国站的陪同。当这个团在中国站的十几天行程圆满结束后，领队举办了一个大型答谢宴。在答谢宴上，他用心地摸着每个人的头，并一一给出评价。摸到一个 80 岁老太太时，他说，你是我心中的女王；摸到我时，他说："You are not my sister，you are my mother（你不是我的妹妹，你是我的妈妈）。"简单的一句话化解了所有的辛苦，带来了无限的温暖，这就是表达的魅力。不光是这个团，我接待过的很多代表团他们在最后的晚宴上都会为你读一封感谢信，为你送上鲜花，甚至全体起立为你唱歌、和你拥抱。

3. 礼物的赠送

西方人和中国人一样擅长送礼物，但区别是他们的礼物并不贵重，一个小小的纪念品，一支纸制的玫瑰花，但仪式之隆重却让你受宠若惊。他会给你讲这个礼物的来历，并希望你当众打开它。而我们中国人送的礼物都很贵重，但仪式却很潦草，甚至没有仪式，常常会悄悄地放在门边。我想这与我们民族内敛、不张扬的性格有关。

我家还曾经为礼物闹过一个小笑话。一日，先生带我们去和一个从美国回来的朋友吃饭。见面后，人家送给我一个包装精美的礼物，我表示感谢后收下。那个朋友说要不要打开看看，我看看先生，先生说，不用了吧，回家再看，先吃饭。我明白先生的意思：中国人真的没有当场打开礼物的习惯，好像显得特别迫不及待，没见过世面似的。于是收好礼物准备吃饭。晚饭后回到家中，在女儿的再三催促下，我打开了那个包装精美的盒子。在我"哇"的一声中，一个漂亮的首饰盒呈现在眼前。我突然明白了刚才那个朋友为什么说“要不要打开看一看”，其实他就是想当场听到我这“哇”的一声赞叹，结果我却把这声赞美留到了家里。

我们的孩子以后会越来越国际化，在保留我们自己的传统礼仪的前提下，也需要对西方的礼仪有所了解，这会帮助孩子更好地进行人际交往，因为以后他所交往的人群并不一定都是本民族的。

4. 西方孩子的做法

西方的孩子从小接受着这种表达谢意的教育，在生活中他们也会应用自如。我记得我带过一个美国家庭，送机时，十岁的小男孩非常郑重地从小西服口袋里拿出一封信，对我说：“SALLY，谢谢你带我参观了北京，告诉我们这么多中国的历史、文化，我们都喜欢你，回美国后我们会想念你的。”说完鞠躬、拥抱。想想，我们对孩子有过这种教育吗？不过，我们在改、在进步。如今我们也有了十八岁成人仪式，在成人礼上孩子们也很正式地向父母、向老师表达了谢意。我们也有了毕业后的谢师宴，宴席上学生深情款款，老师爱意浓浓。礼仪礼仪，顾名思义是礼貌的仪式，我们不能光讲礼貌而丢了仪式。

人说二十一天养成一个好习惯，行为的重复就是习惯的形成。这是真的。我曾经去真武庙体验过一次三日道。在这三日里，大家身着道袍，头戴道冠，无论男女互称师兄，见面便拱手作揖道：“师兄，福生无量！”开始真说不出口，很小声，后来习惯了，觉得这种礼节非常好，等到活动结束脱下道袍还俗时，反倒不习惯了。所以只要坚持，习惯就能养成。

如果说好的礼仪、礼节会让我们自己生活得更体面一些、更高贵一些，让我们的孩子变得更文明、更绅士，我们为什么不去学习呢？当然礼仪只是一个方面，高贵更意味着内心层面的修养：信守诺言、关怀他人、开阔眼界、宽容大度。让我们的孩子高贵起来，我们先从礼仪开始。

自信的母亲教育孩子更从容

在当今世界五百强中，很多企业家并没有很高的学历，有的甚至是小学毕业，但是他们在事业上都取得了骄人的成绩，为什么？这些企业家们有个共同的人格特质，那就是自信。自信的人有胆魄，勇于创新；自信的人有决心，不畏艰险。因此机会和成功也会更青睐他们。那么人的自信从哪里来呢？

儿时的成长环境和教养方式是建立自信的重要因素。从世界范围来看，美国人是超自信的，这与他们从小所受的教育是分不开的。

美国的小学生，每个学期结束，老师都会给父母一封信。信里有孩子的成绩，但绝对没有排名，家长是不知道其他孩子成绩的。信中有很多对孩子的评语，都是积极的赞美之词，只是用词的程度上有所不同。母亲对孩子也是以表扬为主，有问题会耐心地劝导。

我曾经接待过一个美国的官员家庭。他们带着八岁的儿子和十一岁的女儿一同来中国，一路上姐弟俩总在为妈妈给谁买了礼物而闹情绪。那位妈妈每次都会非常耐心地拉着孩子的手开导他们，直到他们高兴为止，对孩子的每一次不良情绪都给予了及时而妥善的处理。当时我对这位妈妈的耐心和用心极为佩服，相比之下中国的妈妈会更多地显出不耐烦。而她的两个孩子也非常懂事，特别是小儿子，简直就是个小绅士，他承担起给全家人照相的任务。那种自信和从容是其他同龄孩子无法相比的。

一、中国孩子不自信的原因

我们中国很多妈妈会抱怨：孩子为什么那么不自信，那么胆小。原因很简单：孩子在小时候没有得到妈妈完整的爱。那么妈妈为什么没有给予孩子完整的爱呢？因为妈妈小时候也没有得到完整的爱。

当今中国的家庭教育问题很多，造成问题的原因也形形色色，其中包含了社会原因。中国近半个世纪内发生了翻天覆地的变化，人们的思想也在一代代地更新。社会变革了，人的信仰随之变化。然而据统计，目前中国十四亿人口中，有十亿人口没有信仰。因此问题随之而来，大到世界观、价值观，小到家庭教育理念，各种思想不断地碰撞。今天的妈妈们大多是70、80后，她们小时候，社会正处于动荡、变革的时代，上一代人缺乏人性化的家庭教育会在他们身上留下深深的烙印，继而体现在他们的为人处世和对下一代的家庭教育上。妈妈们所接受的教育本身就是有冲突的，是不完整的，所以她们对孩子的教育也会受到影响。俗话说三代出贵族，正是这个道理。好的教育理念的传承也是需要几代人的努力的。因此，当今年轻父母正处于承上启下的关键阶段，他们的改变对社会有着深远的影响，可谓是任重而道远。

二、孩子自信的来源

就拿自信来说，并不是所有人生来就有的。自信是需要培养的，是需要建立的。一个人在他小的时候，如果拥有妈妈无条件的爱，他一般不会过分在意外人的评价，因为即使别人不喜欢他，他还有妈妈呢。举个例子：有位外国记者问前外交部长李肇星，你长得这么丑，怎么还当外交部长？他笑笑说，我丑吗？我怎么从来都不知道？从小到大，我妈妈都说我长得挺好看的。正是这份儿时的自信使得他在国际舞台上表现得从容淡定。相反对妈妈的爱缺乏信心的孩子，会特别在意老师、同学等外人的评价，因为只有自己表现好、外人评价好，才能继续获得妈妈的爱。我们小时候得到的爱大概都是有条件的——孩子，听话，妈妈爱你；孩子，好好学习，争取考第一，妈妈爱你……很多人拼命地努力学习、努力工作，其原动力就是儿时妈妈的那句话。结果是很多成年人长大后非常优秀，事业上也卓有成就，却落得个终身焦虑；一些人考入了北大、清华，却因为置身于优秀的群体不再鹤立鸡群而抑郁自杀；因为失恋，从此相信自己不再可爱而精神分裂。因此光优秀并不够，还需要强大的内心作依附，扎根在心中的那份自信才是支撑生命的最重要的力量。那么这份最初的自信从何而来？从父母那里来。在孩子 0–3 岁这个阶段，父母无条件的爱会显得尤为重要，它是建立健全人格的基础，如果地基建得不牢，即便建起了高楼大厦，也难免隐患重重。就像有些人，终其一生都在寻找那根支撑自信的撑杆。

三、自信的母亲对孩子的教育更从容

1. 不自信母亲的表现

我们知道了孩子的自信来源于母亲，可并不是所有的母亲都具备培养孩子自信的能力。因为有的母亲在她小时候并没有得到无条件的爱，是在父母的比较中长大的。因此她们内心缺乏自信，再加上前半生事业平平，找不到自信的理由，于是把全部希望寄托在孩子身上。把孩子当做毕生的作品，如果把孩子教育好了，便是自己最大的成就。但是她们所谓的“好”是被别人评价和认可的，未必是真的好。这类母亲给予孩子的爱一般都不是无条件的，除非她意识到了这点。她们往往对孩子要求很高，希望孩子出类拔萃，因为她们要用孩子的优秀来证明自己的优秀，而这恰恰反射出母亲内心深处的不自信。急功近利的教育往往会毁掉一个孩子。我认识一位母亲，看似对孩子的教育特别上心，天天比孩子的排名，比学校的排名，比老师的学历，甚至比家教的水平。孩子从小到大请过的家教都有一个加强连了，可孩子的成绩仍不见起色。后来方知，那位妈妈自己当年没上过大学，因此她特别希望能培养出一个大学生，以证明自己的成功，但是她不懂得教育的本质是什么，结果适得其反。

综上所述，孩子缺乏自信，是由于儿时爱的缺失，儿时爱的缺失则源于母亲的不自信，母亲的不自信同样也是小时候缺乏无条件的爱所致。这种恶性因果在代与代之间恶性传承，我们似乎看到了可怕的多米诺效应的影子。庆幸的是，这种恶性传承并不是不可遏制的。首先，我们要从孩子身上看到自己的影子，客观地认识自己，意识到自己作为一块多米诺骨牌已经发生了倾斜，如果不及时摆正自己，后面的骨牌将相继倒下。在意识到问题的存在之后，则应该付诸行动——建立自己的自信，给孩子充分的爱，帮助孩子找到自信。

2. 自信母亲的表现

一个自信的母亲在处理孩子的教育问题上反而不会那么刻意、那么急切、那么极端。她会认为生活中的方方面面都能教育孩子。孩子只要具备积极乐观的心态、良好的进取心就可以了。妈妈对孩子的期望值也没那么高，因为她知道当孩子得到了完整而充分的爱和认可，自然就会健康成长，就不会出太大问题。自信让母亲变得轻松，这种良好的心态也让母亲的教育来得更从容，而这种从容也是可以影响、感染孩子的，孩子不会因一点小事就乱了方寸，不会因为一时的失败而沮丧气馁。这样的母亲明白一个道理：孩子是要经历一些事情的，没有吃一堑长一智的历练，父母再出色的教育理论也不过是纸上谈兵。所以不怕孩子犯错误，孩子犯错如同磕着碰着一样，只要不伤及内脏就不必太紧张。遇见事情是好事，正好是案例教育的好机会。其实教育无处不在，教育的本质是生活教育。生活中的案例教育往往比原则教育效果更好。

任何事情都有阴阳两面，处理得好，坏事变好事，处理不好，好事变坏事。而这其中的分寸拿捏正是母亲智慧与胸怀的体现。

我女儿上初中时，班里两个男孩打架，其中一个男孩被打得头部流血。老师一气之下请了家长，结果打人孩子的家长出差了没来，被打孩子的妈妈来了。那位妈妈先是确认自己孩子的伤情，之后走到打人的孩子跟前，摸着他的头说："孩子，你受伤了没有？"那孩子愧疚而惶恐，忙说没有没有。那位妈妈说，那阿姨就放心了，以后有事好好说，不打架。如此一来，打人的孩子非常内疚，忙陪着被打的孩子去了医务室。打架本身并不是好事，但那位妈妈却让"坏事"发挥出教育价值，她无意的行为给了孩子很好的宽容教育，而且这种影响教育感染了班里的一群孩子。

3. 母亲的高下决定孩子间的差别

我们做妈妈的常常会看到孩子与孩子之间的差别，却忽视了这种差别正是来自于母亲与母亲之间的差别。

记得我女儿中考完的第二天，几个同学准备去好好庆祝一番，于是四个女孩相约去了"好伦哥"。也许是因为压抑太久后的兴奋，也许是青春期的冲动，四个孩子突然有了喝酒的欲望，于是她们一人灌了一杯啤酒。酒足饭饱后，四个孩子都略带醉意地回家了。有意思的是，她们回家后遇到了四个态度迥然不同的妈妈。第一个是单亲妈妈，可能是对女儿太失望了，就想自己开始新生活，于是忙着谈恋爱，对女儿是不管不顾，那天女儿发生了什么事，她根本不知道；第二个妈妈，家教严格，闻到女儿身上的酒气特别生气，劈头盖脸一顿臭骂，并警告她今后再不许喝酒；第三个妈妈就是我，我给孩子讲了 18 岁以前喝酒的危害性及危险性，告诉她就是在国外，未满 18 岁的孩子也是要远离酒精的；第四个妈妈说，孩子你还小，还没到碰酒的年龄，等你到了 18 岁，妈妈会教你如何品酒，让你了解中国酒文化和西方酒文化的区别。四个妈妈的教育水准一目了然。的确，就酒本身而言，并不算坏东西，否则怎么叫美酒呢？但是前几个妈妈都忽略了这一点。所以很多时候是妈妈的不同导致孩子的不同。可见做妈妈的格局越大，看问题视角越广，对问题的分析就会越全面。

4. 不懂教育我该怎么办

有的妈妈说了，我从小就没得到过完整的爱，我也不像别的妈妈见多识广，我还怎么教育孩子？的确，不是所有的妈妈对问题都能做出正确的判断。那么当我们遇到问题时，怎么办呢？先不忙着表态，不忙着批评孩子，试着冷静下来。我们只要做到陪伴并关注孩子就好，不用做什么，就像老子主张的“无为而治”。一般来讲，这世上有三种父母，一种既懂教育，又有责任心，他们可以培养出很好的孩子；还有一种是既不懂教育，又没有责任心，他们也有可能培养出优秀的孩子，因为孩子在成长中至少得到了一点：自由；最可怕的是既不懂教育又很有责任心的人，很多时候家长给孩子的是错爱。比如说在孩子小的时候，正在非常专注地搭积木，父母非要把他拎出来去叫叔叔阿姨，孩子不叫就认为是不礼貌，对孩子斥责一番；比如说孩子无意中拿了别人的东西，非要拳脚相加并警告他以后不许再偷东西；比如孩子小时候因为害怕没有说出自己真实的想法，就被冠以撒谎的名义，父母认为孩子出现了品质问题等诸如此类。

不懂教育没关系，我们只要有爱就行。好妈妈也是一点点修炼出来的。

不要怕孩子出事，当你把孩子的每一件小事都妥善处理，孩子自然就不会出大事了。可惜很多家长是小事看不见、不在意，非要等到出大事。所以当孩子还是宝宝的时候，我们当妈妈的就要学会思考，学会及时并妥善处理好孩子的每一件小事。所有的方法都不是固定的、一成不变的，所有专家的理论也不是万能的数学公式，解决不了你家里所有的问题，因为每个孩子都是不一样的，出现的问题也是千姿百态的。只有你最懂你的孩子、最了解你的孩子，你才是培养你孩子的教育专家。家教理论在大层面具有普遍性，而在小的方面往往体现出特异性，只要你用心，就一定能摸索出一套适合自己孩子的教育方法，慢慢地自己也会练就成一个出色、自信的母亲。

四、让孩子在经历中成长

孩子也一样，遇到的事情多了就会成长、就会成熟，解决问题的能力是在一次次问题中练就出来的。而成熟是种美德。成熟并不代表复杂，而是处事得体的表现。在恰当的场合说恰当的话、做恰当的事就是成熟，它是良好家教的体现。有时我们会说这孩子真单纯，有的单纯是因为没有经历，不等于经历后仍单纯如初。一个在关键时刻没有正确的判断力的人、不能把持自己的人，往往是缺乏经历的人。所以不要刻意地提倡单纯。

有的家长把孩子管得很严，特别是女孩子的家长。不让孩子经历任何事、接触任何人，特别是异性。很多家长会说，别搭理那些男孩，他们都坏着呢。如果你没向孩子说明他们坏在哪里，或者孩子没有感觉到他们坏在哪里，她怎么会相信你呢？我看过这样一个电视节目：妈妈是个工人，特别怕女儿学坏，从女儿十岁开始就严防死守，不让她出门，回来稍晚些就打。结果女儿十五岁时踩着凳子从窗户跳了出去。当记者采访她时，她说这五年来她一直有种想越狱的欲望。离家出走后，她做了母亲不让她做的所有事，去网吧、交男朋友、刷夜——因为长期不太和人接触，这孩子的心理年龄要比一般孩子小三四岁，真到了社会上，遇到事情，一点社会经验、防范意识都没有，更谈不上自我保护，因此离家后在外面吃了很多的亏。这个妈妈是好心，但因为方法不对，最终毁了孩子。孩子有时和男人一样，你管得越紧，他就越向往外面的世界，与其这样，不如给他些自由。事实证明越开明的母亲，孩子失足的比例越低。

五、好妈妈是孩子的加油站

一个自信的妈妈不是把孩子锁在温室里，而是陪伴孩子去经历风雨。当孩子在经历的过程中遇到困难、感到无助时，回过头来，发现妈妈就站在那里微笑着。妈妈的肩膀是可以用来靠一下的，妈妈的怀抱是可以用来暖一下的。那里是个加油站，加好油，歇好脚，然后继续前行。

我女儿在青春期的时候，常常会给我讲一些她的小秘密。我都会欣然聆听，有时还帮着出谋划策，支个小招。孩子如果愿意跟你说，问题就不大。你了解他的渠道是敞开的，他所有的情感轨迹尽在你的掌控中，你什么时候可以放他自由行驶，什么时候该给他把把舵，这都是你的事情了。因此，一定要珍惜孩子和你沟通的机会，尤其是孩子想和你分享自己秘密的时候。既然是秘密，自然是不能随便说的，孩子愿意说出来，想必是经过一番思想斗争的，你怎么忍心泼冷水呢？做妈妈的，首先要有一双善听的耳朵、一双明察的眼睛。通过对孩子的见闻发现问题，而后思考解决问题的方法，最后才是你开口或者行动的时候呢！请做一个既能像朋友一样理解孩子、又有能力帮助孩子的好妈妈。

家教不在乎严与松，而在乎好与不好，正是家教的不同造就了孩子的文野之别、高下之分。而家庭教育中最根本的便是爱的教育。

世上所有的问题，都应追本溯源，才能得到及时有效的处理。家庭教育也是一样，我们知道了自信对孩子的重要性，也了解到孩子的自信很大程度上取决于我们的自信与否。所以，亲爱的妈妈们，如果您不想再看到孩子怯懦的眼神、拘谨的行为，就试着去舒展眉头，建立自信吧！

养个懂得感恩的孩子

从前，有一棵巨大的苹果树，一个小男孩每天都喜欢在树下玩耍。他爬树，吃苹果，在树下小睡——他爱和树玩，树也爱和他玩。时间过得很快，小男孩长大了，他不再每天都来树下玩耍了。“来和我玩吧。”树说。“我不再是孩子了，我再也不会在树下玩了。”男孩回答道，“我想要玩具，我需要钱去买玩具。”“对不起，我没有钱——但是，你可以把我的苹果摘下来，拿去卖钱，这样你就有钱了。”男孩兴奋地把所有的苹果都摘了下来，高兴地离开了。男孩摘了苹果后很久都没有回来，树很伤心。一天，男孩回来了，树很激动，“来和我玩吧。”树说。“我没时间玩，我得工作，养家糊口，我们需要一栋房子，你能帮助我吗？”“对不起，我没有房子，但是你可以砍下我的树枝，拿去盖你的房子。”男孩把所有的树枝都砍下来，高兴地离开了。看到男孩那么高兴，树非常欣慰。但是，男孩从此很久都没再回来，树再一次孤独、伤心起来。一个夏日，男孩终于回来了，树很欣慰，“来和我玩吧！”树说。“我过得不快乐了，我也一天天变老了，我想去航海放松一下，你能给我一条船吗？”“用我的树干造你的船吧，你就能快乐地航行到遥远的地方了。”男孩把树干砍下来，做成了一条船，他去航海了，很长时间都没露面。最后过了很多年，男孩终于回来了。“对不起，孩子，我再也没什么东西可以给你了——”树说。“我已经没有牙咬苹果了。”男孩回答道。“我也没有树干让你爬了。”树说。“我已经老得爬不动了。”男孩说。“我真的不能再给你任何东西了，除了我正在死去的树根。”树含着泪说。“我现在不需要什么了，只想找个地方休息。过了这么些年，我累了。”男孩回答道。“太好了！老树根正是休息最好的倚靠，来吧，来坐在我身边，休息一下吧。”男孩坐下了，树很高兴，含着泪微笑着——

故事讲完了，我想每个人心里都会荡起一阵涟漪，你一定会在这个故事里面找到自己的影子。也许我们曾经就是那个小男孩，也许我们正在变成那棵老树。为了让更多的老树不再那么伤心，养个懂得感恩的孩子吧！

一、孩子懂得感恩比有出息更重要

女儿从懂事开始就会为我和先生过生日，我们的每一个生日，她都会为我们创造出一个个的惊喜。无论是一顿丰盛的早餐，还是一面生日纪念墙，无论是为爸爸亲手制作的模范父亲奖状，还是清晨的时候妈妈刚刚睁开惺忪的睡眼，她就拉着爸爸举着蜡烛，站在床边唱的那首无伴奏的生日快乐歌（她说生日是要从早晨醒来就开始祝福的），这一切都让我们喜出望外、感动万分。其实女儿有的不光是创意，更多是对父母的浓浓爱意。她总说：“我真的很感谢父母把我带到这个世上，让我来到这个家庭。”我很自豪，因为孩子心里有我们。但现实中仍有很多孩子心里是没有父母的。

有这样一个案例，一个女孩十八岁想去整容，但因家境贫寒无法实现这个愿望，于是逼迫自己的父亲去卖肾，还振振有词地对父亲说，卖一个肾对身体没什么伤害，你要不卖说明你不爱我。这是怎样一个丧尽天良的子女！当然，这种泯灭人性的子女并不多见，可谓不孝子孙中的极品。不为贫寒的家庭尽力也就罢了，竟然“啃老”啃到亲生父亲的肾上！只为自己的一张脸，这比网络上流传的卖肾买IPHONE的还不如，起码人家卖的是自己的肾。

无独有偶，在西安，一个母亲在孩子高考前发现自己腹部长了肿瘤，怕影响孩子高考，这个妈妈把自己的手术时间一拖再拖，直到孩子考完才去住院，可孩子考完后收拾行李和同学一起出国玩去了，完全不顾躺在医院里和病魔做斗争的妈妈。我想这世上如果有一个天平可以称出父母对孩子的爱和孩子对父母的爱谁轻谁重的话，那么这个天平应该永远都不会是平衡的。

所以我想对父母说，与其养个有出息的孩子不如养个心里有你的孩子，可能父母会说，这样会不会太自私了？那么请问，一个心里连父母都没有的孩子又能有出息到哪里？懂得孝顺、感恩应该是做人最基本的素质。那些为了孩子所谓的光明前途不惜牺牲自己一切代价又不让孩子知道的父母，我想说这种付出是伟大的，但是这种做法却并不值得称道，因为这会让孩子丢掉做人最基本的东西，他的“前途光明”最终也会葬送在父母这种毫无原则的溺爱中。一个人只有学会爱自己、爱父母才有可能做到爱社会、爱国家。

我们做任何职业，都有一个年龄跨度，一般干20年或30年，撑死了干40年。但父母这个职业最长可以干70年。不同年龄段的父母对孩子的要求是不一样的。

三十多岁的父母希望孩子健康、聪明、成绩优异；

五十岁的父母希望孩子金榜提名、出国留学、找到好工作；

六十岁的父母希望孩子早日成家、繁衍后代；

八十岁的父母就希望儿女常回家看看。

你有没有发现，父母在这四个阶段的要求中，前三个是一类，都是为孩子考虑，完全不计个人得失。到了第四阶段才是为自己，而这时却发现就这么一个卑微的愿望原来也是那么难以实现。有个老人对我说，她天天盼着儿子回家，可一年到头，儿子也只来看了她两次。

在送不送孩子出国留学的问题上，我和婆婆之间产生了很大的分歧。婆婆坚决反对我把孩子送出去。她用了一个特别形象的词形容我把孩子送出去后的结局，叫“人财两空”。她说像你们这样的工薪阶层，送孩子出国留学几乎是要倾其一生的积蓄，不算博士，光本科、硕士读下来就要六年，一个孩子六年都不在你身边，他还愿意回来吗？等你老了、病了，你身边连个给你端茶倒水的人都没有。虽说我们不能这样片面地看待孩子出国的问题，但婆婆的话也不无道理。

记得在八十年代末出国风潮盛行的时候，我很多同学都纷纷出国，这一走就是二十年，因为那时绿卡难拿，拿不到绿卡就不能回国，再回来见父母时自己的孩子都快上大学了。很多父母在送儿女出国的那一刻是那样的骄傲，但之后的几十年是在无限的孤寂中度过的。有一年中秋我回家看父母，遇到了一个女儿在国外的阿姨，她看见我泪眼婆娑地说：“你爸妈多有福气呀，过节还有个盼头。”后来我还听说了院里另一个阿姨家的故事。阿姨的老伴病危了，阿姨给在美国的女儿打电话让她回家见父亲最后一面，女儿一直说工作忙请不下假回来，直到父亲去世都没有把女儿盼回来。父亲去世后她赶回来匆匆办了丧事，对悲痛欲绝的母亲说：“我只有三天假，要马上赶回去，您多保重吧！”母亲无奈地挥挥手说：“走吧。”

对老人来说最大的悲哀便是无限的孤寂。我常听现在的中年人说，我老了才不指望孩子呢，实在不行了进养老院。是的，我们这代人在经济上不需要孩子养老，但这并不意味着在精神上也不需要这份寄托。并且，精神的安置，要远比物质的充盈重要得多。尤其是人步入老年以后，只剩下一颗追忆往事的心和安度当下的喜悦，因为自己已经没有多少未来可言。而当下的喜悦，则多数依赖后代的感念。

现在社会上流行一句话：没出息的孩子在家啃你，有出息的孩子离你远去。老母亲那声绝望的叹息让我想到在我们国家步入老龄化社会的今天，在我们开始向社会呼吁老有所依的今天，养个既有出息又懂得感恩的孩子是多么迫切。

如今在医院缴费的窗口有几个老人是在儿女的陪伴下看病的？在老人做错事的时候，又有几个子女能像原谅自己孩子那样无条件地接纳父母的？少之又少！是我们缺乏感恩教育，还是我们在感恩教育上出了问题？我们需要好好想一想。

二、培养孩子感恩，请别走两个极端

1. 一种极端是父母对孩子无限溺爱、毫无要求，并以牺牲大人的需求为代价。

这种极端的爱会导致孩子严重的自我意识，只顾自己的感受，完全不能体谅别人的感受。为什么？那是因为你从来没有给他体谅别人感受的机会，你从来没有告诉他别人的感受是什么。有一个两岁的小男孩在爷爷腿上玩，玩着玩着不小心拿牙签扎着爷爷的眼睛了，疼得爷爷眼睛都流血了，爷爷居然不喊也不躲，说怕吓着孩子，结果孩子觉得好玩又去扎了另一只眼睛。这个例子太触目惊心了。

因此，试图通过溺爱赋予孩子一颗感恩的心，是一件铤而走险的事。一个被溺爱的孩子，往往只在乎自己的感受，而不能体会别人的感受，并习惯性地把错误推给别人，溺爱只能培养出一个无情的孩子。

再给大家讲个小故事，一个善人每天在上班的路上都会给路边的乞丐一元钱，有一天，他拿出五毛钱给那个乞丐，乞丐问："今天只给五毛钱？"善人回答说："我结婚了，我要养家。"乞丐听后愤怒地把钱扔了出来说："你凭什么拿我的钱去养你的老婆？"多么可笑的逻辑，但这种逻辑常常会出现在我们那些被溺爱的孩子的脑海中。当你无休止地给予时，有一天你不给予或少给予时，他反馈你的就只有抱怨了。

2. 另一个极端就是感恩教育的过度强化。

一位东北的父亲，手把手把女儿拉扯大。从小到大，无论生活、学习、品德各方面，父亲都用自己的方式精心教育、栽培着女儿。可是后来父亲慢慢发现他越严格管教女儿，女儿越不听话，到高三的时候，她竟用冷漠来对抗父亲的指责。父亲经过再三的反思，发现是自己的感恩教育出了问题，于是想出了一个办法，让孩子每天放学回家后给父亲磕三个头并大声地说："感谢父亲十八年的养育之恩。"女儿被逼无奈，只好照做，可是心中的感恩却化作了无声的仇恨，一次在父亲对女儿的又一次指责中，女儿竟在情绪不能自控的情况下出手打了父亲。父亲愕然：为什么他精心策划的感恩教育换来的竟是这样的结果！于是老泪纵横，终日不得释怀。

这个案例非常值得我们深思。我认为感恩是一个过程，是一种良性的循环。首先孩子要感受到父母的爱，并因为拥有这种爱而感到幸福，之后才会从内心深处自然生成一种对父母的感念。它不仅仅是一种简单的形式化的东西。

过分强调孩子要懂得感恩，会造成两个严重后果。其一，孩子会在你的碎碎念里产生怀疑，觉得你的付出和爱是不单纯的，是有目的和企图的。这将削弱你爱的价值，甚至改变其性质，这份爱在孩子心中不再那么伟大、那么纯粹，而是一种交换的砝码。其二，你无休止的要求，会给孩子幼小的心灵造成负担，孩子会因不堪重负而产生诸多负面情绪，进而影响成长和发展。

三、让孩子的感恩心作为一种内化的动力

1. 学会等待，学会感谢。

对应上面提到的两个极端，首先，要让孩子懂得爱，学会等待、学会感谢。而不是为了满足孩子的需要不惜牺牲大人的利益，不要让孩子觉得父母为我做什么都是应该的，我想这或许就是爱与溺爱的一个分界。

孩子是可以等待的，从小经历过等待的孩子长大后的承受力也会强一些。这在心理学上叫“延迟满足”。很多孩子表现出不能等待是因为他不知道自己应该等待，因为他身边的大人总觉得在第一时间满足他理所应当。要婴幼儿明白这个道理，有时不需要语言，只需要让他经历就好。有个妈妈告诉我冬天的时候，每当宝宝夜里要喝奶时，她不会像其他妈妈一样听到孩子的哭声，披上衣服就去冲奶，她会把衣服穿好、扣子扣好再去冲奶，让宝宝等一会儿，因为妈妈的健康对宝宝至关重要，很快孩子就学会了等待，她了解从要求喝奶粉到能够喝上奶粉之间需要多长的时间。从小让孩子学会等待，孩子就不会那么任性了，他会了解有要求和要求被满足之间是有距离的，当孩子的要求经过努力才得到满足后，他会更珍惜，也更有感念之心。

同样要让孩子学会感谢。你可以得到别人对你的呵护、关爱、赞赏，但你也应该向对你好的人表示感谢。当感谢成为一种习惯时，孩子会很快受到周围人的喜爱。

我在孩子五岁时带她去过一次日本，日本人的彬彬有礼让她从好奇变成了羡慕，回来后见人就鞠躬，谢谢不离口，上学后有一次当值日生，因为她特别有礼貌一下就引起了校长的注意。她还因为谢谢不离口还闹了一次笑话。那是上小学三年级的一个暑假，我正在上班，她打来电话说，妈妈我发烧了，

你快回来吧。下班后我急匆匆地往家赶，一开门，只见她蜷缩在沙发上，小脸烧得通红。我说，来宝宝，妈妈带你去看病。孩子的病，心理作用是很大的。有的孩子生病是因为缺乏妈妈的爱，是为了引起妈妈的关注，心理上的缺失会导致生理上的疾病。女儿看妈妈回来了，立刻心里有了安全感，人也精神了许多，到了医院，她眉飞色舞地向医生描述自己如何难受，烧得两眼冒金星，要求医生给她打吊瓶。医生笑着对她说，你现在没有那么严重，阿姨给你开点药回去吃吃就行了。女儿同意了，“那好吧。”随后扭过脸对我说：“谢谢妈妈带我看病。”医生诧异地抬起头看着我问：“是亲妈吗？”我忙点头说：“是，是亲妈。”走出医院后我对女儿说，以后看病就别谢谢妈妈了，人家还以为我是你后妈呢，女儿听后哈哈大笑。可见就是我们大人也不习惯孩子对妈妈表示感谢，认为妈妈为孩子做什么都是应该的。的确，母爱是无私的，甚至是无条件的，但当孩子发自内心地感谢你的时候，欣然接受就好了。

2. 通过仪式化教育让感恩在孩子心中留下烙印。

孩子在小的时候，你给他讲太多的道理，他未必能明白，但是仪式化的东西却能深深地刻在孩子的脑海里。就像我们成人，每人都会对自己的婚礼印象深刻。当你年老的时候，你会发现在你记忆中留下印记的很多都是仪式化的东西。在国外，礼貌是用仪式表达的，所以叫做礼仪。不要认为它假，不好意思做，当感谢成为习惯、成为仪式的时候，它会扎根在每个人的心中。我干爹干妈在台湾，每次他们从北京回去，我们机场送别时，女儿都会说，一会儿台湾的婆婆就会发短信了。的确不到一个小时我们准会收到这样的短信：珊儿，感谢这几天你们的盛情款待，我们在北京玩得非常开心，你们辛苦了。干妈来北京有十次，这样的电话、短信一次都不会少。每次看到心里都暖暖的，那是对你付出的这份情谊的答谢。所以后来我在幼儿园、早教中心举行的毕业典礼里加了一项让孩子们鞠躬向老师行谢师礼。感恩教育也要从娃娃抓起。

但是这种仪式化的教育不能脱离时代，前不久山东的某学校要求学生集体行跪拜礼。我个人并不赞同这种做法。俗话说跪天跪地跪父母，在古代父母是和天一样大的，是神圣不可侵犯的，所以我们要跪拜。但时代发展到今天，父母这个角色有了很大的转换，更多的时候像是朋友，所以即使是仪式化也要有时代感，给孩子愿意从内心接受的形式。与其行跪拜礼不如每天和父母拥抱一分钟、沟通半小时来得更实际。

3. 让孩子拥有一份感恩的原始冲动。

我认识一个出身于知识分子家庭的男孩，他父母从小就教育他要感恩父母、回报父母。妈妈给孩子织了件毛裤，然后用两个小时教育他要记得这条毛裤来之不易。后来男孩长大了、恋爱了，找了一个工人家庭的女孩。他经常去女孩家里，发现女孩父母对女孩的爱是那么的纯天然，父母为孩子做了许多事从不要求回报，但女友却时时刻刻惦念着父母。相比起这种无痕迹的教育，觉得自己的父母对自己要求太多、太刻意，而自己对父母的爱更多的是种“不得不”的责任，只是完成了他孝顺的道德底线，并没有那么发自内心。男孩依旧每周礼节性地回一次家，给父母买些东西，更多的时候是去女友家待着，他说那个家才能真正让他感受到爱。

后来我发现了一个非常奇怪的社会现象：很多知识分子家庭长大的孩子和父母的亲密程度远不及工人、农民家庭。我见过一个病房里，同时住着两个生病的老人：一个是农村的娘，一个是城里的教授妈妈。农村那边，几个儿女轮番来照顾，有时一起来、一起凑医药费好不热闹。相比之下，城里这边却显得冷冷清清，每天守护在身边的只有老伴一人。我当时百思不得其解。论道理，教授妈妈对孝道、反哺的理解一定比农村的娘深刻，对孩子也会有更多这方面的教育，可为什么儿女却很少前来探望呢？后来有机会问了很多知识分子家庭长大的孩子，他们共同的回答是：首先他们爱工作胜于爱孩子，其次他们对孩子的管教太多、爱太少。他们身上少的正是农村娘身上那种母鸡爱小鸡的本能。或许教育、文化把这种原始的本能掩盖了，从知识分子父母身上看到的更多是老鹰对小鹰的那种让你成才、要你飞得更高的鹰式教育。所以很多教授妈妈不解，我的教育怎么不好了？不好，你今天能这么有出息吗？可有一点，孩子虽然成才了，可父母对他的那份爱却没让孩子感受到。我的一位女同学曾经含泪对我说，我觉得我父亲从来没有把我当女儿看，而是一直把我当他的竞争对手。她总是说我这点做得不如他，那点做得没他好，直到我处处都超过他，他才满意。这让我的自信受到了极大的打击，当我长大经济独立后，我做的第一个选择就是远离他。

这是个令人痛心的结果，但却那么真实地发生在我们的身边。所以爱在成为道理之前，更应该是看得见、摸得着、感受得到的东西。爱的徒劳已经让我们痛心，爱的反目让我们情何以堪？把担心化为祝福，把指责化为希望，或许这样更能让孩子感受到你心底的那份爱。当孩子具备一定的道德底线后，更需要也更珍贵的是孩子发自内心的那份对父母挚爱的原始冲动。

4. 感恩是种人生态度。

如果父母是善于感恩的人，他们常常会感谢生活赐给他们这么多美好的东西，日日怀揣一颗感恩的心，这样家庭里长大的孩子绝不会是个冷酷的人。

一位年迈的母亲，和女儿、女婿相处得非常融洽，邻居看了很是羡慕，便前来讨教相处之道，老母亲说："我觉得自己很幸运能和孩子们生活在一起，让我享受到天伦之乐。都说有个词叫尊老爱幼，可在我的心里只有爱幼，没有尊老，因为尊老是他们的事，我只做好我的事。"一个感念生活的老人用很朴素的语言道出了人与人之间相处的真谛。其实说来说去，这世上只有三件事：我的事，别人的事，上天的事。我们能做好的只有自己的事。

反过来一样，在当今三代同堂的家庭里，作为孩子的父母、父母的孩子的你又是怎样做的呢？有人说给孝顺下个定义吧，我认为孝顺在每个人心中的定义都是不同的。有人说，在当今的社会里，不啃老就已经算是孝顺了。而在我心中，孝顺分三个等级，初级的孝顺是给钱，中级的孝顺是陪伴，高级的孝顺是引领——耐心地用新的生活理念潜移默化地影响老人，教给他们新的生活方式。在你成为“低头族”的同时，也帮助老人开通微信，帮他们把朋友们拉进圈里，让他们和你一同转起来；在听他们怀旧的同时，告诉他们现在流行的新电影，让他们觉得逛影院也可以像逛菜市场一样随便；在你每天享受他们做的美味佳肴的同时，也带他们出入一下高档餐厅，告诉他们有时花一点钱换来的是不一样的感觉。真正的孝顺是手把手地教会父母如何快乐而高品质地享受晚年生活，而不是一味地嫌弃他们OUT老土。那么即便有一天你没空，不能陪在他们身边，他们自己也能自得其乐。如果你是一个这般有心的孩子，你的孩子还会不懂感恩吗？

很多人可能听过宋阳的故事。他从小生长在一个其乐融融、充满爱的大家庭中，19岁的他只身来到英国求学，一次在地铁上因为坐错了方向和一位退休的瑞士老人赖斯攀谈了起来。老人是单身，没有儿女，看到宋阳便拉起了家常，这一说便是六个小时，眼看快赶不上最后一班地铁了，宋阳不得不向老人告别，老人掏出钱包里仅有的5英镑现金让宋阳打车回家。之后的日子宋阳会常常去看望老人，有一天老人对宋阳说：“宋，你搬到我家来住吧，我不收你房租，你照顾我，我照顾你。”就这样宋阳和老人相依为命在一起住了八年。宋阳研究生毕业了，要回国工作了，在他决定和老人告别的时候，他发现老人已经越来越老、越来越离不开他了，这时他做出了一个惊人的举动，他把老人带回了中国，为老人养老送终。赖斯是幸福的，他的晚年是在中国、在宋阳的大家庭中快乐地度过的，直到走完他生命的最后历程。

这是怎样的一种大爱，怎样的一种孝顺，怎样的一种感恩！宋阳，一个80后的男孩对感恩教育做出了最好的诠释。

亲爱的妈妈们，我们从来不是为了被爱而爱，但我们希望通过自己睿智而恰当的爱让孩子意识到反哺的必要。帮助孩子树立一种人性化的生活态度，这种态度叫做感恩；帮助孩子建立一种高贵的品格，这种品格叫做感恩。在此之前，我们身为父母首先要懂得感恩，不是刻意为之，而是发自内心地对周围一切乃至世间万物的尊重和感激。就像我们在养育孩子的过程中不只是有付出、有牺牲，同时也有获得，获得与孩子共同的成长，获得孩子成长过程中给我们带来的骄傲和快乐，获得孩子给我们的爱，获得人生中最美好、温馨的时光！父母与孩子之间只有“相爱”，没有相欠，即使是负担，那也是一种甜蜜的负担。

养个懂得感恩的孩子，对您来说是笔财富，孩子没白养，常常记挂父母；对孩子来说，更是一笔财富，懂得感恩的孩子幸福指数会更高。

希望妈妈们用最新的孝顺理念和方式来完成我们最传统的孝道。

孩子是你的一面镜子

写下这个题目，是缘于一次地铁里的经历。

有一次，我坐地铁，看见两个母亲为了给各自的儿子抢座位而发生口角，继而破口大骂，两个女人骂得痛快淋漓、不堪入耳，最后从谩骂升级为拳脚相加。她们旁边各站着一个四五岁的小男孩，一个拉着妈妈的衣角不停地哀求说：“妈妈，别吵了，我不坐了，我不坐了还不行吗？”另一个小孩儿则紧紧地闭着双眼，用小手死死地捂着自己的耳朵，浑身因害怕而战栗着，那个样子让人看了真心疼。我是个不太爱管闲事的人，平时遇到吵架、打架都会避而远之，但可能是因为自己从事儿童教育的缘故，见不得小孩子这么受伤害，于是我上前一把拉起那个孩子对他妈妈说道：“您看看，孩子都吓成什么样了，您还在这吵？”那个妈妈完全无视我的劝说，反而掉转头来向我喋喋不休地数落着对方的不是，最后我只能无奈地下车，可那个孩子瑟瑟发抖的样子在我的脑海里怎么都挥之不去。

我想两个妈妈争吵的初衷也是缘于爱孩子，想让自己的孩子多坐会儿，但是她们没想到的是这种抢座位的方式给孩子带来的伤害要远远比让孩子站一会儿大得多。首先大人们不堪的行为真的会吓到孩子，让孩子感到极度的恐惧。您知道吗？小孩子年幼时的一次受惊吓的经历会对他以后的成长带来很大的影响。比如小孩子怕打雷，有的无知的父母为了锻炼孩子，就生生把孩子置身于雨中让孩子听雷声，最后孩子被吓破了胆。很多长大后患有恐惧症的孩子大多是因为在年幼时期经历了一次恐怖场景，最后就变得胆子特别小。其次母亲的行为修养、母亲情绪表达的方式都会在无形中被孩子吸纳。

一、孩子对我们的行为有超强的模仿力

1. 孩子为什么爱模仿父母

我们常说一句话：父母是孩子的一面旗帜，孩子是父母的一面镜子。孩子所有的行为都是家长曾经行为的反射，孩子对父母的行为具有超强的模仿力。为什么呢？首先，孩子在小的时候对这个世界是充满好奇又心存畏惧的，他们在人潮拥挤的街上会不知所措，在夜深人静的夜晚会惧怕黑暗，然而有了父母的保护，一切就不一样了。所以对孩子而言，父母的存在可以帮助他对抗所有的恐惧和不安，因此在孩子幼小的心灵里，父母的形象是高大的、是能给他安全感的。另外，孩子小的时候生活能力是有限的，这个够不到，那个看不见，而他们接触最多的父母在他们眼里却是无所不能的。父母可以帮他们修好弄坏的玩具、可以够到他们够不到的东西，这些小小的动作足以让孩子瞠目结舌、赞叹不已了，因此孩子对父母往往有一种英雄崇拜情结。正是基于上述种种原因，孩子对父母的行为、性格、语言都会无意识地进行模仿和学习。哪怕父母做错了，缺乏分辨能力的孩子都会觉得那是天经地义的道理，他们会本能地认为父母做的都是对的，久而久之，孩子的行为就越来越像父母了。等到有一天孩子长大了，发现父母以前也有很多地方做得并不对，当孩子想要站出来批判的时候，发现自己已经在批判中继承了。

2. 父母的行为比语言更有影响力

首先，父母行为上的感染和熏陶较之语言上的说教在时间上覆盖面更广，你的说教可能是一次、两次，但你的行为却是无时无刻都在发生的。

一个每天晚上睡觉前都会刷牙的妈妈，她不用说，孩子晚上都会和妈妈一起刷牙，然后上床；但如果这个妈妈本身并没有睡前刷牙的习惯，某一天发现孩子长蛀牙了，医生说要睡前刷牙，妈妈会记得提醒一次、两次，但是因为妈妈没有这个习惯，小孩子的这个习惯坚持了两天就又忘了，因为更多的时候他看到的是妈妈晚上不刷牙。

其次，语言说教的时候，父母往往带有情绪，而且往往开门见山地否定孩子，这样孩子容易产生抵触情绪。而行为上的习得则是在双方均无意识的情况下悄悄进行的，不存在情绪问题，更容易让孩子接受。比如你对孩子说不许骂人，你再骂人，我就揍你，你越说，他越骂，有的孩子是觉得好玩，有的孩子是有意和父母对抗。但如果您自己是个儒雅的谦谦君子，从不说脏话，对人彬彬有礼，孩子也就不会骂人了，因为他实在没有这个环境氛围。相反爱说脏话的父亲，儿子一定会脏话不离口，你教育也没用。

二、父母情绪反应的模式同样会被孩子效仿

在现实生活中，人们更多地看到的是孩子对父母品德、行为的效仿，却很少意识到孩子对父母情绪的效仿。

这里我讲两个关于哭的例子。有位妈妈，儿子每次哭的时候，她都会直截了当地扔下一句话：“哭没有用！”有一次这位妈妈因为觉得丈夫对自己缺乏关爱，感到特别委屈，便伤心地哭了。她小小的儿子看见了，不仅没有安慰妈妈，反而背起两只小手，模仿着妈妈的样子，然后指着妈妈说：“我告诉

你，哭是没有用的！”妈妈听后自然是更加伤心了。而另一个妈妈在和丈夫吵架哭泣时，两岁的小女儿会张开双臂跑过去说：“妈妈，别伤心，来抱抱，安慰一下。”虽然妈妈没有马上破涕为笑，但心里却是暖暖的，女儿可真是名副其实的“贴心小棉袄”啊！受宠若惊的妈妈就纳闷了，我从来没教过她要怎样安慰别人，她怎么就那么会安慰人呢？后来一想，每次在小女儿哭的时候，妈妈都会微笑着向她张开双臂说：“妈妈抱抱你吧！安慰一下宝宝。”这时妈妈恍然大悟，惊诧于女儿的“学以致用”，同时更坚定了自己榜样的力量。

每个孩子都会在人生的最初几年中，从父母那里习得情绪反应的模式、与人交往的模式，生活中自然而然的习得，其影响力远远大于父母对孩子的说教。

我曾经亲眼看到这样一个情景，一个小女孩上课时无意中抬手打到了身边的小朋友，小女孩的妈妈看到被打小朋友家长脸上的不悦便严厉地指责孩子为什么打人，让她当即向小朋友道歉。小女孩没说话，妈妈更气愤了，大声说：“你道不道歉，你不道歉，今天就别回家。”就在这时，小女孩突然爆发了，把妈妈一下推到教室的墙角处，咆哮着：“你给我站好了，站直了，不行，站得不直，站直了，站不直你今天就别回家！”当下周围的家长都惊呆了，那个妈妈哭了。孩子说话的语气、神态、音调甚至所用的词汇都和妈妈一模一样。当我们平时用这样的态度和孩子说话时，我们可能不觉得有什么，可当孩子用同样的模式反过来对我们这么说话时，我们才会觉得特别惊讶、特别愤怒，甚至特别痛心。我们会气愤地打他，或者我们会心平气和地和他讲道理，告诉他小孩子不能这样对父母，这样不孝顺、不礼貌。但这一切效果都不会很快、很明显。要想让孩子有所改变，只有你改变，只有你不再用这样的态度和他说话了，让他逐渐地看到妈妈是温和的，他才会变得温和。我们所谓的教育常常是说教，义正词严地摆出道理，让糊里糊涂的孩子不明就里地服从。而真正的教育应该是身教，这是一个漫长的过程，在日常生活中润物细无声，潜移默化地影响着孩子。

三、时常意识到孩子在看着我们

我们做父母的常常是看不到自己的行为的，所以需要常常照照镜子，而这面镜子就是我们的孩子。说到镜子让我想起一个故事：我从小就爱照镜子，后来发现女儿和我一模一样，我们两个一起进电梯，一分钟后发现谁都没按电梯层数，因为电梯里有一面大镜子，我们两人都在忙着各自照镜子。我对她说，你怎么不按电梯呀？她说，你也没按。有时我们都察觉不到孩子在悄无声息地复制着我们的行为。如果我们意识到这一点，或许我们会更加注意，可惜我们常常意识不到这一点，只有看到孩子出现问题时，才会想到原来我也是这样。而更多的父母是可以看到孩子的问题，却始终看不到自己的问题，并且那么理直气壮地要求着孩子。自己打着麻将、斗着地主，却要求孩子的功课门门第一；自己脾气暴躁却要求孩子性格温和；自己和公婆关系不和，却要求孩子孝顺父母；自己焦虑不安，却要求孩子心态良好——如果孩子做不到就会指责孩子，甚至打骂孩子。

聪明的妈妈在指责孩子之前会先反省自己的行为，有些毛病，妈妈改掉了，孩子自然就改掉了。当我们意识到孩子会在无时无刻地看着我们、模仿着我们的时候，我们会更注意更检点我们的行为。

四、做优秀的妈妈先做优秀的女人

我曾经问过一个朋友，怎样才能成为一个优秀的母亲。她对我说，你不要去想怎样才能成为一个优秀的母亲，而是应该考虑怎样成为一个优秀的女人，当你成为一个优秀的女人时，你身上散发的光芒自然会照耀到你的孩子。

1. 自己做不到的事情，不要强求孩子。

我们很多家长自己做不到的事情却硬要求孩子做到，一来这对孩子不公平，二来孩子达不到你的要求时，你也徒增失落。我们对孩子的要求应该是在孩子能力范围可及之处略微拔高一点点。

比如有的父母本身就胆子小，却要求孩子胆子大，说是正因为我们胆小才希望他胆子大。可是胆子大这件事不是你告诉他你要胆大，他就能胆大的，一是先天遗传基因，二是环境影响。要知道胆大的父亲所做的事，比如：游泳、滑雪、攀岩，这些需要胆量、勇气的运动，孩子从小就看、就模仿，觉得很好玩、不可怕，慢慢地胆子就大了。如果你没有这样的遗传基因，又没有后天环境的培养，那就接受孩子的胆子小的事实，不要硬逼孩子。

当对孩子提出一个要求时，我们要考虑孩子是否具备达到这个要求的可能性，有时父母的要求越高、越盲目，孩子实现的可能性就越小。我们就来说学习这件事，一般来说知识分子家庭的孩子，百分之八十学习都比较好，为什么？第一遗传基因的作用，第二家庭环境的熏陶。如果这些都没有，你要求孩子学习好是件很难的事。

我是从四十岁开始学心理学的，下班后做饭，吃完饭后洗碗，所有事情全干完了，已经精疲力竭了，真的很想窝在沙发里看电视。可是兴趣还是让我打开了一本本厚厚的书籍开始学习。那时女儿还小，她抱着作业本跑到我的书桌旁说：“妈妈，我们一起写作业好不好？”我说：“好呀！”之后很多个晚上，我们相伴而学，学累了，我们会相视一笑。看到有趣的心理测试我会和孩子一起做，好的案例我们会一起分享，她说妈妈原来心理学这么有意思呀，孩子无形中对这门学科产生了兴趣。“好好学习”这几个字不用天天挂在嘴上。当孩子看到妈妈在学习中得到乐趣时，她自然也愿意来分享这份快乐。

相反有个男孩子，家境特别好，住着豪宅，吃着鲍鱼、海参，可就是每天打游戏，不好好学习。他妈妈每天苦思冥想该怎样说服他去学习，终有一日妈妈想出一招对儿子说："儿子，你看到大街上那些收废品的了吗？如果你不好好学习，你以后就是和他一样的下场。"可是说了很多次，儿子鲍鱼依旧吃着、游戏依旧打着，成绩依旧不见起色。妈妈不解，问我为什么没有效果，我说你的这种教育是没有说服力的，你儿子根本就不相信有一天他会去捡破烂，所以他不会有所触动。他喜欢打游戏是因为游戏里面有乐趣。游戏是可以让人在三秒钟内就集中注意力的，而读书需要七秒钟，因此很多人都会对游戏上瘾，包括没有文化的民工，但不是很多人能对读书上瘾的。要想让孩子爱读书，就要让他体会到读书的乐趣，谁都愿意去做有乐趣的事，当这种乐趣不断得到强化时，读书便也成了习惯。

2. 我们要影响孩子的学习，更要影响孩子的修养和品行。

前一段时间公司里招聘新员工，我面试了近一百名应聘人员，在有本事的没本事的人当中挑有本事的，在都有本事的人中找人品好的。可是在短短十分钟的时间内怎样判断一个人人品的好坏呢？只能通过礼仪，礼仪是最能在短时间内反映出一个人的修为和对他人的尊重程度的。

因为我们国家长期以来家庭礼仪教育的缺失，导致了"尊重"一词在孩子心中的淡漠。我们的家长在频频抱怨孩子"目无尊长、没大没小"的同时是否考虑过这样一个问题：孩子懂得什么叫尊重吗？他自己受到过尊重吗？如果他从小到大没有受到过尊重，也没有看到家里其他成员是怎样相互尊重的，他怎么知道要去尊重别人呢？

有些父亲在处理母子、母女矛盾时常常会说一句话："即使妈妈说得再不对，你也要尊重妈妈。”这句话说得很好，爸爸们也常为自己说了这样一句既有哲理又有情义的话而颇感得意。但是问题在于孩子并不知道怎样做算是尊重。因为他看到的是父母之间说话会口不择言、恶语相向，父母一方的意见另一方并不会认真聆听、积极采纳。在这里，身教与言教发生冲突，而孩子的不遵从恰恰验证了身教的作用远大于言教。这样的言教是苍白的，一个不尊重伴侣的家长是教不会孩子怎样去尊重父母的。

有一对父母来我这里咨询，夫妻双方都是知识分子。妻子刚开口和我说两句话，丈夫就粗鲁地打断她说：“行了行了，你先闭嘴。”他一点儿都没有意识到他说话的不客气，可能经常这样他已经习以为常了。妻子居然马上不出声了，丈夫开始喋喋不休地向我诉说孩子的情况，说了一会儿，妻子刚要补充，丈夫说：“你别说了，你出去吧，去看看孩子。”妻子一句话没说起身出去了。

我在想外面的这个儿子以后人格会健全吗？长大后他要么和父亲一样无视母亲的存在，要么因同情母亲而和父亲关系紧张。同样道理，现在也有很多家庭是母亲太强势，不尊重父亲，剥夺了父亲的话语权和教养权。在这样家庭里长大的孩子都不会真正懂得“尊重”的含义。俗话说：“冰冻三尺非一日之寒，水滴石穿非一日之功。”一个孩子无论道德、性情、礼仪等方面的教育，还是家庭成员之间亲情关系的培养，它都是个浸润、熏染的漫长过程。有一个主婚人说得特别好：你们今天的婚礼，是培育下一代的开学典礼。

记得几个月前我去女儿学校参加她的十八岁成人仪式，学校邀请了央视的新闻主播李瑞英作为特邀嘉宾给孩子们讲话。台下的李瑞英比在屏幕前多了几分生动与真实。她说：“其实，并不是我们名人做人就怎样怎样的优秀，而是因为我们是公众人物，有那么多双眼睛盯着我们呢！我们不能犯错，我们必须做好。我开车就会下意识地系安全带，这是流程。流程做好了慢慢就变成习惯了，有了好习惯，出错的几率就少了。”我想如果我们的父母也有这种意识，意识到孩子在无时无刻地看着我们呢，我们就会更注意一些我们的言行，就不会那么肆无忌惮地行事了。

有句话叫不养儿不知父母恩，另一句话叫不养儿不知父母错。与其有一天让孩子一一指出我们身上的错，不如我们自己不断地反思、自省，不断地更正、提升。一个懂得自省、懂得修正的父母同样会带出一个自省能力很强的孩子。当我们看到孩子身上的问题时，我们先别忙着批评孩子，而是先通过孩子这面镜子照照自己。修正了自己，孩子也就跟着被修正了。

人们常说，想要成为什么样的人，就要和什么样的人在一起。可见只要经过一段时间，即便是成人，也会很大程度上受到他人言行举止、性格态度的影响，所谓近朱者赤、近墨者黑。成人尚且如此，何况是少不更事、模仿力超强的孩子呢？所以说我们希望孩子成为什么样的人，有什么样的品行、性情，就先让自己成为那个样子吧。妈妈们，你们所做的一切孩子都在看着呢！

以爱的名义

我们常常会对孩子说，父母是这世上最爱你的人，此话不假，当我们把孩子带到这个世界上来的时候，几乎没有一个父母是不爱自己的孩子的，但很多父母没有想到的是，家也是让孩子最容易受伤的地方。很多患上心理疾病的人，他们最初就是在家里受的伤。这种伤因爱而起，它是无痕的，却是带根的。很多父母以爱的名义，为孩子做了很多的事情，其结果却是让孩子苦不堪言，有的甚至因为错爱而毁了孩子的一生。当我们还不清楚什么是真爱时，我们先来看看什么是不恰当的爱。

一、溺爱孩子

妈妈对孩子过度的爱往往有两种原因：一是这孩子来之不易，二是这孩子对母亲意义非凡，因而母亲往往会给予孩子过度的爱。其结果也无非是因为母亲过多地包办代替而使孩子成为一个无能儿，最终无法在社会上立足。

我认识一个妈妈，因为年轻时做过多次人工流产，造成了习惯性流产，不能怀孕，而她是一个特别喜欢孩子的女人，并且孩子对于她婚姻的稳定也至关重要。为了能够得到一个孩子，她不懈地进行治疗，八年间喝下了一屋子的中药。老天不负苦心人，她终于在三十八岁那年喜得贵子。她视这个孩子为上帝所赐，对其珍爱万分。她要用世上最最伟大的母爱来呵护、养育这个孩子。她让孩子生活在最卫生的环境中，只要有人摸过孩子，她会马上给孩子洗、擦，以防外界细菌的介入。她让孩子使用最好的物品、玩具。她不愿让孩子有任何的不满、不适，孩子只要稍微一哭，她会立即抱起。

如果把养孩子比做养花的话，花儿是需要阳光雨露的滋养，但你硬把花放在温室里，每天给它浇上一碗人参汤，这盆花恐怕很快就会蔫了。孩子大一些后，这位母亲还要什么给什么，对其百依百顺。一直到孩子上高中还给孩子洗澡。每天早上她叫醒孩子，给孩子穿上衣服，扶着睡眼惺忪的孩子来到卫生间，给孩子挤好牙膏，帮他刷牙、洗脸，然后把面包塞到儿子嘴里，送孩子上学。孩子中午在学校吃饭，可每天中午她都要赶回家，为的是给孩子丰盛的晚餐准备食材。因为她的喂养方式，孩子很快便成了一个二百多斤的大胖子。临近中考，孩子体育成绩不过关，她又请来体育家教给孩子辅导。考试当天，她居然早晨四点钟潜入考场，为儿子检查跑步的场地，可惜孩子还是考了个倒数第一。高中毕业孩子没有考上大学，一味地在家打游戏，足不出户，就连肯德基也要妈妈买好放在电脑前，他才肯吃。有亲戚说，不上学，就去找个工作吧，妈妈说他什么也不会呀，他也不愿意和人交往呀，反正我们还养得起他，不就是添一双筷子和一个碗吗？有我们一口吃的就饿不着他。孩子就这样在妈妈近二十年的溺爱下丧失了做人的基本能力，成了名副其实的无能儿、啃老族。我在想这位母亲的伟大是可歌呢还是可泣呢？

这世上有很多暴力：硬暴力、软暴力、冷暴力、性暴力，可能您还没有听说过潜暴力吧？潜暴力是指父母以对孩子强烈的、真实的、无私的爱为出发点，以包办代替、过度呵护、有求必应为手段，剥夺孩子自由成长、扼杀孩子生存能力的一种家庭教育方式，父母以爱的名义对子女造成的伤害，却要孩子用一生的痛苦来承担——面对纷繁复杂的社会，孩子无力面对，甚至失去基本的生存能力。

在西方吃饭，大家都习惯AA制，但AA制的意义在哪里呢？我给大家讲一个故事：在威斯康辛一所中学里，有两个孩子出去爬山，一个中国孩子一个美国孩子。他们选择的山比较危险，因为风化，时常有岩石坍塌，结果两个孩子分别被困在巨大的岩石和碎石的两边。那个美国孩子被碎石砸伤了腿，一动就痛彻心扉，他判断自己是骨折了。天很快就黑了下来，黑暗像巨兽一样吞噬掉整个世界，若是到了夜里，寒冷和饥饿也许会让他们眩晕，甚至会夺去他们的生命。于是那个美国孩子开始尝试着用手支撑着自己的身体，慢慢地向岩石堆上爬去，他受伤的腿上的血染红了整个岩石，快要爬上最上面那块岩石的时候，他的伤腿碰到了岩石的棱角，剧痛让他无法用双手抓住岩石，他重新掉落下来，在岩石上滚来滚去，像个皮球一样。伤上加伤的美国孩子几乎绝望了，躺在岩石堆里，大口大口地喘气，但是十几分钟后，他因为寒冷而开始麻木的身体开始提醒他：必须要活着出去！于是这个美国孩子决定再次尝试，这一次他取得了成功。他爬上岩石，但是岩石距离地面还有两三米的高度，这个孩子的腿让他无法平稳落地，他干脆闭上眼睛，选择了全身滚落下去。没有人能想象，这个孩子是如何坚持爬到小镇的，他向别人冷静地讲述了自己遇到危险的地点和时间，并说还有一个中国孩子可能还在那里。经过检查，这个孩子胫骨骨折，在滚落岩石的时候肋骨受到撞击，也折断了两根。身上碰撞出来的伤口和淤青不计其数。大人们赶紧把他送到了医院，同时去援救那个中国孩子，中国孩子在被找到的时候，寒冷和恐惧已经让他奄奄一息，再晚来一会儿，很可能就会失去生命。两个孩子，为什么美国孩子要比中国孩子更坚强？只因为美国孩子在很小的时候，出去吃饭都是AA制，他们每个人都会告诉孩子一个必须AA制的理由，那就是：无论什么事情，生活中没有人替你埋单。就算你的父母至爱也不会。所以这个美国孩子知道，要活下去必须靠自己。而我们中国的孩子，享受了太多中国式的母爱，在遇到困难危险时，哪怕是不行动就会丧命，也习惯等待别人的救助。

二、过分占有的爱

我认识的另一个妈妈因为爱情，只身嫁到了北京，住在公婆的房子里。虽然在北京安了家，却总有种身在他乡、寄人篱下的感觉。家里的一砖一瓦好像并不真正属于她，直到有一天她有了自己的孩子。她觉得这才是她在北京唯一完全属于她的东西，因此她对女儿格外珍爱。她把自己所有的时间和精力都放在培养女儿上，像完成一件艺术品一样精心雕刻着女儿。她是个学识渊博又尽职尽责的母亲，把女儿的生活、学习都照顾得井井有条。她从孩子三岁开始就给她讲很多道理。琴棋书画、诗词歌赋熏陶孩子的同时也灌输着诸子百家的人生哲理。所以孩子从小就认为这世上没有比妈妈更有学问、更懂道理的人了。但是妈妈很少让女儿和其他同学一起玩，即使寒暑假也不行。妈妈会说，我们去大剧院听音乐会吧，这比和同学逛街有意思；你到妈妈单位找妈妈来吃饭吧，你可以遇到很多有学问的叔叔。因此孩子除了上学几乎所有的时间都是和妈妈在一起的。别的家长问孩子为什么不参加任何聚会，妈妈会说，孩子很忙要弹琴、要画画，她整天都要粘着我。真的是这样吗？她经常会对女儿说，如果我有三个孩子的话，我对孩子的爱是分三份的，现在我只有你一个孩子，所以你承载了父母所有的爱，以后你也要承担起家里所有的负担。她指着家里的碗说，你看见没有，家里所有的碗以后都是你的，爸爸、妈妈、奶奶三个老人也是你的，你不能离开我们，她一遍一遍地说着，终于有一天女儿忍不住了说了句："妈妈，我可以不要家里的这些碗吗？"妈妈的爱太沉重了，女儿受用不起了。

其实并不是孩子需要这种依恋，而是妈妈更需要女儿的这种依恋，是因为自己原有情感的缺失而过度占有了孩子的情感，而这种过度占有是有后果的。妈妈常常会担心女儿在放学路上出事，无论孩子去哪她都不放心。她恨不得孩子时时刻刻都在她的眼皮底下。这样的管教方式，孩子一旦进入青春期，她的叛逆会比其他孩子来得更猛烈。孩子进入青春期要建立独立的人格，要完成和父母关系的剥离，这个剥离的过程便是孩子成长的过程。孩子如果做不到成功剥离，就是没有完成真正的成长过程，对孩子今后的工作、婚姻都是不利的。母女关系过于密切，这种剥离就会困难，但是孩子成长的脚步不会停止，于是孩子会把母亲看做是敌人，这样孩子才有理由说服自己不听她的，听自己的。因此，很多小时候关系很密切的母女会在孩子青春期时反目，还不如平时关系一般的母女，做母亲也会备感失落、伤心。因此爱孩子也要有个度，过了度会伤了孩子也会伤了自己。

这世上所有的爱都是以聚合为目的的，只有父母对孩子的爱是以分离为目的的。正如台湾作家龙应台的一句话：父母和孩子的关系就是默默地看着他渐行渐远的背影。依恋和孝顺是两回事。孝顺是建立在成熟的人格品质之上的，没有断奶并不意味着孝顺。我们做父母的一定要清醒地意识到，孩子的翅膀早晚都是要硬的，他一定是要飞的，我们不能让自己的爱成为孩子的负担，让他飞不高、飞不远，我们应该让孩子轻松地在天上飞，飞出精彩，飞出光芒。所以这份爱一定是适度的、智慧的、有利于孩子发展的。

三、以钱代养的爱

这位妈妈是我在一次画展中认识的，她是在一所艺术院校教设计的一位老师，孩子小的时候，她工作忙，就把半岁的儿子寄养在爷爷奶奶家中，后来奶奶去世了，孩子一直和爷爷生活在一起。在孩子童年的记忆中母亲是家中的过客，只有逢年过节，妈妈才来看看孩子。有一天孩子送妈妈出门的时候问：“妈妈，你什么时候还来我家玩呀？”每每这时，妈妈总说，妈妈去给你挣大钱。妈妈的设计很出色，为此也赚到很多的钱。这时她觉得她应该给儿子做点什么来弥补这么多年没有在孩子身边的缺憾。她一直在对自己也对儿子说，妈妈挣钱为了什么，还不是为了让你接受最好的教育，过上更好的生活。她知道北京的教育质量好，于是用钱打通了各种关系，为儿子在北京联系了一所寄宿学校，把儿子送到了北京。孩子从无拘无束的爷爷家突然来到一个完全陌生的地方，无限的孤独、寂寞袭上心来。城市是新的、同学是新的、老师是新的、宿舍也是新的。终于盼到了放暑假可以回老家看爷爷了，妈妈又给他报了去英国的游学团。初中这三年，他几乎没让孩子回过家，美国、加拿大、澳大利亚、新西兰，孩子转了一个够。有时别人也问她，你不想孩子吗？她说，也想，不过从小就没在我身边习惯了，真的回来，每天三顿饭，我就得疯了，我哪有时间管他呀。不如我开心地挣我的钱，让他拿着钱到外面去见世面，男孩子就该在外面闯荡。她这样说服着别人安慰着自己，每当看到自己一笔笔寄给儿子的汇款单时，心中隐隐的那份牵挂和愧疚也随之消失了。

但是儿子却没有妈妈那么释然，和亲人的一次次分离，让孩子失去了安全感，异国他乡的漂泊让他觉得自己是个没家的孩子，不知道自己的根在哪，他有时甚至不知道自己到底是哪里人，一个外地的北漂孩子常常不被周围的同学接纳，为了迎合同学，他总是一次次地请同学吃饭、讨好同学。可吃完喝玩，下一次嘲笑的对象仍旧是他。他找不到寄托，得不到尊重，终于有一天走进网吧寻求慰藉，并一发不可收拾。

在这里我想给大家讲一个小实验：美国威斯康星大学的哈洛先生用两个“代理妈妈”来养育刚出生不久的小猴子。一个是用铁丝做的假猴，它胸前有一个可以提供奶水的装置；另一个是用类似真猴肤质的软布做成的假猴，但未安装奶瓶。结果发现：小猴子对“铁丝妈妈”表现冷淡，唯有肚子饿、需要吃奶的时候才会爬到“铁丝妈妈”身上，平时都紧紧抱着“软布妈妈”，表现出强烈的喜爱之情。在受到惊吓或不安之际，它就会奔跑到“软布妈妈”的身边，紧紧地搂着“软布妈妈”。这个实验证明，小猴子对“代理妈妈”的依恋并不是因为物质的供给——有奶吃，而在于是否有精神的满足——提供温暖、柔软的接触，即“舒适接触所带来的安慰感”是爱最重要的基础。

我们生活中也有很多“代理妈妈”，在农村奶奶是留守儿童的“代理妈妈”，这些孩子一年都见不到一次自己的亲生父母。在城里，保姆取代了上班族妈妈的位置，很多孩子只认保姆，不认妈妈。很多年轻的妈妈抱怨带孩子真的太烦了，我宁愿去挣钱，然后花钱请保姆来带他。

我们做家长的常常打着爱的旗号，以爱的名义对孩子说“妈妈去给你挣奶粉钱，爸爸去给你挣上学的钱，妈妈去给你挣出国的钱”而远离了孩子，甚至抛弃了孩子，并且心安理得地认为孩子只要花到了我的钱，自己便尽到了做父母的责任。殊不知，孩子是养大的，一个养字包含了太多太多。养孩子需要钱但更需要的是时间和精力，孩子是要陪伴的、孩子是要关注的，孩子和孩子是不一样的。有的孩子可以放养，有的孩子是不能放养的。有一句话叫：“欠下的债总是要还的，只是早晚的问题。”在孩子儿时的大松心换回的一定是青春期的大操心，因为最好的教育不是学校给的，而是妈妈给的。没有妈妈的爱为基础的教育都是摇摇欲坠的教育，即使日后再优秀，心中那份不安全的隐患也可能会被随时引爆。钱可以买来好的教育资源，却买不来好的教育。一个人对另一个人的爱，只有一样东西是可以拿来衡量的，那就是时间，你愿意为孩子付出足够的时间吗？

四、强加给孩子自己意愿的爱

场景一：一天，在一所小学的门口，我听到了一对母子这样的一段对话。

妈妈：“儿子，你现在的好朋友是谁呀？”

儿子："是王超超。"

妈妈："他不是那个学习挺差的孩子吗？儿子，你干吗不和李凡做好朋友呀，他是班长，又是你们班学习最棒的，儿子，你应该和学习好的同学做朋友。"

儿子："可是我喜欢和王超超在一起，他对我可好了。"

妈妈："可是妈妈不喜欢你和他做朋友，你会跟他学坏的。"

很多家长都希望自己的孩子能和比自己孩子更优秀的孩子交朋友。所谓近朱者赤，近墨者黑，这是可以理解的。但是我们不能把自己的意愿强加给孩子。其实和不同的孩子交朋友对孩子只要引导得好都会对孩子有好处。孩子比和他差一些的孩子一起，他可以收获自信；和与他差不多的孩子在一起，他可以找到知己；和比他强的孩子在一起，他可以获取进步。再说每个孩子有弱的地方就一定有强的地方，要培养孩子能够发现别人闪光点的能力，孩子觉得和这样的朋友在一起很好，一定有孩子自身的需要。不要以我们成人的眼光和意志来粗暴地干涉孩子交朋友，尤其在孩子小的时候。他无论找什么朋友，都是他内心需求的一种体现，当妈妈的一定要善待孩子的朋友。

场景二：在城乡百货商场六楼我看到这样一幅画面，妈妈在为五岁的女儿挑连衣裙。

妈妈："菲菲，你快要过生日了，妈妈今天给你买条漂亮的连衣裙，你看看你喜欢哪条？"

女儿："妈妈，我喜欢这条，有大花的。"

妈妈："大花，多怯呀，不好。"

女儿："妈妈，这件小碎花的，我也喜欢。"

妈妈："太小气，不好，这件黑白的吧？很雅致的。"

女儿："听妈妈的吧。"

很多妈妈抱怨孩子没主见，孩子没主见的原因是妈妈太有主见了，并且不假思索地把自己的主见强加给孩子。孩子提出自己的意见却被大人一次次无情地否定掉，孩子慢慢会认为自己说的话都是错的，最后干脆不说了。孩子的主见也是在生活中慢慢培养的。当你决定这件事让孩子选择的时候，就尊重孩子的选择。你认为好的东西、美的东西孩子不一定这么认为，孩子选择它必有他的道理，即使没有采用孩子的选择，也要让孩子说出他选择的原因，而不是一味的否定。

爱孩子是我们每个人心中美好的意愿，但意愿和结果往往不成正比，不懂方法的爱有时是错爱，你爱得辛苦，孩子受得吃力。当我们在寻求真爱的道路上前行时，我们先警觉一下这些不恰当的爱，避免错爱的发生，不再以爱的名义做戕害孩子的事情便是我们在真爱的道路上又迈进了一步。

宝宝爱宝宝——培养孩子的自尊心

有这样一个故事：一位妈妈给自己一岁多的女儿洗澡，妈妈一边洗一边说："妈妈爱宝宝，宝宝爱妈妈。"小孩子一边玩着水一边学着舌："妈妈爱宝宝，宝宝爱宝宝。"妈妈一听，面露不悦，心想：什么孩子，竟然不爱我们，还要自己爱自己！

我听了这个故事后，好笑之余反倒发现孩子无意中说出了早期家庭教育的真谛——建立孩子自爱的人格。

什么是儿童早期教育？知识的储备、大脑的早期开发？良好的卫生、礼仪、学习习惯的养成？还是开朗、活泼的性格形成？都是，但不全都是。早期教育的核心应该是让孩子懂得自尊自爱，形成一个健全的人格基础。因此三岁前的孩子，他们最主要的学习内容不是知识，而是关系，是他与父母之间的关系，这个关系就是他以后的人格基石。

我常常听到家长有两种抱怨：一种是我那孩子脸皮特厚，怎么骂、怎么打都无所谓，一点自尊心都没有；但听到更多的是家长抱怨孩子自尊心太强，一点都说不得，一说就不高兴、就急。我们很多成年人在恋爱婚姻中也会遇到两个问题，一种是爱得太自我，一种是爱得太忘我。这些现象究其根源都是人格问题。

看来一个人自尊、自爱太过偏离都是不好的。恰当的自尊来自于完整的人格建立，而这是要从小培养的。

建立孩子高自尊。听起来这有悖于我们传统教育上所说的顺从大人、服从别人的理念，但它却是建立完整人格的基石。高自尊的孩子，他的自尊水平也会相对稳定，不会起伏很大。有的孩子自尊水平发展不稳定，忽高忽低。受到表扬了，某件事做得好了，就觉得自己特别棒，立刻觉得周围人都不如他，可哪天一旦受到批评了，或某个问题答不出来了，又会立马灰心丧气，觉得自己是世上最笨的人。如果一个孩子的自尊水平长期不能得到平稳发展，孩子的心理、情绪都会产生很大的困扰。

0–6 岁的儿童是以自我为中心的，如果孩子在此期间“自我意识”没有得到很好的发展，他就永远无法形成自我，不能形成自我，就不能最终走出自我，那么成人以后就真的以“自我为中心”了。

那么怎样才能让孩子做到高自尊呢？

一、让孩子从小就懂得自己是可爱的。

一个人的自我价值是由两方面组成的：一是归属感，一是掌控感。当孩子知道自己是被人爱的，孩子就有了归属感；当孩子认为自己可以把一件事做好，孩子就有了掌控感。而这一切都来自于父母对孩子的爱和肯定。这种潮水般的、满满的、充分的爱会帮助孩子肯定自己存在的价值，感觉到自己在父母心中的重要性，相信自己是个很棒的人，进而感受到世界对他的认可，因为对一个孩子而言，父母几乎就是整个世界，父母爱他，世界就爱他了。这种“被需要”的感觉会让孩子变得主动和自信，使他更愿意与外界接触，更积极地去探索新的世界。我们常常说孩子是张白纸，在这张白纸上可以画出五颜六色，其实这张白纸是有底色的，这个底色便是父母的爱。

至于掌控感，不是每个孩子在每个领域都可以获得掌控感的。整体自尊也并非是各个领域的简单相加，父母要帮助孩子发现他们所擅长的领域，并在这些领域里面建立掌控感。

一个孩子当他的归属感和掌控感都建立得很好时，就逐步形成了他稳定的自尊心。

而现实却是残酷的。生活中很多父母不能给予孩子无条件的爱，他们对孩子的爱是有条件的，很多时候他们并不喜欢现实中的孩子，而是爱自己理想中的孩子。我们常听妈妈说："宝宝听话，妈妈爱你。"妈妈的爱打了折扣，敏感的孩子一定会察觉，进而对自己产生怀疑，是不是自己不够好，是不是自己不够可爱，于是爱自己的理由也就变得弱小起来。不管是孩子还是成人，怀疑自己是一件痛苦的事，更是许多性格乃至人格问题的开始，比如自卑、自弃。

当孩子不再喜欢自己，不再爱自己，便由之前的主动变为被动，在人际关系中产生了一种危机感，所以他们会放低身份，格外在意别人的看法。在与别的小朋友交往时容易讨好别人，喜欢看别人的脸色，只有别人高兴了，他才放心，他才会有一种安全感。

我曾经听过这样一个故事，一个两岁的小女孩一听到妈妈回来了，马上给妈妈拿拖鞋，大家都惊叹孩子这么小就这么懂事。可我总觉得有什么不对劲，两岁的孩子本性应该是关注自我的，怎么会那么关注妈妈呢。三四岁的孩子在大人的指导下给妈妈拿个拖鞋是有的，这么小的孩子主动这么做是不符合她的年龄特征的。追问后才知道这个妈妈没按政策生了二胎，为了躲避惩罚，她没有给这个孩子上户口，并且不准孩子当着外人的面叫她妈妈，原来如此。当小妹妹认定自己和姐姐不一样时，自卑心理油然而生，原本的安全感也烟消云散。在巨大的心理压力下，她学得特别会讨好妈妈，好让妈妈喜欢自己。其实这种懂事对孩子是残忍的，在至亲至爱的母亲面前，孩子变成了惶恐的乞讨者，这种亲子关系毋庸置疑是病态的。

同时内心缺乏自我肯定的孩子特别喜欢大人的表扬，得到表扬，一天神采飞扬，得不到表扬，一天就会郁郁寡欢，常常会因表扬而患得患失。

爱自己的孩子则不同，他也会和别的小朋友和睦相处，他的心情是单纯而自我的，不会轻易被别人左右。即便是被别人影响，也是一种健康的“牵连”，比如看到朋友的沮丧自己会担心。自爱的孩子会去体恤别人的感受，而不是去讨好别人。孩子也渴望得到表扬，但却没有那么在意，即使没有得到表扬，也不会放在心上，而是会很快转移到其他的事情上。

二、理性看待孩子的自我，允许孩子说“不”。

有一个小男孩自己在玩玩具，另一个宝宝过去抢他的玩具，他没有给，那个宝宝就哭了，小男孩的妈妈问小男孩，是不是你把弟弟惹哭了？小男孩说，妈妈我没有欺负他，我只是想自己玩玩具。小男孩没有错。我们大人常常更多地希望并且要求孩子能与别人分享，如果做不到，父母会认为孩子自私，其实孩子说出自己的真实意愿并没有错，他有权利拒绝别人。他是开始学着按照自己的意愿、情感、心理的需要行使自己的计划、支配自己的行为。这是“自我”不是自私。孩子从第一声“不”到坚定不移地坚持自己的看法，到最终“自我意识”的形成，是建立和派生优秀的个人品质的过程。这个过程完成得好，一个人最核心的部分就形成了。所以不要简单地认为说“不”的孩子就是自私的、叛逆的。

我女儿高一去军训，其中有个训练项目叫反口令训练，做错的同学要到台上受罚，那是一个特别大的台子，教练要求做错的同学背对着同学站在台子上，用屁股写一个“赢”字。所有受罚的同学都上去写了，有的男同学特别胖，那屁股扭来扭去，引得大家哄堂大笑，从八班一直做到二班。我女儿在一班，是个重点班，最后一个做。这时有两个男生受罚，教官说：“开始！”

其中一个男生说："教官我不做！"因为从来没有被人反抗过，教官一惊，问为什么，那个男生义正词严地说："我觉得这样有辱我的人格，我错了可以受罚，我愿意用五十个俯卧撑来代替，但我不做这个。"就在这个男生趴下的一瞬间，一班五十个同学在没有任何人的指令下齐刷刷地全体趴下，和台上的两位同学一起做了五十个俯卧撑。后来同学们说他们是被台上那个同学的行为所感动，所以他们甘愿集体受罚。班主任惊呆了，全校的同学都惊呆了，然后报以雷鸣般的掌声，说一班人的境界我们真的比不了，他们很像钢七连。这个男孩子坚持了自己的原则，敢于对居高临下的教官说不，这是他在日常生活中养成的健康的自我意识，成就了其高自尊的人格品质。后来这个班的同学做了很多的好事，创造了所有的第一。我还奇怪呢，他们是因为高分组成的重点班，怎么运动会也是第一呢？女儿骄傲地说我们有"一班精神"。所以自尊是一个人的品质之魂。

而丧失自我的孩子内心充满了挣扎，往往人云亦云、随波逐流，在屈从别人的过程中寻求心灵上的归属。因为心总是要有所依托的，不皈依自己，便归属他人。所以这样的孩子长大后容易在诱惑面前迷失自己。很多吸毒的孩子并不是主动去沾毒品的，而是在朋友的劝说下，看周围人都吸了，自己不吸好像很另类，便也跟着吸了。这种不自爱的孩子心里是没有坚定的信念的。而自爱的孩子希望被爱，但不乞求被爱，只愿把自己的爱与别人分享，因此自爱的孩子随和，让人乐于亲近，因为他们的爱里没有卑微的企图，是阳光的、健康的，带着很强的感染力。而不自爱的孩子是以被爱为目的去爱人，期待别人来爱他，这种期待是焦虑的、是不安的。

三、让孩子做自己，为自己的事情埋单。

我们有时会说这孩子真乖，真讨人喜欢，于是孩子会有意地去做些讨大人欢心却又不是自己想做的事情。比如学习，一开始孩子是爱学习的，但是被家长一逼，学习动机外化，学习好是为了让妈妈会高兴，我学习是为了妈妈，而不是为自己。等到有一天他不想让妈妈高兴的时候，他就不好好学习了。很多乖乖女会在恋爱时突然和母亲大发雷霆说从小我干什么都是为了您，为您学习，为您当班长，为您考大学，我现在不想再为您了，我想为我自己找个喜欢的人，这时母亲一下吓傻了。其实从小培养孩子爱自己、为自己的思维习惯没有错，那不是自私而是对自己负责，学会自己为自己的事情埋单。让孩子为自己学习，一个孩子能自己找到学习的目的和乐趣时，他肯定会主动学习。有的孩子为了自己和班级的荣誉，他会好好学习；有的孩子为了完成某项任务，他会主动学习。就像上次在园里，老师让一个小朋友做“妈妈学堂”的小红旗，那个小朋友做得特别认真，整整四十分钟，一步都没有离开，一直在问老师，“够了吗，不够我再做。”这是什么？这是一种使命感。这种使命感让他积极、努力，让他无怨无悔。但如果一个孩子觉得他所做的一切都是为了别人，那么有一天他会为了他自己把这一切全都推翻。

更重要的是，孩子在长时间地违背自己意愿去讨好别人时，会因他人的意愿而忽略自己本该去追求的东西，从而造成难以弥补的遗憾。

清华大学有个非常著名的生物学教授，他的女儿按照他的要求念完小学、初中、高中，并顺利地考进清华大学生物系，大学毕业后按照父亲的安排去美国读了生物学的硕士、博士，二十八岁时学有成就，衣锦还乡。回国后找父亲谈了一次话，她说：爸爸，你让我学的，我都学了，您让我考的我也都考了，可是今天我想告诉您的是我不喜欢这个专业，我要改行。爸爸一听整个人都傻了，重重地叹了口气说：“女儿啊，你为什么不早说呀！”

所以让孩子做自己，学会从小对自己负责任。

四、作为母亲，先爱自己，再爱别人。

要让孩子爱自己，妈妈首先要爱自己。在传统的教育理念中，父母应该没有特意教给我们要爱自己。他们那个年代爱自己等于自私。人人都要先人后己、先公后私，我们长久以来接受着这样的教育。但是过高的、不切实际的道德标准反而会让人最终冲破道德的底线，因为这个底线太高了，守不住了，一旦冲破了就不知道冲到哪里去了。我记得我上高中时一个同学，在作文中写道：忠于就忠于自己的土壤，追求就追求自己的理想。很好的立意，有错吗？老师的评语却是，你怎么全是自己啊，太自我了吧。这个评语在三十年后的今天看来实在太可笑了，但那时却深深地刺伤了我的那个同学。虽然我们已经结束了那个假、大、空的年代，虽然这个社会已经快蜕变为人不为己、天诛地灭了，却仍不敢明目张胆地说爱自己，这真的是太可笑、可悲的一件事。

我认为爱自己的妈妈是上进的、乐观的、正向的，她和别人在一起也会在无形中散发出爱的光芒。如果一个连自己都不爱的人，他的内心又有多少空间去爱别人？他又有多少能量去爱别人呢？

我们常常会看到一些怨妇妈妈，她们最初没有好好爱自己，没有好好珍惜自己而一门心思地去爱丈夫、爱孩子。当她们毫无顾忌地牺牲了自己的一切，却发现自己的付出并未换回她们所期待的回报时，所有的委屈、愤怒涌上心头。于是人性中最脆弱的一面被激活，她们开始计较、迁怒、中伤甚至攻击别人。想到自己一生的不幸，想到自己终生的付出，她们觉得是那么的不甘心，她们甚至觉得全世界的人都欠了她们的。她们开始防范、猜忌甚至变得恶毒，因为心被掏空了。所以这种付出、这种爱往往比不付出、不爱还可怕。

因此人首先要学会爱自己，这样才能爱别人，不会爱自己的人，内心缺乏爱的人，给别人的爱，恐怕也是变形、扭曲的爱，难以让对方真正感受到。就像王菲的歌里唱的："自己都不爱，怎么相爱？"

在日常生活中，我们可以看到那些从小家境比较优越的孩子往往心机不深，因为他有，所以他不计较，不需要花太多的心思去获取，而家境贫寒的孩子往往心思会重，因为没有，所以样样要靠自己去争取，要花心思去得到本来不属于他的东西。同样道理，小时候心里有爱的孩子，大了对付出爱不太计较，而那些小时候心里没有爱的孩子，大了对于付出爱会很在意、很计较，计较付出的得失，计较付出的多少，计较的结果最终是爱的失去。你想自己心里还没填满呢，拿什么去给人家？

五、不伤害自己也不伤害别人。

爱自己的人会有合理的道德底线，是不伤害自己的。这世上有多少人本意是不想伤害自己，可最终却做了害人害己的事情。知道爱惜自己和自己身体的人，从不虐待他人。因为他会设身处地为他人着想，他会感同身受。那些虐待别人、虐待孩子、虐待动物的人，小时候一定被别人虐待过。这种近似报复的社会现象，与己所不欲勿施于人的行为准则恰好背道而驰。

有一个小男孩，父母离婚了，他判给了爸爸，爸爸常年在外跑运输无暇管他，就把他完全交给了年轻的继母。二十多岁的继母刚刚生了孩子，根本无心照顾他，反而处处挑他的毛病。慢慢地他发现自己和弟弟在这个家中的待遇简直是天壤之别，一天一天，仇恨的怒火在胸中燃烧，他开始疯狂地追打家里的小猫，踩尾巴，拔猫毛，怎么残忍怎么来，直到把猫折磨至死。小猫死后，他还是觉得不解气，于是把罪恶的双手伸向了无辜的小弟弟，幸亏继母及时赶到，避免了一场悲剧的发生。

人没有天生的善与恶，后天的善恶与我们儿时的成长有莫大的关系。得到爱多的孩子就容易自爱，自爱引发自尊，自尊带来自律、自控；相反缺少爱的孩子就会削弱自爱的能力，自尊受到威胁，一个对行为不能自控的人，后果是不堪设想的。

六、学会原谅自己。

我见过一个男孩，对自己要求特别高，总要求自己把事情做得很完美。比如写一个字，写不好，擦了，再写，写了再擦，于是焦虑、恼怒，拼命地擦，拼命地划，还不解气，就开始掐自己，认为自己是世界上最笨的人，连个字都写不好。当一个孩子开始讨厌自己的时候，伴随而来的会有许多消极、负面的情绪出现，比如阴暗、报复心重，“我不好你也别想好”的想法常常会在脑海中萦绕，看别人、看世界都是灰暗的。所以当妈妈的一定要关注孩子，关注孩子对自我的认可度。

爱自己，就一定要懂得原谅自己。哪怕有时这种原谅是非理性的，因为人一旦否定了自己，必将沉入无边的苦海。如果你不懂得包容、接纳自己，意味着你对自己的苛刻与狠心，这也将在他人身上得到体现。

心理医生每天都会接触到各种患者，有夫妻关系问题的，有亲子关系问题的，有同事关系问题的。但心理医生大多只关心一个问题，那就是他是否爱自己。如果他是个爱自己的人，他会接受帮助，并在医生的帮助下，学着接纳自己的不完美不优秀。他会试着去原谅自己，原谅自己做过的许多错事。他会学着去宽恕别人，宽恕别人曾经对自己的伤害。当把这一切都想开都放下时，生活中的一切就都恢复正常了，甚至会有小小的奇迹出现，并且身体也会变好很多。但一个不爱自己的人，他会一直纠结在过往的痛苦中不能自拔。爱自己的人会去正视自己，并为其改变。当你发现原谅别人善待别人的时候，别人对你是那么好，你的人际关系一下缓解了。爱自己从自我赞同和自我约束开始，孩子更是这样。

鼓足勇气说出爱自己，然后教会宝宝爱自己。爱自己的孩子会洁身自好，出门会不给别人添麻烦，自己做好了，所有规则都遵守了，也就不给社会添麻烦了。

作为父母，要通过给予爱来帮助孩子建立自信和安全感，在这种健康的心态下才容易培养自爱自尊。从小教孩子爱自己，孩子长大了才会爱自己，会爱自己的孩子才会爱别人、爱社会、爱国家。爱自己便是爱的根基。

宝宝爱宝宝，多么动听的歌谣，愿这世界真的能充满爱。

揭开“70后”溺爱孩子的面纱

我在这里提到的“70后”主要是指70年代末、80年代初的这一茬年轻人。这群人现在正好35岁左右，孩子大部分也在学龄前，因为现实的生存压力根本不允许他们过早地结婚、生子，三十多岁一切正好刚刚开始，而他们的父母则刚好迈入花甲之年，年富力强的老人不容分说地承担起了养育孙辈的责任。

前不久老家来了亲戚。那是个典型的五口之家——岳父母、妻子丈夫和一个三岁的孩子。我们一同去餐厅吃饭。席间端上来一道东坡肉，香味扑鼻。小孩子甚是喜欢，看着孩子爱吃，我们做大人的，自然是心里高兴，一个劲地让孩子多吃。吃了两块，孩子发话了，你们都不许吃，只能我吃，于是命令妈妈把东坡肉端到她的面前，妈妈对众人做了个无奈的表情，那意思说没办法，想也没想就把东坡肉端到了孩子面前，供她一人独享。孩子心无旁骛，一心只顾吃东坡肉，不一会儿，半罐肉下去了，吃得小肚子鼓鼓的。然后对妈妈说，你们可以吃了。妈妈受宠若惊地对大家说，我们现在可以吃了。

这样的故事几乎在很多有孩子的家庭中都会发生。就像吸烟，人人都知道吸烟有害，台湾的香烟包装上到处都是吸黑的肺、熏烂的牙齿，看着令人作呕，但依旧有那么多人每日享受着吞云吐雾的神仙般感受。同理，但凡有点文化的人都知道溺爱对小孩子的危害，但依旧日复一日地上演着这样的剧目。

这背后到底隐藏着什么呢？

一、先来看看父母。

1.“内在小孩”的声音。

我们每个人心中都有“内在的父母”和“内在的小孩”。孩子6岁前的父母或其他主要抚养者的形象，会被孩子内化成“内在的父母”，而自己的形象，则会被内化为“内在的小孩”。他们的声音、他们的形象常常会在我们日后的生活中显现出来，并投射到其他的人和事物上。

七十年代末还是个物质条件比较匮乏的年代，很多东西想吃吃不到、想玩玩不上。而这些没有被满足的渴望被深藏在我们心中，就成了我们“内在小孩”的声音。

比如说，有的妈妈三四十岁了仍然喜欢买带有蕾丝边泡泡袖的童装系列，一到淑女屋就挪不动步了。还有一个更为奇葩的女人，她所有的衣服都要一模一样地买两件，这样她才踏实，这是小时候的占有敏感期没有完成好而落下的后遗症。

现在我们身为父母了，又赶上了物质条件相对丰裕的时期，于是我们“内在的小孩”未被满足过的愿望被充分唤起，两个“70后”的父母，两个“内在的小孩”被投射到一个独生子女身上，这样就很容易导致溺爱。我们常常听到这样的话，我们小时候那么苦，我可不能让我的孩子再受那种苦，只要我能做到的，我都要给他。这里的他不光是指他们的孩子，也是指深埋在他们心中的那个“内在的小孩”。于是他们近乎失去理智地溺爱孩子，其实是通过孩子去实现他们自己过去未曾满足的愿望。

2. 有罪自爱的投射。

中国多年的传统教育，是不提倡自爱的，我们在意识中认为自爱是自私的，是不好的，甚至是有罪的。但是我们的潜意识、我们的本能又会让我们不自觉地要爱自己。当本能与道德、意识与潜意识发生冲突时，当被压抑的自爱必须要表达出来时，这时，孩子无疑成了一个最好的替代品、最合适的表达对象。爱孩子吧！孩子不是我们自己，因此我们的爱变得无比的伟大、无私、心安理得；但孩子又是自己的，又在无形中满足了爱自己的愿望。

很多时候我们是把孩子当成了自己，当成了自己内心中的那个小孩。这种爱有时很可怕，因为我们根本不知道自己真正爱的是什么，爱的时候容易失去了分寸。另外这种爱的背后还有一种东西叫剥夺，你给予越多的时候，往往剥夺的也越多，你剥夺了孩子作为一个独立个体的成长和发展。

3. 世上最懒惰的爱。

我们常常以爱的名义放纵着孩子，孩子要怎样就怎样。看似我们很辛苦，被孩子指挥得团团转，因为这样的管教模式下的孩子是不会自律的，是任性的，是以自我为中心的，是眼里没有父母更没有其他人的。他要什么就要马上得到，一刻都等不了。这样的父母真的很辛苦，但这种辛苦恰恰是你懒惰换来的。

在孩子第一次哭闹时为了不再心烦你马上满足了他，而不去用脑子思考一下他此时为什么哭，我该怎样应对他的哭。

在孩子第一次撒泼时为了面子为了不让众人围观，你立刻买了他要的玩具，你都没有耐心静下来观察他三分钟。

很多时候，你为了省事，为了片刻的安宁，为了你正常的生活秩序，你一次次地妥协着，从不去探究孩子哭闹背后真正的原因。最后他越闹越凶。因为忽视，你错过了教育的良机，因为一时的懒惰，孩子越发依赖、骄纵，稍不满足就大发雷霆，最终孩子将成为你终生的负担。

二、再来看看祖父母。

1. 看似溺爱，实则争宠。

以前没有实行计划生育时，家里好几个孩子，孩子与孩子之间是会争宠的，看看谁能得到父母更多的爱。可是现在这种情况正好颠倒过来了，是大人们在小孩子面前争宠。现在都是一个孩子、两个父母、四个老人，六个大人管一个孩子。大家争着向孩子表达爱，唯恐被其他人压过，有时竞争场面还异常激烈。父母要工作，其他方面牵扯的精力过多，再加上对孩子有管教的责任，这就让祖父母在这场较量中屡屡获胜。

有时我们不能理解妈妈为什么会被姥姥气哭，孙子和妈妈顶嘴，不要妈妈时，姥姥为什么会偷偷笑？她是你的亲闺女呀！

其实仔细分析起来也不足为怪。人老了，社会丧失感越来越重，觉得自己在社会上没有了价值。在家庭中的价值感也越来越少，没有多少地方是自己可以说了算的。这时他们发现孩子需要他们，他们只要对孩子好、满足孩子，孩子就跟他们好，甚至好于亲妈。于是他们像发现了新大陆一样的兴奋，死死地抓住了这根救命稻草。他们愿意为孩子付出一切，只为了换回孩子对他们的好、对他们的认同，这样他们的价值感可以得到重生。

因此儿女们要理解老人的心理，不要让孩子成为老人发泄和寄托情感的唯一渠道，这样对孩子的教育真的不太好。

2. 补偿心理。

老人们在年轻的时候也曾经忙碌过，那时周末只休息一天，上班要骑车，回家还要做饭洗衣，很多孩子都不是自己带的，即便是自己带的孩子，很多时候方法也是简单粗暴的，他们对孩子打骂过、苛刻过。当孩子慢慢长大、自己渐渐变老后，内心常常会涌起一股股的歉意，于是当孩子有了孩子以后，他们把内心深处的这种歉意一股脑地投射到了孙辈身上，对孙辈表现得极其溺爱。有时儿女都不解，妈，我小时候，你也没对我这么宠爱呀？老人心想，我这不是在补偿吗？毕竟孙子是儿女生命的延续。

3. 责任感的移位。

老人带孩子责任感非常强，稍有闪失怕没法向子女交待。但这种责任感多数是表现在安全意识、温饱、冷暖上。年纪大的人对生命比年轻人更加珍爱、更加看重。因为已经没有太多的资本可以去肆意挥霍生命了，因此格外珍惜。但对自身生命的珍爱同样反射到了对孙辈生命的珍爱上，万事小心翼翼，乃至谨小慎微。他们在意孩子会不会磕着、碰着，会不会消化不良，会不会冷着、冻着，他们在意的一切均与生命息息相关，有时过分程度让儿女觉得神经兮兮。

但是他们并不太在乎孩子的教养、孩子的发展、孩子的探索。因为这方面的表现没有那么立竿见影。大家会说，瞧，这姥姥把孩子带得多好呀，白白胖胖的；不会去说，瞧，这姥姥把孩子带得活动能力多强呀。在各种能力的PK中，往往挂不住脸的是父母。父母们更知道孩子之间看的不光是胖和壮，还有很多很多，中国古话不是说：“子不教，父之过。”不是爷爷奶奶之过。

所以在教养方面，老人更注重养，而忽视了教。这就更需要我们做父母的承担起教的义务。

以上种种原因，让“70后”生下的这代孩子在溺爱的环境里成长。他们有的任性，有的唯我独尊，有的自卑，有的自大。父母到了该清醒的时候了。真正的爱不是单纯的给予，还包括适当的拒绝、及时的赞美、得体的批评、恰当的争论、必要的鼓励、温柔的安慰、有效的敦促。

对“鹰式教育”说不！

2012年除夕，网上有个视频一下火爆起来，引起网民的热议：在纽约的街头，冰天雪地里有一个4岁的男孩在零下13度的雪地里裸跑，爸爸在前面拍视频，儿子冻得直哭，不停地喊：“爸爸你抱抱我吧，抱抱我吧。”爸爸不仅不抱，还强迫儿子赤裸着身子在雪地上趴下，无奈儿子在雪地上做了一个俯卧撑。视频里的爸爸被人们称为“鹰爸”，视频里的孩子被人们称为“裸跑弟”，而“鹰爸”的这种教育被称为“鹰式教育”。

什么是鹰式教育？

当小鹰长到足够大，该学习飞翔的时候，老鹰会把小鹰从山崖上推下去，在小鹰坠入山谷的过程中，也许只有20秒，为了活下去，它必须拼命地拍打翅膀，在这个过程中，小鹰学会了飞翔。

鹰爸的儿子多多是一名7个月的早产儿，出生时仅3斤8两重，且伴有多种并发症，被医生判定是一个脑瘫患儿。中年得子的“鹰爸”不服气，心想与其坐以待毙，不如放手一搏，于是为儿子制定了一整套的训练方法：出生10天放在水里进行游泳训练，每天体能训练8小时，2岁就要和爸爸一起爬紫荆山，2岁在上海世博园独立行走3整天，4岁在南京的小学当旁听生，“鹰爸”准备让孩子10岁上清华、18岁读完博士。

那天吉林卫视《幸福词典》的编导约我谈谈对“鹰式教育”的看法。在这个问题上我个人认为多多是否培养成功，现在下结论还太早，他毕竟才 4 岁，这要等到他 18 岁后，才能看出他的心智是否健康。况且身体健康并不意味着心理健康，智力聪慧并不意味着人生成功。但就对儿童尤其是幼儿进行挫折教育我本人是持反对态度的。

反对的原因有三：

一、一个让孩子发自内心抵触的教育不是好的教育

1. 断章取义的盲目效仿

“鹰爸”常常提到让孩子在雪地里奔跑是效仿日本的耐寒训练，其实在日本，耐寒训练实际上是一种得到整个社会普遍认同的传统文化和习惯。就像我们看到日本的女孩子在冬天全都穿裙子一样，他们从心理上认同这种做法，并且已经习以为常了。但多多不是，我们中国的孩子也没有这种习惯。鹰爸学到的只是表面，而不是精髓。多多的态度是抵触的、难以接受的、甚至是抗拒的。从这一点看，“鹰爸”的教育就已经失败了。家长从小引导孩子多运动，养成一个好的生活习惯，都需要有一个前提，孩子所参加的运动、游戏，都应该是孩子欣然接受的、喜欢的项目，否则，这些所谓的训练都会有悖运动的初衷，孩子没有任何开心、愉快的体验。

2. 机械化的情商教育

鹰爸每天让孩子站在他对面说：“张老师好！”“我很开心。”然后大声笑，“哈哈哈！”鹰爸命令道：笑得再大声些。这就是所谓的情商教育。一个 4 岁的孩子，他的笑都不是由衷的、发自内心的，而是训练出来的、笑给别人看的，这是多么可悲的一件事。情商教育不能急功近利，机械化的训练会让孩

子记得快，忘得也快。情商教育更应是孩子发自内心认同并接受的。

有个女孩从小和奶奶一起长大，4 岁了她要离开奶奶回到父母身边了。奶奶让她去和隔壁的邻居打个招呼说："我要走了，以后家里就剩奶奶一个人了，你们要经常去家里看望、照顾我奶奶，拜托你们了。"奶奶一句一句教小女孩说，小女孩一句一句地学着说，大家都说小姑娘太懂事了。奶奶颇为得意，若干年后小姑娘长大了，奶奶总拿这件事向别人炫耀。有一天小姑娘终于愤怒了大喊道："那不是我要说的，是你非让我这么做的。"奶奶尴尬至极。

孩子就是孩子，我们要保留孩子的童真，不要让孩子像个小大人似的。感恩教育也好，分享教育也罢，一定是种影响教育、引导教育。而不是人为的、做作的做秀，表演给别人看，那样的话在我们得到一个懂事的孩子的同时会失去一个真性情的孩子。

二、无休止的挫折教育会对孩子的心理造成极大的伤害

1. 孩子是有无限的潜能，但潜能的激发更多应是正面的、积极的刺激，而不是负面的、痛苦的刺激。

我们常说人是有无限潜能的，孩子也一样。要想让孩子优秀，就要激发出孩子的各种潜能。这个没错，但激发更应是正面的刺激、积极的刺激，孩子乐于接受的刺激，而不是负面的、痛苦的刺激。过多的负面的、痛苦的刺激，在孩子的能力得到超水平发挥的同时，会在孩子幼小的心灵留下很大的阴影。

前不久网上有一段视频，某部队士兵背着炸药包进行军事演习，训练成绩提高很多。同样道理如果一个人跑步的时候，在他身后放一群野狼追赶，他的速度也会很快。但是这样的训练适于用在孩子身上吗？

鹰爸总说：欧阳锋把杨过关进一个黑屋里，杨过看到好多绿光，结果发

现都是野狼。这时候他只有两个选择：被狼吃掉，或是和狼搏斗。于是他要把同样的刺激给到儿子。多多出门后是回不去的，因为那个门只能出、不能进。因此，他出去后，要么挨冻，要么跑起来，他没有退路。

孩子有无限的潜能不假，但经不起一次次这样高强度的刺激，即使他的体魄、他的抗寒能力得到了锻炼，即使他的意志品质得到了磨炼，但他心里的那份恐惧却永远都抹不去。

三、儿时心理优越的孩子长大后抗挫力反而强

鹰爸说：“我们现在这种‘温室教育’‘草莓教育’，对孩子的成长没有好处，我要建立一个站在它们对立面的教育模式，我要提倡老鹰式的爱，不要母鸡式的爱。”

但我认为没有必要人为地给孩子制造挫折，我们的一生中可能会遇到的困难、挫折已经够多的了，没有必要为了孩子长大能抗挫而在他小的时候人为地去制造很多挫折。很多家长有个误区：小时候吃尽苦，大了才能抗击打。而事实恰恰相反，儿时没有安全感的孩子，儿时特别苦难的孩子，长大后都会有这样或那样的心理障碍。他们的抗击打能力往往比正常孩子还要低。据研究表明，人在心情压抑时，大脑中的杏仁核处于兴奋红热状态。一个孩子心里越紧张、害怕、难过，杏仁核就会越来越红热。孩子的大脑神经处在发育的过程中，若在这个时期杏仁核长期处于兴奋状态，长大后可引发焦虑症、抑郁症等精神疾患，是很危险的。而那些小时候心理比较优越、有良好的安全感、能充分感受到父母关爱的孩子，大脑中的杏仁核不会经常处于兴奋状态，会比较稳定，等孩子的大脑神经发育健全、长好后，他的抗压能力也就随之增强。到那时，即使面对挫折、不幸，他也有抗击打的能力。很多事实证明，小时心理优越的孩子抗击打能力、复原能力都要比一般孩子强。所以

我们没有必要人为地给孩子制造很多挫折。

四、不要轻易地冲破孩子的心理边界

每个孩子的心理边界是不一样的，有的宽、有的窄。通俗地讲，有的孩子神经比较大条，比较大大咧咧，有的孩子比较敏感、比较心重，对事物的内心感受比较强烈。如果遇到心理边界宽的孩子，可能你骂了他、惩罚了他，甚至打了他，他都能过去。但是对那些心理边界窄的孩子，如果你教育不得法，冲破了孩子的心理边界，那孩子不仅不会成功，还有可能导致精神疾患，或走向极端。

我认识一个小女孩，6 岁，她来我家，撩起袖子给我看，胳膊上被她妈妈掐得青一块、紫一块。我问她妈妈为什么打她，她说因为练琴，在妈妈的打骂下，孩子 6 岁就得了亚洲钢琴比赛第四名。同样朗朗在练琴的时候，他爸爸对他的训练也是近乎残忍的，逼得朗朗几次都有自杀的想法，很多人会说，如果没有父母的严酷训练，那个小女孩不会拿到那么好的名次，朗朗今天也不会成为享誉世界的钢琴家。但是这种魔鬼式训练就像走钢丝，它有很大的风险性，在这种压迫式的教育下，一个朗朗成功了，但或许还有千万个朗朗失败了，只是我们不知道。孩子只有一次成长经历，家庭教育不是试验，错了再重来，有的事情是不可逆的，教育就是其中一件。家长们切勿把家教当快餐来消费，而应该重视教育的延续性和针对性。孩子的确是有无限的潜能，但是我们做父母的一定要了解孩子、关注孩子，不要一味地逼孩子，孩子的成功一定是建立在健康的基础上，这个健康除了身体还有心灵。

五、亲子关系受到极大的挑战

多多不喜欢爸爸这是个不争的事实，每一次在他无助的时候，他都在喊妈妈。爸爸每一次的超极限训练都会让他号啕大哭。鹰爸说："那些对孩子好、溺爱孩子的大人都是自私的，因为他们希望自己老了以后，孩子会对他们好。而我不是，我不需要孩子对我好，我只要他好。"我们且不说他的"在溺爱下长大的孩子会对父母好"这个观点是否成立，光就他的"他可以恨我，但我是为他好"这句话就站不住脚。

孩子在0–3岁正是和父母建立亲密关系的时候，他对世界的认识、对生活的态度、自我意识的建立，很多都来自父母对他的态度、父母和他的关系，他感觉到父母爱他，他就能感觉到这世界是爱他的，孩子就会自信、乐观。鹰爸的出发点是爱孩子，但是孩子太小感受不到，他感受到的是爸爸让他受冻，爸爸让他害怕，爸爸让他痛苦，在他极度恐惧、无助时，爸爸不管他，爸爸不帮他。慢慢地在孩子幼小的心灵里会种下仇恨的种子。恨是一种情绪，这种情绪如果不及时调整、遏制的话，它也会生长、蔓延的。这颗种子一旦土壤适合就会发芽、结果，那时他恨的就不是爸爸一个人，它会转化为一种人生的态度。因此，从这个角度说在孩子年幼的时候，和孩子建立亲密关系才是真正的爱孩子、为孩子好。

我的一位老师对我说，他的儿子胆子比较小，所以从小爸爸会陪儿子玩一些高难度的游戏，来锻炼儿子的胆量。一次他让儿子去玩滚筒滑梯，儿子不敢，他想撒手把儿子推下去，可就在他要推的那一刹那，他看到儿子因恐惧而僵硬的肌肉，他一下把孩子拽了回来，他问自己，难道孩子不该有恐惧吗？我们为什么一定要去挑战他的极限？老鹰在把小鹰踢下山崖的一刹那，小鹰是学会了飞翔，但在生死边缘挣扎的那一刻，小鹰对鹰妈妈是怎样的感受呀！

记得小时候学自行车，那时没有小自行车，每人都推辆28的车，有个小女孩推着车子怎么都不会拐弯，她爸爸趁她不备，照她的小腿肚给了她一脚，小女孩一惊连带着惯性就把车推了过去，她爸爸不无得意地说：“你看，就这一脚学会推车了。”可小女孩事后说，每次做噩梦都会梦见爸爸踢她。

即使你打着爱的旗号在训练孩子，但孩子一想到父母就害怕，父母的形象和大灰狼差不多，这本身对孩子就是伤害，是不利于孩子成长的。

这件事自曝光以来，在社会上引起广泛的关注，有赞同、有质疑，尤其对那些早产儿的父母、脑瘫患儿的父母，他们几乎是看到了希望。另外也给了那些急功近利想把孩子培养成天才儿童的父母很大的鼓舞，但很多父母对儿童的发展规律、儿童的心理、儿童的家庭教育都不甚了解，只是一味地模仿。有个妈妈为了像“鹰爸”一样锻炼儿子的抗寒能力，在火车的两节车厢中间，不由分说地扒掉了孩子的衣服，让孩子赤身裸体地站在那里冻着，这对孩子的身体和心理都会造成极大的伤害。

所以我们做妈妈的，当一个新鲜事物出来后，首先要有辨别能力，判断一下它是否科学，其次要根据自己孩子的特点，看它是否适合自己的孩子。某个孩子成功的经验并不适合所有的孩子，因为每个孩子的基因、性格、成长环境都不一样。如果没有辨别、判断而一味模仿，不仅不利于孩子的成长，有时反而对孩子是一种戕害。

用爱的滋养、科学的方法同样可以培养出一只展翅高飞的雄鹰！

第三章　问题篇

幼儿园——分离焦虑的开始

孩子到 3 岁时，大多数家长会选择送孩子去幼儿园。但是这个幼儿园却并不是那么好进的。除了好园难求、高额赞助费之外，最让妈妈们发愁的就是孩子的分离焦虑。

几乎所有孩子入园的最初过程都是痛苦的。常常可以在幼儿园门口看到这样的情景：孩子在屋里哭，姥姥、奶奶在屋外哭，那场景还真是凄惨。

孩子为什么那么不愿意上幼儿园，孩子真的有分离焦虑吗？真的像有的妈妈说的那样只要狠心把他扔进去就万事大吉了吗？如果孩子实在不去，能用骗的方法让他进去吗？一个个问题困扰着新入园宝宝的妈妈们。

的确，在入园的第一个星期，甚至更长的时间孩子是会焦虑的。正常人肾上腺皮质醇激素在上午的时候会高，到下午四五点钟时会降下来，但刚入园的孩子经过唾液测试发现肾上腺皮质醇激素一整天都下不来。试想一下，一个 3 岁的孩子在一个完全陌生的环境里怎么会不焦虑，宝宝的很多感受是我们当大人的体会不到的。

假设我们是那个 3 岁的宝宝，身边一下出现了好几个陌生的大人，他们有的在笑，有的很凶，有的不耐烦——

还有二十多个小脑袋，这个刚记住，就跑了，突然又来了一个，好像不是刚才那个了。

平时在家里，喊一声，一下跑来三个人，姥姥、妈妈、保姆全来了；今天喊了三声，没来一个人。

平时说一声渴了，鲜榨果汁就来了，今天渴了的时候要等好久，不渴的时候却要把水喝光。连尿尿都要一起排队上，硬憋出了一滴。

平时在家都是我爱吃的饭，今天的午饭，口味和家里的不一样，那么多的肉末，真难吃，老师说小朋友必须吃光，只好含在嘴里，趁上厕所时偷偷吐掉，实在没有机会就只好放在兜兜里带回家了。

中午睡不着的时候一定要睡，平时都是姥姥拍着睡的，可现在姥姥在哪呀，想着想着就哭了，哭着哭着就迷迷糊糊睡着了，睡着睡着又稀里糊涂地被弄醒了，好想发脾气，可是对面走来的不是妈妈，是那个李老师，只能强忍着憋回去了。

那个胖子真不地道，我刚刚爬上滑梯，就被他挤到一边去了，真想揍他，可又有点不敢，妈妈你快来呀！

终于熬到下午放学了，我一分钟都待不住了，可老师说坐不直就不让妈妈接。啊，大门开了，妈妈，我像离弦的箭一样飞奔过去。

以上的描写大概是孩子上幼儿园后心理活动的一个小小的缩写。

我自己永远都忘不了第一天送女儿上幼儿园的情景。那天我把她送进去，就转身跑了出来，然后躲在窗户后面看她的反应，她被老师安排在一个小椅子上坐下，2 岁的她不言不语，一只胳膊放在腿上，一只胳膊那么百无聊赖地搭在了椅背的后面，看着新入园的小朋友一个个哭得死去活来的样子，她的面无表情反倒让我读出了她心中的决绝。对于一个 2 岁的孩子来说那是怎样的无奈才会投射出来的淡定。记得下午去接她时，她飞奔着扑到我的怀里，头深深地埋在我的肩上。所有因陌生而带来的焦虑、恐惧此刻在一点点地释放。

一般来讲九月份新入园的孩子，在十一长假期间会大病一场。因为经过一个月的磨合，孩子对周围的环境熟悉了，精神放松了。因此免疫系统发出信号了，大病一场后的孩子再次入园又会有一次反复，再闹一次，这次闹过后就基本稳定了。

我们要认识到刚入园，分离焦虑是必然存在的，不必那么大惊小怪，这只是第一步。下面我们来看看怎样帮助孩子缓解这种焦虑，或者说怎样把这种焦虑降低到最低限度。

一、做入园前适应教育

孩子快入园前，主要看护人妈妈或奶奶要有意识地离开孩子一段时间，从一开始的一个小时，逐渐增长为上午两个小时、下午两个小时，让孩子慢慢习惯和其他人相处。这种适应是很有必要的，否则一个恨不得二十四小时都粘着妈妈的宝宝突然八小时不见妈妈，这种分离的焦虑实在太强烈了。尤其送全托，这真的不是所有的孩子都能承受得了的。

二、体验入园

现在很多幼儿园已经做得很人性化了，可以让准备新入园的宝宝在园里进行短期体验，从前三天的两个小时，到后三天的整个半天，在家人的陪同下熟悉幼儿园的环境，认识新的小朋友。这是个很好的办法，让孩子有个适应的过程，把过去的那种被动的、痛苦的、不得不的适应变成了积极的、主动的、温和的适应。这种适应可以很大程度上缓解孩子的入园焦虑。

三、欢迎、告别仪式

让孩子学会欢迎、告别的仪式。每天早晨宝宝和妈妈分开的时候，妈妈一定要给宝宝一个大大的拥抱，告诉宝宝妈妈晚上一定会早早地来接你，这样孩子不至于产生被抛弃的感觉，妈妈对他是有交待的。回家后妈妈同样也要给宝宝一个大大的拥抱让宝宝知道家里是有人在等他的，这样他会觉得自己是很被需要、很被想念的。孩子还太小，他们太需要家人的关爱和在意了。

四、回家后情绪释放

孩子从幼儿园回来，一天会有很多的心理感受，尽量引导孩子说出来，高兴不高兴的，愉快不愉快的，让孩子学会在交流中释放。如果孩子很内向实在不想说，不想回忆不开心的事，也不要勉强他，就让他在回家的这个时间段里好好玩耍，尽情享受和家人在一起的时光，尽情感受爸爸妈妈对他的关爱。在刚入园的这个阶段，孩子情绪不太稳定，尽量多理解、体谅孩子，不要批评责骂孩子，避免让孩子委屈加委屈。一定要让孩子的不良情绪有个释放的通道，释放得越多，释放得越快，孩子的情绪也会平稳得越快。

五、说服入园

但不管怎样孩子还是会有反复，会找各种借口不去幼儿园。这时候不要去骗孩子，第一次他上当了，第二次就不再相信你了。如果一个孩子对母亲失去了信任，那可是件麻烦事，这会为以后糟糕的亲子关系埋下隐患，所以欺骗这招轻易使不得。我们可以对孩子说，爸爸妈妈每天都要上班，宝宝也要和妈妈一样去上班，爸爸妈妈下班，我们去接宝宝，宝宝就和爸爸妈妈一起下班回家了，你看，这个上班的游戏我们三个人一起做多好呀，这个年龄的孩子非常喜欢模仿大人，或许这招管用。还可以告诉他幼儿园他最喜欢的那个老师或小朋友在等他，如果他不去，那个小朋友会伤心的。总之妈妈要根据孩子的特点想出各种理由来应对孩子的反复，直到他再次入园，并从心理上接受这是一件必须做的事情为止。

妥善处理孩子的分离焦虑，让孩子的入园变得轻松而愉快！

妈妈我从哪里来——儿童性教育

写这篇文章是缘于自己曾经的一些经历。

我们那个年代，谈性色变，几乎所有的父母都不会和孩子谈论这个问题，这几乎成了一个禁区。即使孩子问到，父母不是搪塞过去，就是编个谎言蒙混过关。

记得上高中的时候，有一次我们几个女生在一起谈论孩子是从哪里来的，居然有一个女生说："好像听妈妈说是有一个叫上帝的老人捏了很多小泥人，发给每个家庭，有的家发了一个，有的家发了两个，有的家发了很多，我家就发了一个，所以只有我这么一个孩子。"我们听后哈哈大笑问："你信吗？"她一本正经地说："那不然呢？"那个年代，乖乖女们在性知识方面竟无知到了这种地步。

后来我工作了，经常接待外宾，记得刚工作的第一年22岁，有一个美国妇女问我，你们中国实行计划生育，那你们是用什么方式避孕的？我说，我不知道。老外诧异地看着我说："你怎么会不知道？"我理直气壮地说："我还没结婚呢，我怎么会知道。"她说："你妈妈没告诉过你吗？"我说："当然没有。"那个美国妇女无奈地摇摇头。回家后我问了妈妈这个问题，妈妈警觉地看着我说："你问这个干吗？"我当时还想，怎么我问和不问都不对呀？后来明白这就是东西方性文化的差异。

儿童性教育长期以来在中国的家庭教育中都是一个空白。有的父母很保守，本身就很忌讳谈这事，更别提对孩子了。有的父母很茫然，觉得应该告诉孩子点什么，可又不知如何说，久而久之也就不说了。有的父母很大条，觉得这事孩子长大了自然就懂了。

但是随着社会的发展、教育的进步，儿童性教育越来越受到重视，成为一个不可忽视的问题。

在中国很多孩子，尤其男孩子对性的最初认识来源于脏话，于是人们很自然地会把性和肮脏、龌龊联系起来。很多老人在和孩子谈到私密处的时候，都会刮着孩子的脸蛋说“羞羞”，于是性和羞耻又联系在一起。长久以来我们一直不能用一种科学的态度来对待性，对待儿童的性教育。其实孩子的性器官和孩子的大脑、手、脚一样平常，孩子的性教育和脑教育一样，对孩子的身心健康起着至关重要的作用。

一、满足孩子对父母身体的好奇心

我们传统的做法是女儿和妈妈一起上卫生间、一起洗澡，儿子和爸爸一起上卫生间、一起洗澡。当孩子渴望看到异性父母的身体时，我们常常用男女有别来阻止孩子这样的行为，有些父母很注意，从不在孩子面前尤其是异性孩子面前展现自己的裸体，一来觉得尴尬，二来觉得对孩子的成长不利。而事实正好相反。2–3 岁的孩子对成年人的裸体会产生极大的兴趣，他们希望通过对父母或其他伙伴身体的观察、了解来达到认识自己的目的。这是孩子自我认知发展的开始。如果这种要求没有得到满足，他就会用偷看父母洗澡、偷看小朋友上厕所来满足他的好奇心。

有个 4 岁的男孩子一直想和妈妈洗澡，可妈妈就是不同意，有一天上幼儿园，他对旁边的小女孩说："你让我看一下你的屁屁吧！" 小女孩说："不！" 男孩说："你不让我看，我就杀了你。" 女孩一害怕就给他看了一下。后来幼儿园老师告诉了男孩的妈妈这件事，男孩妈妈就带着男孩一起洗了澡，小男孩仔仔细细看了妈妈一遍，很满足地出去了。之后男孩再没有要求看女孩子屁股的想法了。

其实和孩子一起洗澡是一种非常自然的方式，让孩子了解自己的身体和异性的身体有什么不同，来完成孩子对身体的探索。当孩子发出信号想要了解父母的身体时，我们不要打骂和羞辱孩子，而是要坦然地回答孩子对身体的各种问题，满足孩子的好奇心。父母表现得越自然，孩子的发展就会越正常。

英国性心理学家认为，孩子对裸体的认识越早越好，假如一个孩子在童年的发育时期，始终没有见过异性的裸体形态，会引起一种病态的好奇心理。这种好奇会为成年后的性心理异常和性犯罪留下空间。如果孩子在童年时期了解身体的欲望被严重压抑，成年后容易形成暴露癖和偷窥癖。比如成年后偷看异性浴室、偷看异性身体、偷看异性卫生间等。

孩子在这一阶段的性心理发展得到了满足，他的兴趣就会转移，会向更高一级的心理阶段发展。但如果没有得到满足，被抑制了，这个行为期就会延长，这种要求会越来越强烈。

二、如何回答孩子"妈妈我从哪里来"

"妈妈我是从哪里来的？" 大概百分之九十的妈妈都被孩子这样问到过。有的妈妈说，从垃圾堆里捡来的，于是有的孩子真的到垃圾堆里去找，看看会不会再找到个弟弟妹妹。我那同学的妈妈编了个美丽的谎言，于是在性禁锢的年代这个谎言一直陪伴她长大。有的妈妈说："你从妈妈肚子里出来的。"

于是孩子接着问："那我是怎么进去的呢？"妈妈又不知该怎么回答了。这个答案并不是千篇一律的，根据孩子不同的年龄、对性知识的不同了解程度，答案可以是变化的、发展的。但在回答这个问题时有些原则却是要把握的。

1. 有问必答

孩子有权利了解自己的生命来源，当孩子问妈妈时，我们要做到有问必答。你不告诉他并不意味着他不再想这个问题了，只是加深了这个问题的神秘感，孩子如果不能从妈妈这里得到满意的答案，他会自己去寻找答案。记得当年我们上生理卫生课时，同学们惴惴不安，又蠢蠢欲动地等待着老师来揭开这层神秘的面纱，结果生物老师来了说了一句："女生留下，男生放学。"男生满心失望地说："那我们只能自学了。"自学的途径有很多种：有健康的也有不健康的。如今网络这么发达，孩子可以通过网络或同伴自行探索。他们探索到了什么程度，他们有了怎样的性心理反应，我们当家长的完全都不知道，与其这样，不如以科学的态度坦然地回答孩子的提问。

2. 有问才答

对于 0–6 岁的小孩，如果孩子没有主动问你这方面的问题，你也不必把孩子拉过来说："妈妈今天给你讲讲性知识。"这样反而会引起孩子对这方面的关注。孩子提出问题，我们就回答问题。问什么答什么，不要欺骗和搪塞。因为孩子总有一天会发现事情的真相。就像我的同学最后发现自己不是小泥人变的，还因为无知被同学嘲笑，回家她会去怪她妈妈为什么要骗她。欺骗的结果就是父母的信任度下降。

3. 要用孩子可以理解的语言作答

回答孩子这类问题本身就需要父母具备一定的勇气。如果你用了很专业的学术名词来回答，孩子不明白，还会继续发问，结果是一个问题会带来很多问题。比如女孩子小的时候知道小鸡鸡，那么就用她知道的词来描述生殖器。再大些，可以告诉她里面是生命通道。

4. 不要向孩子提供太多的细节

在对孩子讲解我从哪里来的时候，不要过多地进行细节描述。因为过多地向孩子提供性生活的细节会唤醒孩子进行超越年龄的性探索。所以答案一定要简单明了。

5. 告诉孩子这个话题的私密性

在东方国家，尤其是中国，我们的传统文化还不太能够接受我们在公开场合谈论这个问题，尤其是小孩子。所以当有的小朋友把他从妈妈那里知道的“我从哪里来”的故事当成知识炫耀给其他小朋友听的时候，会引起一些家长的误解，所以告诉孩子这是他和爸爸妈妈的秘密，只可以和爸爸妈妈在家里说，不要在外面和其他小朋友讨论。

6. 用正确的态度对待孩子的多次提问

孩子从 3 岁到 10 岁这个年龄段，他都可能向你提出类似于“妈妈我从哪里来？”“我是怎么从妈妈肚子里生出来的？”这样的问题。即使你以前回答过了，他也有可能再次发问，因为随着年龄的增长，他的认知程度也在发生变化。那么我们的答案也要随着孩子年龄的变化而变化，从浅显到深入。父母对这个问题的态度很重要，如果父母认为它是肮脏的、难以启齿的，就会用嫌弃的、躲避的态度来解释它。孩子在理解它的时候也会认为那是龌龊的。如果父母认为这是一件很刺激和好玩的事，那么孩子也会从父母和其他大人的描述中捕捉到低级、趣味的东西。如果父母认为这是孩子该了解的常识，他就会用科学的态度坦然地讲述它，孩子也会把他当成知识来了解。孩子长大后对性的看法和态度很多来源于原生家庭的影响，所以我们要不厌其烦地了解孩子、关注孩子。孩子成长的过程也是我们自己成长的过程。

三、儿童与性有关的行为

1. 恋父恋母情结

我们在生活中常看到这样的现象，爸爸刚要和妈妈有亲密的举动，抚摸一下妻子或者在看电视的时候，两人依偎在一起，儿子就会非常生气地把爸爸推开，并且希望把爸爸赶走，妈妈只能和自己好。有的家庭父亲和儿子一直是双人床的争夺者，最后一般都以儿子获胜告终，爸爸常年睡在本该属于儿子的小床上。

我也看到过另外一种情景：一个一岁半的漂亮女孩一直是爸爸的掌中宝，爸爸一刻都舍不得撒手，每天晚上都是爸爸搂着女儿睡。一天爸爸加班，晚上是妈妈哄女儿睡的。小女孩儿半夜醒来，恍惚间发现旁边睡的是妈妈，立刻下床去找爸爸，由于没有开灯，加上实在太困，终于在寻找爸爸的“征途”中睡着了。第二天妈妈醒来发现睡在旁边的孩子不见了，四下寻找，这才在地板上找到了孩子，妈妈惊愕地发现熟睡中的女儿，一只手臂仍伸向爸爸睡觉的小屋。

父母是孩子第一个爱恋对象，女孩的恋父和男孩的恋母是人类早期学习与异性情感交流的重要时期。但如果孩子 6 岁以后仍将父母作为自己的情欲对象，就会形成恋父、恋母情结，这将有碍孩子的性心理发展。所以父母应该在孩子 6 岁以前逐步帮助孩子摆脱恋父恋母情结。

正确的做法是：

第一、4 岁以后可以让孩子独立洗澡，让孩子明白人与人之间身体的界限，也更加懂得保护自己身体的隐私。

第二、如果孩子对你说：“妈妈，我长大以后要和你结婚。”你不要一笑了之，而是一定要告诉孩子，爸爸妈妈是最亲密的爱人，妈妈不能和你结婚，因为妈妈已经和爸爸结婚了。

第三、孩子大一些的时候，要让孩子睡在自己的小房间。

第四、告诉孩子爸爸妈妈都爱他。这样孩子在得到父母双方爱的滋养的同时又不会过度地依恋父亲或母亲一方。

2. 孩子们的过家家

女儿 5 岁的时候我带她去同事家做客，同事家有个 2 岁的小弟弟，特别喜欢和女儿玩，女儿走到哪儿，他就跟到哪儿，女儿吃完饭离席，小弟弟放下勺，一只脚还来不及穿上拖鞋，光着就去追姐姐，高喊着："姐姐，你等等我！"旁边的同事嬉笑道，2 岁的孩子就知道追女孩了。更好笑的是两年后他们来我家做客，我们让姐姐带小弟弟在卧室里玩，我们大人在客厅里聊天，突然听到小弟弟对姐姐说："姐姐，今天是咱俩大喜的日子。"我们闻讯赶来，看见小弟弟正拉着姐姐的手举行婚礼呢。

人类的爱情会经历两个时期：童年的爱情和青春期的爱情。两个时期的爱情会有本质的不同。前者没有性冲动，后者是有性目的的。我们常常会看到孩子们玩过家家，有人当丈夫，有人当妻子，拿个布娃娃当孩子，小女孩一会儿扮演妻子指使丈夫做这个、做那个，一会儿扮演妈妈，哄着宝宝睡觉。他们在这样的象征性游戏中体验着生活中不同的角色。

4–6 岁的孩子心理发展会经历一个"婚姻敏感期"，他们会对亲吻、恋爱、结婚特别感兴趣。如果一个孩子童年的爱情受到尊重和保护，就会顺利度过婚姻敏感期，他的爱恋对象就会从恋父恋母转向父母以外的同龄人。这是一个可喜的飞跃，我们要尊重这份情感，尊重儿童心理的发展规律，不要把它和性行为混为一谈，更不要把它和成人想象中的龌龊行为联系在一起。

有的小女孩的妈妈看到幼儿园里有小男孩特别喜欢自己的孩子，就会本能地认为小男孩在勾引自己的女儿，认为小小年纪就不学好，长大了一定是个小流氓。这种话一旦被小孩子听到，真的是对小孩子很大的伤害，会给孩子幼小的心灵留下阴影，长大后他们也会把美好的情感和羞耻联系在一起。

我身边有个妈妈在这点上就做得很好。4 岁的女儿回家对她说："妈妈，我特别喜欢班上的帅帅，很想和他结婚，妈妈，你同意吗？"妈妈说："哦，是吗，那妈妈祝福你们，祝你们幸福！"孩子很满意地离去。以后每天回家女孩都会向妈妈汇报她的情感经历，有欣喜也偶尔会吃醋，直到最后失恋分手——帅帅和别的小朋友手拉手回家了。这过程中妈妈一直是个很好的听众，和女儿分享着她小小的爱情故事。

对孩子们的爱情故事，大人们一般都会当成茶余饭后的笑料谈资。曾经看到过这样一张照片：婚礼上的一对男女小花童，花童男去亲吻了身边的另一个小姑娘，照片上留下了花童女醋意十足的瞬间表情。我们看后都会捧腹大笑，但孩子们此时的情感是真实的、真挚的、不可亵渎的。

3. 孩子的恋物和自慰现象

有一次咨询，一个妈妈对我说，她有个 4 岁的儿子，特别喜欢玩妈妈的丝袜和口红。没事的时候就玩这两样东西，拿着妈妈的丝袜一个劲儿地闻，还把口红涂在嘴唇上。我问孩子平时谁带，她说我和姥姥带。我问爸爸呢？她说常年在外地。我告诉那个妈妈，孩子的这种恋物行为是由他的生存环境造成的，由于家里长期缺乏男性角色，造成他对女性甚至对女性物品的特殊依恋。孩子的成长是需要父亲角色参与的，当孩子的生存环境得到改变后，孩子的这种行为会得到改善。

另外在我做"妈妈学堂"讲座的时候，有的家长会把我悄悄地叫到一边，特别不好意思地讲述他们的苦恼。原来小孩子有自慰现象，家长发现后几乎崩溃。其实家长大可不必如临大敌，据研究表明这种现象从几个月大到几岁的孩子身上都有发生。一方面是生物因素：每个人内在的性驱动力不同。另一方面是社会因素：生长环境的不同。有的孩子是因为缺少父母的关爱和陪伴以此来寻求自我安慰，比如全托的孩子；有的孩子是因为家里父母吵架，内心感到极度恐惧以此来缓解内心的焦虑，比如父母离异的孩子；有的孩子是在无意的摩擦中体验到了快感于是反复进行体验，比如学步车。当妈妈看到这种情况后，千万不要恐吓孩子、打骂孩子、羞辱孩子。曾经有的妈妈用火吓唬孩子，有的妈妈告诉孩子再这样妈妈就不要你了，这种恐吓对孩子的伤害比行为本身要大得多，在这种威胁下，孩子只会躲起来做，有的甚至更加频繁。父母需要做的是告诉孩子，这种事情不可以在公共场合下做，并帮助孩子转移注意力，多做些体育活动，释放掉孩子多余的能量。

儿童性教育是个深奥而又严肃的话题，尤其在当今，越来越多的孩子出现性别角色错位，越来越早的性犯罪事件的发生，使得人们不得不反思我们传统的性教育以及孩子的成长环境，不得不重视这个一直以来都令我们尴尬的话题。希望所有的妈妈们为了孩子的身心健康，能以开放的心态、科学的精神来认真对待这个问题。

解密孩子稚嫩的谎言

在家庭教育中，有的家教严，有的家教松，但90%的家长在撒谎和偷东西这两个问题上意见都是一致的，认为这是品质问题、原则问题，是一定要管的，如果不管后果很严重，孩子会学坏的。

但是怎么管呢，有的家长会打骂孩子，让孩子长记性，以后再不能撒谎了，有的家长会给孩子讲道理告诉他撒谎不是好孩子。但是做家长的想过没有，孩子为什么要撒谎，他怎么就撒谎了呢？孩子撒谎的原因有很多种，其实孩子在6岁以前没有品质问题，更多的是心理问题，当我们把孩子的心理问题解决了以后，孩子自然就不撒谎了，因为他不需要了。

一、孩子撒谎是因为你忽略了他的正当需求

在“妈妈下午茶”里，一位妈妈对我讲了这样一个故事：晚上妈妈给孩子讲故事，讲着讲着妈妈快要睡着了，就对宝宝说：“宝宝睡觉了，妈妈明天还要早起呢。”于是关灯，睡觉，妈妈刚要睡着，孩子突然说：“妈妈，我要拉臭粑粑。”妈妈无奈，只好睁开睡眼惺忪的眼睛，给孩子拿尿盆，让孩子拉，孩子坐在尿盆上东看看、西望望，一点拉的意思都没有，这样坐了五分钟，妈

妈说："不拉算了，睡觉吧。"孩子上床睡觉，过了三分钟，孩子又叫："妈妈我要拉粑粑，这次真的有了。"妈妈只好又开灯把尿盆递过去，孩子坐在尿盆上又玩了起来，半天没有动静，这下妈妈急了，大喊道："你不是说你要拉吗？为什么不拉，既然你没有粑粑要拉，你为什么要一次次地骗妈妈呢？"孩子睁着大眼睛委屈地对妈妈说："妈妈，我真的睡不着。"

男孩子小时候体内真的有很多多余的能量，它需要白天充分释放后晚上才能踏踏实实地睡个好觉，当妈妈的有时候不知道这个情况，白天孩子在家乖乖地待了一天，也没什么运动，晚上你叫他睡，他是真的睡不着的。他怕说实话，惹你不高兴，或者你不相信他，于是他就使用他的小心思、小聪明，找出各种借口，喝个水呀，拉个粑粑呀，能耗一会儿是一会儿。

孩子为了满足自己的需求而耍点小聪明，没什么大不了的，作为家长应该窥探孩子的小心思，挖掘孩子谎言背后的需求。另一方面，当孩子选择欺骗你以达到某个小小的目的时，孩子心理上是被动的，你应该反思，是不是亲子间沟通出现了问题，或者其他问题影响到了孩子正常的请求方式。

二、孩子撒谎是为了掩盖心理上的障碍

一天，一个妈妈急匆匆地对我说："邵老师，我家孩子已经三周不去上课了，最后一次我陪他去上课，我上了四十分钟，他只在教室里待了十分钟，这节课都让我给上了。"我问道："您没问问孩子为什么不愿意去吗？"妈妈说："我问了，不过他总是顾左右而言他，开始说活动区的地板太脏，还翘起脚来给我看他的袜子，我一看的确白袜子都黑了，就和前台说了。这周地板已经擦得很干净了，他还是不去上课，我问他为什么，他又说，这地方太闷了，这时我觉得其实他一直在撒谎，不说真话。于是我又追问，孩子只说了一句'我不开心'，就什么都不说了。"我让这位妈妈回忆了一下孩子上最后

一堂完整的课时发生了什么事情，妈妈说："那都是一个月前的事情了，让我好好想想，您这一提醒，我还真想起来了，那次上课，他总是抢老师手里的卡片，让老师没办法上课，无奈之下老师只好让我把他带出去，没等我起身，他就噔噔噔自己跑出去了，我想他做错了就该受到惩罚，也没管他。"我说："这就对了，这才是他不愿来上课的真正原因，一定是在课堂上发生了什么事，这事让他不舒服、不开心，但又有点说不出口。他是个自尊心很强的孩子，他觉得出去罚站这事让他太没面子了，下次再来上课时他会觉得不好意思面对小伙伴和老师。"

如果孩子反复地不说真话，一定有他的原因，而且这个原因对他来说还不那么冠冕堂皇、理直气壮，所以他会找其他的原因来搪塞，当妈妈的有时也要聪明些，不要被孩子的谎言所迷惑，只看到事情的表面现象，而应该看到事件背后孩子的心理状态，孩子的心理更需要精心呵护，当孩子感到无助和羞愧时，妈妈要站到孩子一边跟他共情、给他力量，和孩子一起去面对这个问题、解决这个问题。

三、孩子撒谎是为了更好地保护自己

有个两岁半的小女孩，父母亲关系不太好，她会一段时间住奶奶家，一段时间住姥姥家。有一天孩子在姥姥家发烧了，姥姥把爸爸叫来一起开车送孩子去儿童医院，看完病后，爸爸问宝宝，你愿意去奶奶家住吗？宝宝说愿意，我不愿意住姥姥家。不成想这句话被一旁的姥爷听到了，他非常生气地对宝宝说："你这孩子怎么这么小就撒谎呀，你明明说你最喜欢姥姥姥爷，最爱住姥姥姥爷家的，怎么转眼就和爸爸说要去奶奶家呢？我们对你不好，你直说，怎么小小年纪就学会两面派了呢？"

如果孩子在不该撒谎的时候撒谎了，这说明他的生长环境出现了问题，孩子撒谎只是为了保护自己，孩子虽小，父母不和，两家老人不和，孩子是可以感受得到的。孩子明白对姥姥说最爱姥姥姥爷，姥姥姥爷就会高兴，就会对她好，对爸爸说爱去奶奶家，爸爸就会高兴。在这种恶劣的生活环境下，孩子本能地会保护自己，学会见什么人说什么话，天生的自我保护机制没有被破坏的孩子都会在判断出有危险时进行自我保护，生存的本能让孩子学会愉悦养育者，而发展的本能又使孩子去做自己想做的事，当两者发生冲突时，孩子就会撒谎。小孩子在复杂的家庭环境中失去童真，满腹心计，看上去很懂事，其实很可怜，如果大人再因为孩子这种不得已的谎言穿帮了去责骂孩子，认为孩子不跟自己一心，把对对方的仇恨也一并地加在孩子身上，那这个孩子就实在是太可怜了。不要轻易地对孩子说出撒谎两个字，不要轻易地把它当成品质问题来训斥孩子，当孩子撒谎了，先反省一下自己，反省一下自己给孩子带来的成长环境。

四、孩子撒谎是因为害怕而做出的本能反应

我记得自己小时候第一次挨打是在 3 岁的时候，因为撒谎。那是“文革”时期，条件很差，妈妈白天去医院上班，我就被锁在医院宿舍的家里自己玩，我只有一个布娃娃，大概是实在没什么可玩的了，就从抽屉里拿出一瓶眼药水，一不小心眼药水洒在了床单上，把床单弄湿了一大片，下午爸爸回来了被他逮个正着。那时他刚从干校接受审查回来，心情特别不好，正不知道找谁撒气呢，我正好撞到了枪口上，于是我成了他的“批斗”对象，爸爸拿个凳子坐在我对面让我老老实实地站好，问我床上洒的是什么东西。爸爸那架势早把我吓得魂飞魄散了，心想反正不能说是手里的小瓶瓶。其实那时我根本不知道手里的小瓶瓶叫眼药水，于是就一通胡说，是自来水，爸爸说，自来水在屋外，你被锁在屋里，哪来的自来水；我又说是酱油，爸爸说，酱油是

黑色的，床单上的水是无色的。反正我说了很多很多，把一个3岁孩子脑子里能想到的液体都说了一遍，最后因为撒谎被狠狠地揍了一顿，我早知道说眼药水比说自来水下场要好的话我为什么不说是眼药水呢？

其实孩子有时本意不想撒谎，是家长的阵势把孩子吓着了，以为说了实话要受到很大的惩罚，于是本能地开始撒谎。如果当时爸爸和颜悦色地问我的话，我一定会乖乖地交出那个小瓶瓶。时代不同了，现在更多的家长懂得儿童心理了，宝宝在成长过程中需要探索，需要游戏，在这个过程中一定会把东西搞坏、把物品弄脏，不要把孩子的探索当成错误来惩罚孩子，否则孩子会经常撒谎，给孩子一个可以乱画、乱写的空间，在这个范围内让孩子尽情玩耍。

五、孩子撒谎是因为他有丰富的想象力

女儿两岁半的时候，放在我妈妈家。一天我推门进家，看见女儿自己在客厅里玩玩具，就顺口问她："宝宝，姥姥呢？"女儿不假思索地回答："姥姥上班去了。"我心想不可能呀！我妈不会把孩子一个人扔在家里的，于是又追问一句："姥姥上班去了？"女儿头也没抬说："是呀，姥姥去上班了，去给病人看病去了，病人病得特别厉害，快要死了，所以姥姥就去上班给病人看病去了。"正说着我妈从阳台进来了说："乖乖，你怎么骗人呢？姥姥不就在这吗？"女儿看见姥姥，不好意思地笑笑。

孩子在6岁以前主要是右脑在起作用，右脑主要是反映孩子的创造力、想象力以及艺术律动能力的。所以孩子在小的时候想象力特别丰富，她可以根据自己的想象把故事编得很完整，就像真的一样。孩子3岁以前，家长可以不在意孩子这些因想象而编造的故事，3岁以后，就可以让孩子在说谎时不能获得成功而放弃说谎，4岁以后可以正面教育，但也不要直接指责孩子说谎，

和孩子一起去验证事情的真实情况就可以了。

六、孩子撒谎是因为他能够获得成就感

有一次和朋友们闲聊小时候干过的糗事，发现五个人里竟有四个小时候都有偷拿别人东西的“光荣事迹”，而且都发生在四五岁的时候。一个朋友说：小时候跟妈妈去邻居家玩，看到邻居家的桌子上有一个窝头，自己家里平时除了吃米饭、馒头从没吃过窝头，强烈的好奇心使他特别想尝尝这个窝头的滋味，于是趁所有人不注意的时候拿了一个窝头。回到家正要吃，不料被妈妈发现了。妈妈问他哪来的，他说是叔叔给的，妈妈说我怎么没看见叔叔给你呀，他说，是叔叔悄悄给的，妈妈知道孩子在说谎，但没有戳穿他，对他说，这是叔叔家的窝头，还给人家，明天妈妈给你买一个。妈妈领着他把窝头还了回去，第二天从食堂给孩子买了一个窝头回来，孩子吃了以后觉得也并没有他想象的那么好吃。

这个妈妈虽然没有学过儿童心理学，但在孩子偷东西和撒谎的问题上处理得非常好。四岁左右的孩子出现偷拿别人东西和撒谎、抵赖的状况是正常现象。孩子的心智发展到一定阶段时，发现自己有些想法别人并不知道，自己也可以通过智慧做一些不让别人知道的事情，这一行为会让他得到极大的满足，这个时期偷拿东西和撒谎这两种行为是并存的，这时的撒谎是蓄意的。那个妈妈做得很好，她没有马上戳穿孩子，孩子会为自己具备这种能力而得意，之后妈妈带着他把东西还给了别人，最后告诉孩子那是别人的东西，妈妈给你买一个，孩子稍大点再进行价值观和道德观的构建。

但很多妈妈当发现孩子偷拿别人东西并伴随撒谎现象时，都会认为是道德品质出了问题，必须严加管教，但往往适得其反。家长指责孩子偷东西，孩子就会很在意这个行为，真正意识到这叫偷，家长指责孩子撒谎，孩子就

会注意撒谎，下次更会去探索撒谎的技巧，家长指责孩子抵赖，孩子就会更多次的抵赖从而使抵赖成为习惯。因为四五岁偷拿别人东西和撒谎是一种探索，是出于发展的本能，如果这时妈妈用严厉的态度，惩罚甚至打骂去强行阻止这种行为，撒谎和偷盗就会成为孩子一种强烈的心理需求，使得孩子用更隐秘的方式去尝试，一旦成功会感到更加刺激，有一些孩子就这样成为了惯偷。

综上所述，孩子撒谎的背后有许多不为我们所知的真相，我们一定要慎重对待孩子的撒谎问题。反过来当家长的该不该对孩子撒谎呢？有些谎可以撒，有些谎是不能撒的。

比如孩子上幼儿园时不愿意去，想在家和妈妈玩，妈妈可以对孩子说妈妈要去上班，不能在家陪宝宝，即使今天你不用去上班，也可以这么说，因为孩子一想到和妈妈在一起的美好时光就不愿去幼儿园了。要养成让孩子去幼儿园的习惯，就要告诉他妈妈天天都要去上班。如果把孩子送到幼儿园了，孩子问你接吗，你明明接不了，但为了把孩子送进去就骗他说，接，那么一旦你没接，孩子对你的信任就没有了。你骗过一次，下次说真的，他也不信你了，这种谎不能撒，成人的撒谎以是否能给孩子带来心理安抚为条件，有利于孩子的谎可以，对孩子不利的谎就不能撒。

世界等着孩子去探索，孩子等着我们妈妈去探索，解密孩子稚嫩的谎言，让孩子生活在一个更真实的世界中。

不一样的孩子，不一样的调教

我们今天的讲座题目是“因材施教”，按照孩子不同的天性来培养和调教孩子。有的时候和孩子一起出门，有人会说哇你的孩子好像你，真的是和你一模一样，这是外表的相象。有时你会听到有的妈妈抱怨：这孩子很内向，不爱说话，和他爸爸一样，一点也不随我，这是性格上的相象。所以我们和孩子相处时，我们首先要知道我们自己是什么性格的人，然后了解我们的孩子是什么性格的孩子。

有这样一段话：在我们的世界里，懂比爱更重要，懂你的人会用你所需要的方式去爱你，不懂你的人会用他所需要的方式去爱你；懂你的人因为爱得得法，所以事半功倍，他爱得自如，你受得幸福，不懂你的人因为爱的不得法常常是事倍功半，他爱得吃力，你受得辛苦。这段话是描述爱情的，我想它也同样适用于家长和孩子，你只有知道他是什么样的，懂了他，知道他需要什么，才能更好和他相处。

一、判断自己的行为模式

1. 自我评价：步调

下面有一些句子，用来帮助你判断自己的倾向是快步调还是慢步调。在每一组句子中，圈选出最符合自己的句子：

1. 我做决定通常很迅速。	2. 我喜欢从容地做决定。
3. 我说话快速，感情丰富。	4. 我说话慢条斯理，并且较少使用煽动性的言语。
5. 我闲不住。	6. 我愿意享受安静、闲暇的时光。
7. 我喜欢活跃的生活方式。	8. 我的生活方式很低调。
9. 同时身兼数职能让我精神焕发。	10. 我喜欢一次只做一件事。
11. 我容易对慢步调的人失去耐性。	12. 我不喜欢仓促行事。
13. 我乐意告诉别人自己的想法与感受。	14. 我乐意保留自己的想法与感受。
15. 我不介意碰运气，愿意尝试新鲜事。	16. 我不喜欢碰运气，喜欢用熟悉的方式做事情。
17. 在社交场合中，我会主动向别人介绍自己。	18. 在社交场合中，我常会等别人来介绍我。
19. 我没有足够的耐心去倾听别人说话。	20. 别人说话时，我会很仔细地去听。
21. 我喜欢领导他人。	22. 我愿意遵从指示，尽力配合。
23. 我的反应迅速及时。	24. 我的反应倾向于三思而后行。

左侧 6 个以上为快步调　　**右侧 6 个以上为慢步调**

2. 自我评价：优先顺序（导向）

以下句子可用来帮助你判断你的优先顺序。同样，在每一组中圈选你认为最能贴切地描述你的句子：

1. 我对待生活的态度严肃。	2. 我倾向于轻松的生活。
3. 我倾向于保留自己的态度。	4. 我乐于与别人分享自己的感受。
5. 我喜欢与人交流事实与数据。	6. 我喜欢诉说与聆听有关人物的故事。
7. 我倾向于根据事实、客观情况及证据做决定。	8. 我倾向于根据感觉、经验或人际关系做决定。
9. 我对闲聊没有兴趣。	10. 我对闲聊比较感兴趣。
11. 我对交往的对象比较挑剔。	12. 我愿意发展新的人际关系，并深入了解他人。
13. 大家可能会认为我不容易接近。	14. 大家可能会认为我易于接近。
15. 我喜欢独立工作。	16. 我比较喜欢与别人合作。
17. 我乐意讨论时事与手中正在进行的工作	18. 我喜欢谈论人物、故事与奇闻轶事。
19. 我自认为是一个比较拘谨的人。	20. 我自认为是一个比较轻松自在的人。
21. 别人认为我爱思考。	22. 别人认为我重感觉
23. 完成一件事时，是我感觉最棒的时候	24. 当别人接纳我时，我感觉最好

左侧 6 个以上为任务导向　　**右侧 6 个以上为人际导向**

快步调任务导向	快步调人际导向	慢步调人际导向	慢步调任务导向
指挥性强	影响性强	坚持性强	纠正性强
坚持性强	互动性强	温和性强	严谨性强

了解自己是哪种性格的人了，再来看看这种性格的特点。

二、认识 DICS

DISC 四种人格特征：

1. 什么是 D 型人格？用动物形容是老虎，用颜色形容是黄色。

老虎的人格特点是：有强烈的自信心、勇敢、重视成效、有很强的领导欲、好胜、会提出变更、直率坦白。

例子：我曾经有个同事，她最大的梦想就是当领导，在单位喜欢让同事听她的，在家里也希望所有人都服从于她。领导交给她的工作她会以最快的速度认真出色地完成，可是她还会去主动检查别人的工作，当看到别人做得不够好的时候，她还会去直接批评人家。这是典型的老虎人格。

老虎最大的优点：自信、独立、果断

老虎最大的缺点：没耐心、固执、尖刻、鲁莽

老虎型的人最适合的职业：领袖、运动员

老虎型孩子的特点：在一群孩子里面，一定有一个孩子会主动对周围的小朋友说："我们到那边玩去吧，我们来玩这个游戏吧。"这种孩子一般都是老虎型的。他们会在不经意中就表现出他们的领导风范。他们很喜欢出主意、定规则，然后让别人服从于他们。他们在幼儿园或小学，老师问谁愿意当班长，他们一定会积极举手。他们天生就喜欢竞争，竞争能让他们变得兴奋，因为他们生来就自信，他们相信他们会在竞争中获胜。如果当上了班长，他会毫不客气地履行他的职责，干得如鱼得水；如果当不上干部他们会很郁闷，不太服管，因为觉得那个同学根本不如自己好，老师怎么会选他呢。他们有时人缘不太好，因为说话直接、甚至刻薄，不给别人留情面，有时比较固执，不听取别人的意见，我行我素，不太考虑别人的感受，自己做好了，别人也一

定要做得好。他们的个性好像生出来就是更快、更高、更强，特别符合奥林匹克精神。

2. 什么是I型人格？用动物来形容就是可塑龙，用颜色来形容就是红色。

可塑龙的人格特点是：人际导向、情绪化、能言善道、贪玩、乐观、随性而为、渴望接纳与欢迎。

例子：这种人特别有意思，你身边如果有这样的人，你一定会觉得生活特别有情趣、特别丰富多彩。他们一会儿都不让自己闲着，总是一个聚会接一个聚会。他们口才特别好，没意思的事让他们一说都变得有意思了，但是他们做事有的时候不靠谱，答应的事却常常做不到。我曾经有一个同事，我们一起去香港玩，到了酒店，她说："我一定要洗个澡，那散发着热气的热水哗哗地冲下来，把一身的疲劳全部洗尽，一边抹着柠檬味的香波，一边哼着小曲，那该是多么惬意的一件事呀。"我说："我也天天洗澡，我怎么从来没有这么美妙的感觉，不行，我也要洗一个。"我们去浅水湾，她会说："啊，这就是传说中的浅水湾呀。"总之哪里有她，哪里就有欢声笑语。可是她特别不喜欢收拾屋子，常常会把袜子放在我的饼干盒旁，你说她，她会说不好意思不好意思，赶紧拿开，可下次依旧记不住。有一次我说，我们一起步行回家，锻炼身体吧，她说好的好的，我们相约周二一起徒步。可到了周二，她穿着高跟鞋来了，我说我们不是约好了今天徒步吗，她说，啊我忘了，不过，我真的做不到信守这个诺言，因为我每天穿什么衣服是根据当天的心情随时变换的。

可塑龙最大的优点：乐观、热情、有情趣、善于沟通

可塑龙最大的缺点：没有条理、不拘小节、不太现实

可塑龙型的人最适合的职业：演员、销售、讲师

很多人做演员不光是为了名利，更多的是为了体验不同的人生。如果你

的职业是会计，你可能一辈子都要和数字打交道，但演员今天演医生、明天演间谍、后天演农民，他可以在短暂的一生中体会不同的角色。

可塑龙型孩子的特点：在一群孩子里面他可能是第一个说话的，上课的时候他总是能把小朋友逗得哈哈大笑，他和很多同学都能打成一片。上课时容易注意力不集中。总爱丢三落四，书包、课桌、房间永远是乱七八糟。很感性，老师上课讲到动情处他会热泪盈眶。可塑龙型的孩子可塑性非常大，放在好孩子中他学好，放在坏孩子中他立马学坏。因为他有很强的适应性，在什么样的环境中都能生存。因此家长要尽量把可塑龙型的孩子放在好的学习氛围中。这类孩子还很聪明，因为他有很强的整合能力，能把别人的东西学来，整合成自己的东西。

3. 什么是S型人格？用动物形容是无尾熊，用颜色形容是绿色。

无尾熊的人格特点是：稳定、忠诚、富有团队精神、偏爱熟悉的环境、乐于助人、谦卑、为人真诚、做事踏实。

例子：在中国，无尾熊性格的人有60%。我曾经最好的女朋友就是无尾熊性格。她会默默地帮你做很多事情，你伤心的时候，她会静静地陪在你的身边，你高兴的时候，她会和你一起分享。她对朋友的好是那种随风潜入夜、润物细无声的好。她是最好的倾听者、最佳的合作伙伴。

无尾熊最大的优点：耐心、随和、心态平和、稳重、是好下属

无尾熊最大的缺点：优柔寡断、过于妥协、被动、敏感

无尾熊型的人最适合的职业：秘书、副手、护士

如果你是个领导，在组建团队时，一定要多放几个无尾熊在你的团队了，因为他们最好管理、最富于团队精神。

无尾熊型孩子的特点：有一个爸爸对我说，我不要我的孩子是无尾熊，我要我的孩子像我一样是老虎，无尾熊永远被别人领导，我希望他领导别人。

然而在中国很多无尾熊的孩子当了班长。因为无尾熊的孩子听话，老师喜欢；无尾熊的孩子特别善解人意，特别会站在对方的角度考虑问题，所以人缘特别好。如果不是演讲竞选，而是老师提名、同学投票的话，他们得票率肯定很高。这种孩子本性不像老虎，天生就爱管人，但是当把他们放到这样的位置上时，他们也可以做得很好，因为他们的模仿力和学习力都很强。但是他们不喜欢冲突，当同学之间发生矛盾需要他来处理时，他会左右为难，因为不想得罪任何人。如果一个人会说 NO，那么他 YES 的含金量就很大，而无尾熊的人常常不会说 NO。当需要选择时，他们会很难受，优柔寡断。当他们自己和同学之间发生矛盾时，他们会选择妥协。他们也很爱跟人打交道，喜欢同学聚会，但是大部分时候他们是被动的，他们是在听别人说。

4. 什么是 C 型人格？用动物形容是猫头鹰，用颜色形容是蓝色。

猫头鹰的人格特点：高标准、严要求、注重细节、自律、警惕性很高、善于分析。

例子：很多人挤牙膏是拿起来随便挤的，但猫头鹰一定是自下往上一点点挤的。我的好朋友说她丈夫是典型的猫头鹰人格。有一次喝醉酒回家，吐了，吐完后，那么难受都要把池子擦了再上床，他老婆帮他脱袜子，他还不忘说一定要把袜子翻过来。大部分猫头鹰都有洁癖。猫头鹰做事很有条理，但相对刻板，不灵活。我身上就有一些猫头鹰的特质，比如特别喜欢写日程表，每日、每周、每月；做饭会按菜谱做，穿衣服会按衣谱穿；每件衣服买回来先照张相，然后按春夏秋冬排列放好，穿的时候一翻相册就知道明天穿什么，以防衣服多了，塞在衣柜里，一年都想不起来还有这么件衣服。

猫头鹰最大的优点是：精准、善于分析、高标准、重细节、自控力很强

猫头鹰最大的缺点是：吹毛求疵、完美主义倾向、谁都看不上

猫头鹰型的人最适合的职业是：精算、科学研究、检验员

猫头鹰型的孩子的特点：学习很认真，字写得工工整整，书包收拾得整整齐齐，东西玩好了都会收好。老师交给的任务一定会完成得很好。喜欢一个人安安静静地待着，不喜欢被别人打扰。不喜欢竞争、比赛，除非能拿第一，一般情况下不爱参与。遇到有挑战性的事情他会选择逃避。

三、如何因材施教——解析亲子关系中 16 种相处模式

1. 专制性强的“D”型父母和“D”型孩子的相处模式

优势：你们都是目标性人格特质，只要朝着共同的目标与方向，就能和谐相处，并能如团队般成就许多事情。

挑战：掌控权的争夺往往是你们摩擦与争执的起源。

策略：不强迫，不威吓，也不下最后通牒。（有个老虎妈妈生了个老虎女儿，妈妈因为女儿上课玩信纸，便二话没说把信纸撕得粉碎扔进抽水马桶里，女儿见状，大声说，你等着，等我长大了，我会比你还狠的。）

允许孩子拥有他的自主领域。

不去命令孩子，尽可能让孩子做选择，例如：“你现在就去打扫房间，还是看完这个动画片再去？”

不说教，不讲大道理，直接用行动说话。

不啰唆，尽量直接说简洁的话。他是单向思维，你拐弯抹角地说，他听不明白，往往会误解你的意思。

2. 专制性强的“D”型父母和“I”型孩子的相处模式

优势：你们俩都很自信，并喜欢对生活采取快步的态度。由于孩子极想讨好你，所以会服从（或者至少表现出服从的样子）你的领导。

挑战：你最想要的是有成就，他最想要的是有意思。因此他的随心所欲、

顺其自然的态度，会打击你实现目标、获得成功的渴望。

策略：营造乐趣，有一些好的创意，让孩子觉得学习和做家务是件很有意思的事。

当孩子讲长篇故事和神话时，要全神贯注地听。

给予大量的赞美、温情与肯定。

当孩子闹情绪时，先和孩子共情，对他的情绪表示理解，并且坚持事实。

你那处变不惊的优点，是孩子的最佳榜样，因为他最大的挣扎就是不坚定。

3. 专制性强的“D”型父母和“S”型孩子的相处模式

优势：你爱指导，他恰好喜欢跟从。在你正确的带领下，孩子觉得很有安全感。

挑战：你如果对孩子的态度太过强烈，则易吓着孩子，并使孩子为此感到自责。

策略：不要要求孩子自己想出完成任务的方法。要清清楚楚、一步一步地告诉他并加以说明。

注意说话的方式。这类孩子对随口而出的批评与怒气非常敏感，也极易受到伤害。

切勿使他卷入激烈的竞争。

不要拿他与任何人做比较，这会打消他的积极性，他甚至会因此放弃尝试。

“S”型的孩子希望与父母保持亲密的关系，若要给他归属感与被接纳感，则需要特意在他身上花时间与精力，用亲情来包围他。

4. 专制性强的“D”型父母和“C”型孩子的相处模式

优势：因为你们都属于任务导向，又喜欢独立工作，因此有共同之处。

挑战：你遇到工作就会一头栽进去，可是孩子却习惯反复思考。你们之间冲突的主要来源是步调上的差异，一个快，一个慢。

策略：切勿对孩子不耐烦，也不要催他、逼他。

给他足够的时间做决定。

为了能使事情按照他的标准做“对”，给他足够的时间做准备。

谨慎给予批评。虽然批评对你能起到发泄作用，却有可能严重地伤害孩子的自尊。

随时回答孩子有关“为什么”的问题，并且耐心地给予深入的回答。

孩子做事的理由，通常都经过反复的思考，所以你要学会聆听，他有他的道理。

5. 互动性强的“I”型父母和“D”型孩子的相处模式

优势：互动性强的“I”型父母会为孩子的优点感到骄傲，并愿意夸耀孩子的成就，与孩子分享成功的喜悦。

挑战：互动性强的“I”型父母希望受到子女的爱戴，有过度放任的倾向。“I”型父母只要稍不留意，“D”型孩子就会在家称王称霸。

策略：明确地定出规范与界限，并切实执行。当规矩被破坏时，一定要按先前的规定予以管教。

切记：这孩子会利用你的言行不一或不按规定行事的空隙，寻找可乘之机横行霸道。

不要惧怕直接的冲突。

纠正孩子的行为时，要简单扼要。给出简明的指示，然后要求他服从。

孩子会经常迫使你做不想做的事，这可能会令你情绪上难以接受。

6. 互动性强的“I”型父母和“I”型孩子的相处模式

优势：你们的生活态度都很积极向上，喜欢与人往来，也喜欢有乐趣的生活。

挑战：你们都有情绪化的倾向，可能会争着成为注意力的焦点。同为“I”型的年轻女儿常常与母亲之间存有嫉妒。在众人前说话，因为你抢了我的风头，所以我不说了。

策略：注意倾听孩子说话，因为他也像你一样爱说话。

你本身随意性很强，过度放任的倾向可能会使这孩子缺乏责任感，所以在孩子面前树立权威，定下规矩。

要明白这孩子如你一样不重视细节。

设定规范与限制，并配合管教来贯彻执行。当孩子触犯规定时，不要通融。

7. 互动性强的“I”型父母和“S”型孩子的相处模式

优势：互动性强的“I”型父母很容易接纳“S”型孩子温和的天性。父母喜欢说，孩子喜欢听。他们通常相处很融洽。

挑战：互动性强的“I”型父母喜欢快步调、精彩纷呈的生活，而这却让慢步调的“S”型孩子难以适应。

策略：放慢你的步调，接纳他比较缓慢的性格。

给他充分的时间做决定。

调整你高亢的情绪，不要在别人面前过度夸奖他，他不喜欢这样，要知道他是个低调的孩子，太高调会让他浑身不自在。他需要在私底下，给予他支持与鼓励。

诚心诚意地表扬他。

接纳他的羞涩，他是慢热型的，他的确需要较长时间才能与陌生人熟悉。

要求他帮助你做事。温和型的孩子喜欢被看重与被需要的感觉。

8. 互动性强的“I”型父母和“C”型孩子的相处模式

优势：你们是互补的，所以都能从彼此身上学到不足的东西。

挑战：你们的不同点会导致不断的误会。你喜欢说话，但你的孩子却需要独处的空间。

策略：多听才能更加了解。要注意孩子所说的每一句话。他说话不多，却含金量很高。

适度地调整你的情绪反应。在争执中，要关注引起争执的具体事件并客观看待问题。

理解这孩子对完美的追求，如同你对乐趣的需要。

不要催促他，给予他充足的时间来完成高品质的作品。

当他因不够优秀而沮丧时，给予他充分独处的时间去调整情绪诚恳地赞赏他的工作。用具体的言语来夸奖他的作品，而不要只是说：“干得好！”“好极了！”“你做得太棒了！”

切记，工作受到批评是他最大的恐惧，所以提出纠正时要态度温和，语气要委婉。

接纳他小心谨慎的天性，别期望他去冒险。

9. 扶助性强的“S”型父母和“D”型孩子的相处模式

优势：多鼓励孩子，帮助他顺利达到目标。

挑战：由于这孩子喜欢处于掌控的位置与立即采取行动，而你却倾向平静安稳，所以孩子容易使你筋疲力尽。这种组合最大的问题发生在管教上。

策略：这孩子需要拥有一定的主导权，但千万别让他控制你。

要在孩子面前树立你的威信，明确你的立场。

要果断并言而有信。因为他会试探你，所以你绝不能动摇。

此外，局面必须掌握在你的手中，这对你来说不容易，但必须这样做。

切勿因孩子与自己大不相同而有挫折感。他天性如此。

10. 扶助性强的“S”型父母和“I”型孩子的相处模式

优势：你们能相处得非常愉快。你喜欢快乐的时光，而他能使人快乐。

挑战：要赶上这孩子的脚步，对你来说可不容易。他喜欢变化，你却愿意做宁静安详的例行工作。

策略：对孩子要态度坚定，明确设定界限，哪些可以做，哪些不可以做。

不要凡事为他代劳。他有偷懒的倾向，只要一不小心，他就会把事情推给你做，因为你好说话。

当他在功课上不负责任或不守时时，不要纵容他。要让他明白混乱和健忘的严重后果。

通过让他一步一步地写下事情，帮助他成为有条理的人。

11. 扶助性强的“S”型父母和“S”型孩子的相处模式

优势：你们有许多相同之处，并喜欢彼此。轻松、和谐与宁静的家庭气氛是你们共同的追求。

挑战：最大的问题是沟通。你们有话都不直说，都喜欢用暗示，而且都不喜欢做决定。

策略：鼓励孩子自己做事，而不是代替他做事。

你需要更加主动、果断。

有些冲突与改变是必需的。生活是不断变化的，不能因为你们不喜欢变化而不变化，这样会让孩子与生活脱节，把孩子限制在某一框框中。

鼓励孩子说出内心的想法，并诚实地说出你的看法。

12. 扶助性强的“S”型父母和“C”型孩子的相处模式

优势：你们俩都属于慢步调的类型，会给对方“单独的时间”，在一起时话也不多。

挑战：这孩子吹毛求疵的性格容易伤害父母的感情，而你却会将不快深藏内心。

孩子深沉、直觉、重逻辑的生活态度，会和你偏重感情的性情有矛盾。

策略：孩子重视个人空间，发生冲突时，给他单独思考的时间，稍后再谈。

压力过后，他需要单独的时间来恢复，不要误以为他是抗拒。

不要勉强他与你亲近，如果想和他谈心，要谨慎选择谈话的时机。

随时准备耐心地向他做详细的解说。

在他未能达到自己的标准时，给他充分的时间自我调节。

给他诚恳、具体的夸奖，学会欣赏他的成果。

不要对他吹毛求疵的性格过于计较，而要温和地引导他接受自己与他人的缺点。

13. 纠正性强的“C”型父母和“D”型孩子的相处模式

优势：双方都属于任务导向，只要彼此都有相同的目标，就能相辅相成，做事有效率。

挑战：双方目标不一致时，纠正性强的“C”型父母会感到绝望。“C”型的人要求事情要按照自己的标准做得“正确”，然而“D”型的人只想按自己的想法把事情做完。

例如一对父子和老外练口语。父亲说得很慢，但尽量做到每句话的语法、词汇都是正确的；儿子说得很快，但有很多错误。父亲说，你也不组织一下，张嘴就说，儿子说等你憋出来，老外都走了。

策略：交给孩子一些任务，自己不要急于插手，孩子需要主控一些事情。

肯定这孩子的目标与成就。

冒险对这孩子来说是极其重要的一课。

接受与“D”型孩子一起生活将导致的变化莫测、充满挑战这一事实。

这孩子需要大量体能方面的活动。

不要与他辩论，你恐怕是说服不了他的。

不要奢求完美，不要为孩子建立过高的标准，使孩子感到永远也无法达到你的要求，这样会使孩子气馁。

14. 纠正性强的“C”型父母和“I”型孩子的相处模式

优势：你的重视细节与准确性，正是这孩子所需要的，将使他的生活更加平衡、成功。

挑战：由于你们的步调与优先顺序正好处于相反的两个极端，你可能难以了解为何这孩子如此贪玩。

策略：你必须为孩子切实地修正自己的期望，他永远也不会像你一样注重细节。

这孩子渴望被接纳与肯定，所以要找出他的优点，一有机会就夸奖他。

欣赏这孩子独特的天性，虽然他与你大不相同。

放下你手中的工作，多花时间陪孩子。

聚精会神地听他说故事，这会让他精神抖擞。

不要强求完美、不要定过高的标准，使孩子感到永远也无法达到。

15. 纠正性强的“C”型父母和“S”型孩子的相处模式

优势：父母与孩子都属于慢步调，保持着含蓄、低调的关系。父母欣赏孩子乖巧随和的性情，这避免了你们之间的争执。

挑战：你可能对孩子做事不加考虑的风格有看法，他不像你一样注意细节。你还会担心为何无法激励孩子上进，朝着你所期望的至高目标迈进。

策略：调节自己注重事物与准确性的倾向，更深入地去了解孩子的感觉和生活。

进一步对孩子敞开自己，告诉孩子你的感受，鼓励他也这样。

允许孩子有无所事事的时间，比如发呆，这是他自我休整的方法。

将你要求的做法解释清楚，不要期望他自己想出所有步骤。

针对他所付出的任何努力表达你的赞赏，哪怕离你的目标还有差距。

谨慎批评。即使你是无意的，在他听起来也是尖锐的。

总之，不要定高不可及的目标，使孩子感到绝望。孩子会觉得自己不好、没有价值，最后放弃。

16. 纠正性强的“C”型父母和“C”型孩子的相处模式

优势：这是培养神童的天作之合。你们都喜欢埋头苦干，对工作全然投入，都很严肃。

挑战：问题出于你们对“正确”的定义不同。双方会回避、退缩，在心里盘算下一步棋。

策略：当孩子的建议与你的打算不符时，要试着接纳。你也需要在必要时调整自己的标准，以彼此可以接受的方法完成工作。

纠正孩子要小心，你自己也很清楚，你也不愿意自己所做的工作受到批评。

孩子批评你时，不要反应过度。

多多表达你的情感与情绪。正如你一样，孩子也需要被爱与被重视，而他也不善于表达感情。

不要把标准定得太高使孩子感到绝望，因为永远也达不到。

四、每一种人格特质其最明显的优点及相对应的弱点

DISC四种不同的人格特质，无所谓好与坏。一个人某项特质特别明显时，他这项特质的优点特别突出的同时他这项特质的缺点也非常明显。最好的个性是四种都有，既有老虎的果敢、可塑龙的乐观开朗，又有无尾熊的善解人意、猫头鹰的严谨仔细，但其中的某一项相对突出。

1. 高度D型的特质

优点	相关的弱点
果断	不够敏感、缺乏同情心
有决心	大包大揽、控制欲强、倔强
勤奋	目标单一、过于在乎个人利益（无利不起早）、不习惯自我放松
勇敢	无所顾忌
有决断力	固执、过于独立
重目标、有理想	缺乏灵活性、过于强求
坚忍	好胜心过强、慢不下来
直率、坦白	不够机智、鲁莽、苛刻、礼貌不足、和气不够
自信	骄傲、傲慢
有智谋	独立性过强、狡猾

2. 高度 I 型的特质

优点	相关的弱点
重视人际关系	过度看重别人对自己的看法与说法、易屈服于同事的压力、做出令自己为难的承诺、承担过多责任
善于沟通	话太多、爱插嘴、油腔滑调、不善于聆听
善于劝勉他人	过度的赞许
善于表达、戏剧化	浮夸
幽默	耍嘴皮子和小聪明、对事不够严肃（借幽默掩饰问题）
想象力丰富	做白日梦、不切实际
热情	欠缺组织能力、缺乏客观性
具有说服力	霸道、专制
乐观、积极	理想主义、不切实际、目标不明确、即使直面现实仍然过于理想化、重感觉事实胜于客观事实
性情中人、灵活	冲动、缺乏紧迫感、欠缺组织能力

3. 高度 S 型的特质

优点	相关的弱点
接纳	缺乏坚定的信念、太仁慈
知足	懒散、漫无目的、被动
乐于助人	太好说话、成为救难队员
合作	马虎、附和、缺乏主见、轻易放弃
仁慈、同情	容易受骗、容易被影响、过度承担他人的问题——将问题揽在自己身上
顺服	容易受骗、意志薄弱、容易忽视个人的责任
善于倾听	缺乏沟通
坚定	拒绝接受改变或新观念、缺乏灵活性、固执
谦卑	不善于接受夸奖、不会接受赞美、自信不够
可靠	过于随和、容易被利用

4. 高度 C 型的特质

优点	相关的弱点
善于分析	太过挑剔、猜疑、过度分析
好奇	爱打探隐私、问题太多、喜“盘查”他人
小心谨慎	不合群、缺乏胆量、猜忌、不信任别人
谨慎尽责	焦虑、完美主义倾向
客观	敏感、冷漠、缺乏情绪回应
明辨	给人以捉摸不透的印象
思维严谨、胸有成竹	完美主义倾向、耗费过多时间方能完成任务
节制	冷漠
勤奋	对己对人要求过多或过于严格（这个现象可能是深藏不露的）
行事正确	固执、好批评、挑剔

五、形成不同人格特质的家庭环境

1.D 型人格特质的孩子多来自于专制或宽松溺爱的家庭环境

专制的家庭环境有时反而激发了孩子的抗击打能力，使孩子内心无所畏惧，非常强大。而宽松溺爱的家庭环境会让孩子以自我为中心，形成傲慢、唯我独尊的个性。

2.I 型人格特质的孩子多来自于温暖的家庭环境或过于限制的家庭环境

温暖的家庭给予他们愉快的童年记忆，而充满限制的家庭环境让他们觉得快乐要靠自己，他们借助多姿多彩的生活来平衡、逃避所面对的痛苦。

3.S 型人格特质的孩子多来自于被忽略或快乐的家庭环境

有的孩子因为常被父母忽略，不能得到父母足够的重视进而也忽略了自己，总做别人喜欢、期望的事情。也有些孩子拥有快乐的童年，和父母关系很好，进而长大后喜欢与人保持一致、和谐。

4.C 型人格特质的孩子多来自于严厉的、重规矩的家庭环境

严厉的家教、循规蹈矩的做事风格让孩子变得小心谨慎、万无一失，家长的过分要求完美导致孩子过分追求完美。

爱孩子就要懂孩子，按照孩子的人格特质给予孩子所需要的爱和管教，让孩子在好的家庭环境中塑造出良好的性格。

任性背后的真相

许多妈妈在养育孩子的过程中都会发出这样的抱怨：孩子太任性了，你说东，他非要西，有时还撒泼打滚，真不知该拿他怎么办。有的妈妈无奈中向孩子做出了妥协；有的暴脾气的妈妈在孩子任性的时候以打骂来发泄心中的怒气。其结果是妥协的妈妈，宝宝更加嚣张，严加管教的妈妈，宝宝脾气更加暴躁。

管教孩子真的很难，有时这种感觉像走钢丝，太过随意或过度紧张都会有危险。一方面是妥协的危险，没有人希望自己的孩子缺乏教养，而另一方面又担心管教过度，谁也不想让孩子胆小怕事，所以要让小宝宝活泼又不失礼貌、大胆又不失规矩，真的是需要我们好好揣摩、用心研究的。

一、做妈妈的一定要弄清孩子任性、不听话的原因

孩子任性一般有几方面的原因：

1. 好奇心没有得到满足

美国儿童心理学家威廉科克通过实验表明，孩子任性是一种心理需求的表现，是对某种事物强烈的好奇心。如果妈妈满足了孩子的这种好奇心，孩

子便不再任性。

一天一位妈妈来找我说，儿子每次都央求妈妈给他买小汽车，并发誓这是最后一辆车，可下一次还是同样的话，不给买就哭，赖着不走。我问妈妈，孩子把汽车买回去，怎么玩？妈妈说，他玩一会儿就把小汽车给拆了，拆完了安不上了，就要求再买一辆，回来接着拆。我接着问妈妈：他为什么拆小汽车呢？妈妈回答说不知道。后来我见到了这个 5 岁的男孩，问他是不是特别喜欢小汽车，他说是，我说那你为什么要拆小汽车呢，他说，我一直搞不明白车里面的小人是怎么坐进去的，所以我要拆开来看看，拆完了我是想再安上，可总是安不回去，就想再买一辆。

很多妈妈看到的都是孩子任性的表面现象，而并不了解孩子任性背后的动机。我发现这孩子并不是所谓败家子儿，而是对机械有特殊的兴趣和天赋，就让妈妈请一个叔叔来帮助儿子一起拆汽车并安装回来。果真儿子不再纠结在再买一辆新小汽车的事上，而是全神贯注地研究怎么按叔叔教的方法再把它安回去。

同样道理，小男孩会对电风扇感兴趣，总想把手指头伸进去。如果你只告诉他这很危险，或直接把他拉走，恐怕有的孩子就是不走，因为他的那份好奇心没有得到满足。这时如果我们和孩子做个小实验，把一张纸片塞进电扇里，看看会是什么结果，这样不仅使孩子避免了危险、满足孩子的好奇心，还能激起孩子对事物探索的兴趣。其实一个孩子对学习的兴趣，正是从这一件件小事中培养起来的。

2. 孩子受到了某种刺激

一位妈妈对我讲，春节放假几天，孩子哭了三天，怎么哄也不行，到第三天家里人实在受不了了，就带她出去玩了一天。这一天，孩子玩得很好，可一进家门就又哭，哭得大人晚上都不能入睡。妈妈气极，三天打了她三回，这孩子怎么能这么任性呢？我让妈妈回忆一下，孩子在这样大哭之前家里发生过什么事情。妈妈想了想说，哦，您这么一提醒我倒是想起来了，家里的确发生了一件事。节前我和先生一起和朋友去滑雪，在滑雪过程中，我先生把腿给摔骨折了，我问，孩子当时在场吗？妈妈答道：不在场，但是她有听到奶奶打电话说这事，她看到我们时，爸爸已经打上石膏回家了。我说这就对了，一定是爸爸摔伤的样子吓到孩子了。孩子在屋里会看到爸爸，想到爸爸，她会害怕，所以大哭，出门就会好很多。孩子这是受了惊吓，如果你们再接二连三地打她，对孩子的身心伤害就会更大。这时孩子最需要的是妈妈的安抚。多抱抱孩子，给孩子做一些肤触，多带孩子出去走走，孩子会慢慢好起来的。

所以做妈妈的一定要细心，在孩子突然很任性时，要多方寻找原因，这样才能对症下药。

3. 孩子缺乏情绪的自控能力

孩子在 2–5 岁这个阶段会表现得任性、不听话，这和孩子年龄小缺乏情绪的自控能力有关。但为什么有的孩子会表现得特别强烈呢？一是遗传因素，二是后天的养育方式。遗传是说人生来有不同的气质类型，有的孩子天生属于较兴奋型，情绪表现较为激烈。常听有的老人说，这孩子天生就有个性，这样的孩子更要注意后天的调教。后天养育方式的不好也是导致孩子任性的重要因素。现在战斗在养育第一线的都是爷爷奶奶，他们的隔辈疼会让孩子的各种需求都得到提前满足，使孩子的字典里没有等待、拒绝的字眼。

了解自已宝宝任性的原因了，下面我们来看看怎么办。

二、妈妈要对孩子的任性给予情感上的理解

心理学有个词叫共情，指的是一种能深入他人主观世界、了解其感受的能力。这个词借用到育儿中来，就是要接纳孩子的负面情绪，给孩子以充分的理解。

有个小朋友特别爱看动画片，看完两集还想看，妈妈把电视关掉，她就哇哇大哭起来。妈妈好心劝慰宝宝："宝宝，别哭！"宝宝却委屈地大喊："就哭！就哭！"这是我们妈妈经常遇到的场面，有的妈妈架不住孩子的哭闹，只好妥协，有的妈妈看孩子哭闹很烦心，就打了孩子。如果这时，我们能和孩子产生共情，也许情况会有所改变，如果这时妈妈将宝宝温柔地抱在怀里，轻声说："噢，就哭就哭呀，人家还要哭嘛，是啊，宝宝好想再看一集动画片呀，妈妈也好想让宝宝再看一集，真可惜，今天时间太晚了，不能再看了，妈妈知道宝宝不能再看动画片有点伤心，没关系，妈妈抱抱，宝宝就不伤心了。"孩子虽然还会哽咽，但妈妈的话孩子会听进去，慢慢地孩子的情绪就能平复下来。很多时候，孩子需要的不是客观结果的满足，而是主观感受的理解。理解比满足更重要！"我懂你的欢喜"这是热播电视剧《心术》里最火爆的台词，这不正说明"懂你"是表达爱的最智慧的方式吗？对于那些不愿让妈妈上班、不愿离开妈妈去幼儿园的宝宝来说，一个长时间的拥抱，一句轻声的安抚，孩子便能带着妈妈的理解去迎接新的生活。

三、妈妈要给孩子正向引导

当宝宝去做一些妈妈认为不好的事情的时候，做妈妈的要把注意的焦点放在宝宝应该去做什么，而不是不要去做什么，这么大的孩子有叛逆心理，

常常你越不让他做的事，他越要去做。比如有的男孩特别爱打人，你越对他说，到幼儿园不能欺负小朋友，不能打人啊，他就越打人。与其这样，不如对他说，你是最勇敢的男子汉，在幼儿园里这些小朋友都归你管，你可不能让他们受欺负，一个都不能让他们挨打啊！到了幼儿园他不仅不再打人，还会帮老师维持秩序。这种孩子特别有责任感，特别愿意管理别人，那就给他高帽儿戴，让他多多发挥作用。记住一句话：给孩子正念，直接做对的比更正错误要容易得多。就像一条泛滥的河流，与其苦心治理，不如把它引向大海。

四、妈妈首先做到自己不任性

我们现在来做一个情景再现：一个妈妈旁边坐着个 3 岁的宝宝，宝宝一边看电视一边在吃手。妈妈对宝宝说："宝宝别吃手！"说着把宝宝的手从嘴里拿开，可不一会儿宝宝又把手放进嘴里。这时妈妈提高了嗓门说："宝宝，不许吃手！"宝宝还吃。这时妈妈下了最后通牒："不许吃手，听见没有！"宝宝还吃，妈妈把宝宝的手从宝宝嘴里快速地拿了出来，狠狠地打了两下，嘴里念叨着："我叫你吃，叫你吃！"宝宝哇哇大哭。的确宝宝很任性，但你发觉了吗？这个妈妈是不是也很任性。既然说了一遍、两遍都不管用，就换一种方式嘛，让他的小手去干点别的。当宝宝的小手有其他事情可做的时候，也就不把手放进嘴里了。

妈妈任性的教养方式会导致孩子更加任性。如果妈妈学会控制自己的情绪，而不肆意地宣泄情绪的话，孩子也会跟着模仿的。

一个年轻的妈妈给一个两岁多的宝宝喂饭，宝宝拿着小板凳在旁边玩，结果一不小心小板凳正好压到妈妈的小脚趾上，那个妈妈当时疼得本能地想大喊一声："宝宝，你弄疼我了！"从医学上讲，大声喊叫是可以减轻痛苦的。可是在那一刹那她还是克制住了，她意识到宝宝并不知道他的小板凳压到妈妈的脚了。妈妈这么一喊会吓到孩子的，于是她强忍着痛把小板凳挪开，一边揉脚，一边轻声对宝宝说："宝宝的小板凳压到妈妈了，妈妈好疼。"她的语气很平静，只是在陈述一件事情，并没有任何责怪孩子的意思，然后继续给宝宝喂饭。不一会儿，宝宝突然看着妈妈说："妈妈，对不起！"那个妈妈说，她当时真的好感动，没想到她用平和的态度换回了孩子如此友善的回报。可见妈妈处理问题时的态度、语气都会给孩子潜移默化的影响。

做妈妈的常常会以管教孩子的名义发泄着我们的情绪，放由着我们的任性，殊不知，不假思索、不加克制的任性的管教方式正是导致孩子任性的最根本的源头。

五、从小教会宝宝"自我镇静"是预防任性的灵丹妙药

孩子长大后很任性往往和小时候没有进行"自我镇静"训练有关。受过这方面训练的宝宝具备自我调控情绪、自我平复的机能。说白了就是有些人生气的时候，可以自己调适，自己平复下来，而有些人一发脾气自己就收不住，一定要有人劝才行。而这种自我镇静的机能是在婴幼儿时期形成的。

宝宝在最初出生后的三个月内，妈妈应该对宝宝的每一声啼哭都有所反应，这样可以让宝宝建立很好的安全感。从第四个月到九个月的时候，妈妈要对宝宝的哭声做出不同的反应，如果是痛苦、害怕的哭声，你要马上跑到宝宝身边，如果只是烦躁的哭泣，那就不用那么急，让宝宝学会放松自己，哭着哭着，可能他就安然入睡了。如果不分情况，宝宝一哭，你就抱，那么他永远都无法学会自我镇静。自我镇静是情感发育中的重要环节，能为以后的情感控制和自我约束奠定基础。如果孩子在小的时候没有学会自我镇静而必须靠父母才能使自己镇静下来，这样的孩子长大后任性的比率更高，甚至会产生各种各样的情感问题。

那么怎样让宝宝学会自我镇静呢？六个月后的宝宝啼哭时，你不要马上去抱他，而是采用美国儿科医生威廉·萨蒙斯的五步“脱敏法”。

第一步：宝宝啼哭时，对宝宝进行仔细的观察，分析宝宝哭泣的原因。如果有紧急原因，及时处理；如果没有紧急原因，进行第二步。

第二步：等待一两分钟，对宝宝说几句话，对宝宝来说，妈妈的声音有很好的安慰作用。

第三步：走进宝宝，让他看见你的身影。看见你的身影能给宝宝带来进一步的安慰。

第四步：如果宝宝还是哭，就在他的后背上抚摸片刻，并继续和他讲话。

第五步：如果这些方法都不起作用，就把宝宝抱起来，抱几分钟，哄一哄，然后再把他放到宝宝床上。

给予逐步升级。这对很多妈妈来说并不容易做到，但在孩子小的时候对孩子进行自我镇定的训练是很有必要的。在心理学中，这叫“延迟满足”。如果在孩子小的时候，他一哭你就抱，他一闹你就给，甚至他刚有些许表情的变化，你就提前给予，那么他再大一些后会任性就是顺理成章的事情了。

20世纪70年代美国的心理学家在斯坦福大学附属幼儿园进行一项实验。工作人员给孩子（四岁左右）一人一块糖。并告诉孩子这糖是你的，你可以随时吃掉它，但如果谁能坚持等工作人员回来再吃，那就可以得到两块同样的糖。然后工作人员离开，只留下孩子和诱人的糖果。工作人员通过单面镜对实验室中的幼儿进行观察，发现有些孩子只等了一会儿就不耐烦了，迫不及待地吃掉了软糖，是“不等者”；有些孩子却很有耐心，想出各种办法拖延时间，比如，闭上眼睛不看糖，或头枕双臂，或自言自语，或唱歌，或讲故事，成功地转移了自己的注意力，顺利等待20分钟后再吃软糖，是“延迟者”。后来参加实验的“不等者”到了青少年时期出现了孤僻、固执、任性、易受挫的倾向；“延迟者”却能为获得更大享受，克制自己目前的欲望，放弃眼前的诱惑。

记得女儿上小学三年级的时候，有一次问我，“妈妈，你是不是说过，只要我快乐就好？”我说：“是呀，妈妈是说过。”女儿接着说：“那我现在光玩，不学习，很快乐，我可以一直这样吗？”我说：“宝宝，人的快乐分大快乐和小快乐。睡个懒觉、看会儿电视都是小快乐，可是通过自己努力取得了好成绩、为大家服务、当上优秀干部，这是大快乐。大快乐的获得是要放弃一些小快乐的，但是它得到的满足感也要比小快乐更大一些。”当她当上了三好学生，取得了优异的考试成绩时，她说：“妈妈，我真的觉得大快乐比小快乐更快乐。”

所以让孩子在小的时候学会适度的忍耐对孩子今后意志品质的培养也很有好处，如果小时候任由孩子的性子来，孩子长大了不会太坚强，抗挫能力会比较差。

六、对无理取闹的孩子给予适当的惩罚

对于那些无理取闹的孩子，给予适当的惩罚也是必要的。如果早上起床就不穿衣服，那就不妨让他穿着睡衣去上学，适当的丢脸会让孩子知道无理取闹是有后果的。惩罚并不代表不爱他。惩罚的是事，爱的是人，要分开。对孩子我们要包容，对孩子的错误行为要纠正。

记得女儿有一阵儿早上起床，怎么叫都不起，经常迟到。有一次班主任老师对她说：“鉴于你屡次迟到，我决定这一学期的值日都归你一人做。如果还迟到，下学期也归你做。”第二天早上她上了三个闹钟，闹钟一响，立即起床。老师一如既往地喜欢她、器重她，但这一学期的值日，一天没少，全是她做的。后来她对我说：“妈妈，我这辈子都不会再迟到了，我很感谢我的老师。”

让孩子亲身体验一次任性的后果，比告诉他不要任性效果要强十倍。

任性只是孩子的一种表面现象，做妈妈的要学会透过现象看本质。孩子任性并不可怕，可怕的是妈妈一直在用任性的方式对待孩子的任性。

面对任性的宝宝，你该怎么办？妈妈们，现在您知道答案了吗？

儿子总受欺负怎么办

我不止一次地听妈妈们跟我诉说，他们的孩子总在幼儿园、小学受欺负，为此，当家长的甚为苦恼。

上世纪八十年代的欧洲，欺负一词已经成为一个被大众谈论的热点议题。所谓欺负就是恃强凌弱。一是行为，身体攻击；二是言语，关系欺负，说坏话，进行社会排斥。下面我们来看看什么样的孩子容易在学校受到欺负，什么样孩子容易欺负别人。

受欺负的孩子往往带有以下一些特征：

（1）体态上的特殊性：太胖或太瘦，太高或太矮，面部有疤痕，等等。

（2）性格上的特点：懦弱、胆小、从不敢拒绝别人。

（3）能力上的缺乏：什么都不会玩，和同伴们没有共同的话题，游戏时总拖团队的后腿。

（4）自身的人格弱点：太自我，从不考虑别人。出现问题不会自己解决，爱打小报告，以出卖同伴来保全自己。

体态上的劣势只会成为同伴们一时嘲笑的对象，绝不会成为同伴们永远嘲笑的目标，身高不同于常人的邓小平、姚明不仅不是人们欺负的对象，反而是人们仰慕的人物，关键还是你的人格魅力。

受欺负的孩子往往出自于溺爱的家庭，在家里备受父母及老人的关注，使他形成了唯我独尊的交际方式，很少替别人着想。当他与同伴相处时，他希望小朋友们像自己家人一样爱他，或服从他，但是这种极端的自我往往正是同学们远离他的原因。他很希望有朋友，但不知道怎样与朋友交往、怎样建立友谊，因为在他的字典里没有付出、等待的字眼。

另外就是一些由老人教养的孩子，各方面能力尤其是体能较一般孩子弱，这样也容易受到同伴的欺负，这时父母不要纠结在孩子被欺负这件事上，而是应该把注意力放在如何让孩子变得强大上。

爱欺负别人的孩子又是什么样的呢？

爱欺负别人的孩子往往来自于暴力、专制的家庭，在家里常常处在一种被“欺负”的角色，到了外面，长期情绪压抑的积累使他看到比他更弱小的同伴，就会想用武力来发泄自己的不满，并从中得到一种报复的快感。

作为家长，我们怎么来解决孩子受欺负和欺负别人的问题呢？

一、家庭干预

所谓家庭干预并不是让妈妈找到学校或者幼儿园，揪出那个欺负人的孩子，痛骂或暴揍一顿，而是帮助孩子找出受欺负的原因。如果完全是对方孩子的不好，任何孩子和他玩都会被他打的话，那就让我们的孩子不要和他玩。一旦发现不是自己孩子的问题，就不要把孩子受欺负的这件事看得太重，有意去强化这件事，给孩子心理造成阴影。只要告诉孩子学会保护自己就好了，因为在一个幼儿园里碰到这样个别的小朋友也是难免的，但还是友善的小朋友更多些。写到这儿，我想起女儿 5 岁时在幼儿园发生的一件事。幼儿园里有一个女孩非常厉害，见谁和谁打，总被老师罚站，后来她妈妈要求和我女儿挨着坐，因为我女儿比较温和。老师就同意了，可是当晚女儿哭着对我说，明天不想去幼儿园了，因为她也被打了一巴掌。我问她为什么，女儿说，我们俩在一起玩得很好，可是后来别的小朋友来找我玩了，我就转身和那个小朋友一起玩了，结果她不高兴，就打了我，说我只能和她玩，不能和别人玩。这明摆着我女儿是无辜的，第二天我让老师给女儿调换了座位，但并没有跟孩子提及她挨打的事，后来在孩子的记忆里就没有留下曾受欺负的印记。

但如果是自己孩子的原因，就要帮助孩子分析，为什么别人都不和你玩。如果是因为胆子太小，父母不妨和孩子做角色扮演的游戏，父母模仿那个欺负孩子的同学，看看孩子是什么反应，原因是什么，在哪个环节上不敢反抗，再反过来让孩子扮演欺负他的同学，父母扮演他，让孩子体验一下欺负别人的感觉和在欺负别人时突然遭到反抗的感觉。再厉害的孩子面对反抗，心里也是畏惧的。孩子小不懂心理学，但这种角色扮演会让孩子有切身体验的。

如果是家长的教养方式造成孩子霸道、自私而不受同学欢迎，那么当家长的就该反思一下自己了，孩子终究要走进社会的，幼儿园、学校都是小社会，你溺爱他给他带来的快乐和他在幼儿园、学校不被同学接纳所带来的痛苦哪个更大？你想想就知道了，所以溺爱一定不是真的对孩子好。

二、同伴结盟

受欺负这事有时光讲道理还真不一定管用，你让孩子出了问题就去告诉老师，有时会因为孩子动不动就打小报告而更让同伴瞧不起，这时我们不得不想点江湖上的办法——结盟。俗话说人多力量大，总受欺负的小朋友团结在一起，或者找个大个的、学习好的，总之有威望的罩着点，不要总是势单力薄地单打独斗。在我的观察中结盟应该是最行之有效的办法。因为结盟也是人际交往的一种，如果孩子能自己想办法解决问题，并从中得以成长，那是最好不过的。只有自己掉进坑里，并又从坑里爬出来的孩子才真正知道下次怎样才能避免掉进坑里。

三、社会干预

在西方被欺负是一件很大的涉及人权的事。所以在北欧会有社会性的反欺负活动，在荷兰家长协会发起了《反欺负国民教育协议书》。在中国这件事虽说普遍，但并没有那么受重视。我认为我们应该从小培养孩子的正义感，让更多的孩子发出正义的声音。

女儿上小学五年级时发生过这样一件事，一次学校组织去春游，班里一个学习非常好的女同学让一个学习非常不好的女同学替她背书包，之后好几个女生都把书包给那个同学背。一群女生欢快地唱着歌在前面走，那个女同学背着好几个沉重的书包在后面吭哧吭哧地走着，我女儿看不过去了，一把把那几个书包拽了下来扔给前面的同学，大声对她们说，你们好意思吗？人家累成这样了！而那个女同学擦着汗一个劲地说，没事没事。这种孩子由于某方面不如别人，总想讨好别人，从来不会去拒绝别人，他们唯一担心的就是别人不和她玩。见我女儿一吼，那几个女生乖乖地把书包背上了。女儿和我说这件事时我好好地表扬了她，因为那时她是班上最矮的女生，学习也不是很好，却这么有胆量，而且说话这么有分量，实属不易。

教孩子不要去欺负别人，但是被别人欺负了也不要怕，只有自己强大了，才没有人敢欺负你。

孩子的敏感期，你错过了吗?

很多家长也许并不熟悉敏感期这个词，但下面我讲到这些现象您一定不会陌生。

当今社会贪官盛行，腐败现象比比皆是。据说在抓捕山西某市的一位市长时，发现其家中的仓库里居然都是成摞成摞的人民币。这个现象反映了我们的监管制度的疏漏，同时也反映了一个社会心理现象：我们的地方领导很多都是从农村出来的，小时候生长在经济条件相对贫困、物质生活相对匮乏的环境下，导致产生一种越得不到、就越想要得到的心理。等到自己手中有一些权力的时候，贪婪的欲望就会无限地膨胀，一发不可收拾。但在西方，很多国家早已摆脱贫困线，大多数官员也都出身于家境很好的家庭，因此对钱的欲望并不那么强烈，再加上严格的监督制度，腐败现象就会大大减少。

我们再来看一些生活现象：有的男人在极度焦虑的情况下，会拼命地吸烟，用嘴唇与烟卷的频繁接触来缓解内心的焦虑。有的男人在愤怒时会不停地骂脏话，用唇与唇之间不停的碰撞来宣泄心中的愤懑。

有的女人衣柜里所有的衣服都是一模一样的两件，穿一件，挂一件。有的女人人到中年了却仍青睐于童装、少女装。

这些现象都是在幼年时的敏感期某种欲望没有实现而带来的后遗症。

还有一个更为生动的故事，一个四岁的小姑娘，父母都在外企工作，家庭条件非常好，可是每当她看到身边的小朋友吃东西的时候，就会奋不顾身地跑上前去要。一日一个同龄的小男孩儿吃海苔，突然被她发现了，她跑上前去用极其乞求的口气对那个小男孩说："给我吃点吧。"那个男孩很坚决地摇摇头说不，小女孩继而可怜兮兮地再次央求："你就给我吃点呗。"小男孩顿感压力，于是飞快地把手里的海苔一股脑地塞进嘴里，由于吃得太快，海苔沫儿扑地一下从嘴角飞了出来，喷了站在对面的小姑娘一脸，小姑娘竟然没有嫌脏，而是用小胖手指把沾在脸上的海苔一点点地放进嘴里，一副很满足的样子。这一幕正好被前来接她的妈妈看见了，妈妈的眼泪扑簌簌地滚落下来。妈妈不解，孩子呀，家里什么都不缺，你怎么能馋成这样呢？妈妈肯定没有想到，今天的现象恰恰是缘于妈妈爱干净，在孩子 1 岁左右时坚决不许她吃手，导致孩子口唇敏感期没有发育好的结果。

敏感期是自然赋予幼儿的生命助力，如果敏感期的内在需求受到阻碍而无法发展时，就会丧失学习的最佳时机，日后若再想学习此项事物，不仅要付出更多的心力和时间，效果也会差很多，如果这股动力运用恰当，则可以帮助孩子完美成长。

下面我们来简单了解一下儿童发展过程中较为突出的十三个敏感期。

视觉敏感期：刚出生的婴儿就存在对光的敏感期，他们会对黑白相间、明暗反差大的地方特别感兴趣。妈妈们应该注意，强光对宝宝眼睛的发育是有害的，而且还会使宝宝内心感到不安，所以宝宝房间里的灯光不宜过强。

对于半岁之前的孩子来说，家长有必要给孩子买一个五官分布很合理的洋娃娃，当孩子的视力发展到一定程度时，他们最感兴趣的就是人的五官。半岁之后可以常常让孩子照镜子。镜子是培养孩子视力及发展孩子认知能力的最好工具。在孩子的床头挂一面镜子，孩子会经常主动爬过去"欣赏"自己，慢慢地他会发现镜子里的那个宝宝就是他自己，这个惊奇的发现，是孩子认知的很大进步。另外为了训练孩子迅速改变视觉方位，协调左右眼的灵活运转，还可以和孩子玩“藏猫猫”的游戏。这是这个时期孩子的最爱。

1 岁以后要训练孩子手眼协调的能力。

听觉敏感期：一般宝宝在出生 72 小时后要做听力筛查。如果孩子在 11 个月前还不会牙牙学语的话，就可能有听力障碍。刚出生的宝宝会对强大的声音有眨眼、震颤、惊吓等条件反射。当新生儿因为不明原因而哭泣时，妈妈可以把宝宝抱起来，贴近自己的心脏，妈妈的心跳声是宝宝在妈妈肚子里熟悉的声音，这样的声音可以让宝宝安静下来。三个月后，宝宝听到声音，会把头部转向有声音的一边。1 岁以后会找妈妈的声音。妈妈无论是给宝宝喂奶还是换尿布都要不断地用温柔、优美的声音和宝宝说话。

口腔敏感期（0—1 岁）**：**婴儿用口来感觉事物、认识事物，不断练习使用牙齿、使用舌头。这个时期的孩子爱吃手、咬人，爱把玩具放进嘴里，事物是圆的、是方的、是软的、是硬的，所有的探索都用嘴来完成。据研究表明，儿童敏感期被延误后，有的敏感期因为孩子年龄大了而不会再出现，但有的敏感期却会反复出现，如口腔敏感期。所以及时捕捉孩子的口腔敏感期，在关键的时期让孩子得到满足，而不出现固着现象。口腔敏感期没有被满足的孩子，会抢别人的食物、随便拿别人的东西，注意力总集中在食物上而不能集中精力学习。把孩子的手、玩具洗干净让孩子尽情地探索。孩子在 4 岁前有吃手的行为都属于正常现象。

手的敏感期（0—2 岁）**：**喜欢抓东西，用手探索环境、认识世界。八九个月的幼儿非常喜欢抓捏软的、细的物体，如香蕉、沙子、面团等东西，如果孩子的敏感期没有得到满足的话，到了四五岁时，他们甚至会拒绝使用勺子或筷子，而是直接用手抓饭。

手的敏感期到来时，有一个抓的过程：一把抓，三指抓，二指抓。用两个手指把细小的物体抓起，这属于手部精细动作，手部精细动作的训练有利于智力发展和神经系统的发育。

手的敏感期到来时，孩子还会有另外两种表现：打人和乱扔东西。这个时期孩子打人并不是暴力倾向，是想引起大人的注意或某种情感的表达，因为此时语言发育还不够好，孩子只能用肢体语言来表达自己的意愿。孩子开始扔东西是因为他发现手不仅能抓东西，还可以扔东西，这对于孩子来说可是一个重大发现。因此在这个阶段不要斥责孩子乱扔东西，只要不要让孩子扔食物、扔贵重物品、扔硬东西就好。

行走的敏感期：在这个时期，孩子有个特点就是哪里不平往哪里走，专找有水洼的坑走，专找脏的地方走，专找有石头的地方走。他们愿意走斜坡，喜欢走超市里的滚梯、走楼梯。要用他们的腿和脚来探索这个世界，这时孩子的走是无目的，也是不知疲倦的。如果孩子在走的过程中跌倒了，妈妈不用过分担心，他不经历跌倒，怎么知道爬起来的滋味。孩子练习行走时，最好不要给孩子买学步车。

语言的敏感期（0—6 岁）**：**婴儿从 6 个月开始就会发出一些单音，直到 1 岁后，他们才能说几个字的词。经过长时期的积累后，他们又突然开始有意识地学习说话，2 岁以后进入“语言的爆发期”，不但会自言自语，还会模仿成人说话。孩子在 2 岁时还迟迟不开口说话，不要以贵人语迟来自我安慰，要去医院检查是否有先天障碍。

两岁多的孩子有时会突然说出一句脏话，妈妈们不必过分担心，孩子只是在那一时刻觉得那句话好玩，单纯地模仿，没有什么具体的意义。妈妈们不用强迫孩子以后不许说这样的话，强调多了，他反而印象深刻，不强调，他说这句话的新鲜劲过去了，自然也就不说了。鉴于孩子有超强的模仿力，妈妈要尽量说正确的、优美的语言。当你经常对他说“臭孩子”时，她也会反过来说“臭妈妈”。他无意中发现“诅咒”性语言会让别人情绪波动，这令他很兴奋。漠视孩子的“诅咒语言”，正因为有人回应他，他才会越发变本加厉。

处于语言敏感期的孩子特别喜欢打电话，妈妈可以和孩子一起做“打电话”的游戏，并试着让孩子拨打和接听电话。

妈妈尽量对孩子使用完整的正确的语言表达，不用AA语言，吃饭饭，喝水水，孩子的语言发展很快，不要等孩子需要语言成长时，妈妈还停留在原地呢。

一个小男孩原本说话好好的，突然变得口吃了。原来孩子是左撇子，奶奶非要把他纠正过来，在纠正的过程中孩子口吃了。如果强迫左撇子改用右手，使孩子已建立的大脑优势半球从右侧改为左侧，常会造成原有的语言中枢混乱，最常见的症状就是口吃，口吃更多的是因为紧张、恐惧而引起的心理疾病。

在语言敏感期妈妈一定要引导孩子用语言来进行表达。

空间敏感期（1—6岁）**:** 喜欢探索空间，最早表现为爬、抓、移动物体等。之后喜欢把东西从高处拨拉到地上，再放回高处再拨拉。之后孩子发现里面的东西能拿出来，外面的东西能塞进去，然后见了洞洞就塞东西。之后喜欢把积木堆得高高的，然后哗啦推倒在地，再搭，再推。接着对狭小的空间感兴趣，钻到衣柜里、桌子底下。再大些会爬窗台、爬楼梯、爬栏杆，最后孩子希望从高处往下跳。总之他要用身体动作来感知空间的大小，家长在保证孩子安全的前提下，对孩子探索空间不要进行太多的干涉。

秩序敏感期（2—4岁）**：** 孩子需要一个有秩序的环境来帮助他认识事物、熟悉环境。一旦他所熟悉的环境消失，就会令他无所适从。比如孩子过节期间要去奶奶家住几天，他以前固有的秩序被打乱了，在新家就会表现出害怕、哭泣，甚至大发脾气，秩序感可以给孩子带来安全感。

另外这个时期，孩子喜欢给物品找主人，把东西归位。在秩序期内的孩子不仅不愿意分享自己的物品，还不允许家里其他人的物品随意交换使用。

利用好这个时期可以培养孩子整齐、完整的意识。

细小事物敏感期（1.5—4 岁）：忙碌的大人常会忽略周遭环境中的微小事物，但是孩子却能捕捉到其中的各种奥秘。因此，如果你的孩子对泥土里的小昆虫或你衣服上的细小图案产生兴趣，那正是你培养孩子细微观察的好时机。

孩子为什么会对细小事物感兴趣呢？这符合孩子心智发展的需要。对于大人来说，孩子是弱小群体，当孩子意识到这点时，他们就会把关注点转移到跟自己同样弱小、细小的事物上面。孩子会赋予它们生命，保护它们，珍惜它们。当妈妈把它们扔掉时，他们会伤心。在这个时期，越是微小的东西，越能引起他们的兴趣，比如小蚂蚁、小石子、小豆子、小野花等。其实这是培养孩子专注力的最好时机，不要轻易打扰孩子，在孩子仔细观察某种事物的时候，给他些时间，不要在这时叫他吃饭，叫他做别的事。这个敏感期完成得不好，孩子大了会注意力不太集中。妈妈不要强迫孩子去观察什么，而是在孩子自己发现有兴趣的事物时，不要去打扰他。

模仿敏感期（0—3 岁）：很多人并不知道“模仿”是 0-3 岁期间的孩子重要的智力发展过程，是孩子学习的主要方式。比如刚出生的孩子就会模仿成人伸舌头、微笑，之后会模仿大人说话和很多动作，最后连大人的行事风格也会模仿。模仿是创造的前提，宝宝对正确事物模仿得越多，积累的生活经验就越丰富，想象和思考的空间就越开阔，创造的灵感就越活跃。但要小心孩子盲目模仿，避免危险动作，尽量给孩子好的模仿“范本”。

执拗敏感期（3—4 岁）：执拗敏感期源于秩序感，在这一时期孩子变得难以变通，极其任性，甚至不可理喻。凡事都要听他的，否则就哭闹。在孩子出现执拗敏感期时妈妈要做到：一、理解孩子，孩子是因为自我意识的发展，体会到“自我”的强大力量，才敢于向父母挑战，和父母作对。另外一旦孩子内心建立的秩序遭到破坏，他内心的不安全感会导致其执拗。二、不与孩子“较劲”，孩子不愿意做时，不强行让孩子做，找个变通的方式，或给孩子一个台阶。

审美和完美敏感期（4—5岁）**:** 这一时期，孩子要求食物或用具必须完整。追求完美的敏感期一般出现在执拗敏感期之后。孩子开始爱臭美，上幼儿园前一定要穿自己喜欢的衣服，早上时间紧，上班族的妈妈常常为此和孩子生气，不如前一天晚上让孩子把衣服挑好，这样第二天就不会手忙脚乱。

人际关系敏感期（3—5岁）**:** 交换是孩子人际关系敏感期的重要表现。孩子们开始交换食物，后来交换玩具，这是孩子获得朋友的一种方式。父母要理解、尊重并给孩子创造这样的条件。孩子在这个年龄没有吃亏占便宜的概念，因此不要把大人的成见灌输给孩子。家长也不要过多地参与到孩子的人际交往中，这样会打乱孩子对人际关系的自然探索，只要我们给予孩子足够的精神支持，孩子内心的自我就会强大起来，就会顺利地度过人际关系的敏感期。

看了以上这么多，妈妈们，孩子的敏感期您错过了吗?

第四章　女儿篇

爱——滋养孩子心灵的秘方

大家今天看到的我，是一个站在讲台后面主讲“妈妈学堂”的老师，是一个专门从事儿童心理研究的老师，但说实话，我并不是做教育出身的，我是学外语的，曾经是做北欧高端商务考察和文化交流的。那么我为什么会改行来做家庭教育呢？这缘于我的孩子。

我有个女儿，今年十八岁，我曾经参加她的十八岁成人仪式，那真的是个激动人心的时刻。看着孩子们一个个穿着成人礼服进入会场，大屏幕上放着她们从小到大的照片，每一个家长都热泪盈眶。怎么就一眨眼的工夫他们就长大了，往事一幕幕就像电影在眼前闪过。我想对在座的爸爸妈妈说，现在千万别嫌孩子烦，人生几十年，真正能和孩子在一起的就这么十几年，好好珍惜吧。

我记得孩子小的时候，我工作特别忙，你想 26-36 岁这十年正好是一个女人处在事业颠峰状态的时间段。当时因为经常出差我不能亲自带孩子，就把她放在了奶奶家直到 3 岁。3 岁孩子该上幼儿园了，我给她找了附近最好的幼儿园——某部队幼儿园，然后把她全托在那里。现在我们都知道 0-3 岁正是孩子建立安全感的时候，她离开了日夜陪伴她的奶奶来到了本就不太熟悉的妈妈身边，可妈妈又把她放到了一个对她来说完全陌生的地方——幼儿园，而且一放就是一个星期。最糟糕的是每次我送她去幼儿园的时候我都会骗她说，妈妈晚上会来接你的，这样孩子才肯进去，而事实是下午我就要坐飞机出差了。每天老师给住宿的小朋友洗屁屁时，她都说我不洗，我妈妈会来接我的。老师说，快洗，你妈说，她出差了三天都不能接你。孩子一听就哭了，因为她最信赖的妈妈骗了她。

我们当家长的有时会迫不得已地对孩子撒一些谎，但有些谎是不能撒的，因为信任是件易碎品，孩子早年对父母的信任一旦破坏了，就会动摇以后父母教育的根基与威信。女儿当时很伤心，加上幼儿园对孩子军事化的管理，孩子不睡觉，老师就凶她，她就一晚上一晚上睁着眼睛看着天花板，等着妈妈的出现。对夜晚强烈的恐惧，导致孩子极度地缺乏安全感。等到周末我去接孩子的时候发现孩子小脸蜡黄，目光呆呆的，问她什么，她也不说，回家后常常不定期哭闹，晚上睡觉时会莫名其妙地从睡梦中突然哭醒，并且那段时间脾气非常暴躁。

直到后来我才知道 0–3 岁孩子安全感的建立对孩子今后的发展有多么重要。安全感的缺失不仅会使孩子情绪不稳定，而且还会导致孩子的智力低下。

孩子从 4 岁开始我给她报了各种兴趣班，钢琴、舞蹈、跆拳道、乒乓球，可我发现孩子学东西并不快，一个动作，别人一遍就会了，她学好几遍还不会。孩子上小学一年级时学习成绩居然倒数第一，乘法口诀 3 乘以 3 永远得 6，总被老师批评，挨了批评孩子就会尿裤子。当我意识到这些问题后，我开始反思，孩子已经不是个普通孩子了，那我就需要用特殊的方法来培养她。我对孩子说，如果有一天学校不要你了，妈妈把你接回家自己教你，妈妈相信你是金子，是金子总会发光的。

此后的十几年，我每天都用一个小时的时间和孩子沟通，给她讲我工作中遇到的各种有趣的故事，同时也让她给我讲一件学校里发生的事，十几年几乎没有一天间断过。因为我相信一句话叫做世界是在对话中产生的，孩子是在故事中长大的。一开始她说话的声音小得像蚊子叫，几乎不能完整地说上一个句子，经过几年不懈的训练后她竟成了一名小小主持人。事实证明，一个孩子的语言表达能力非常重要，它和智力是息息相关的，语言表达好了，词汇量多了，就能把事情表达清楚，孩子的情绪也会相对稳定，而这种提高不是一蹴而就的，而是一天天积累的结果。母亲与孩子的沟通不仅能提高孩子的语言表达能力，更能开启和孩子沟通的通道，这个通道一旦打开了，对今后的亲子关系会产生极好的作用，为您了解孩子打下基础。但如果在儿时这个通道没有被打开，那么到了青春期就很难再被打开了。

高一时孩子的班主任请我去班里讲话，班里48名同学，我可以叫出每一位同学的名字，说出每个孩子的特征。家长们都很吃惊，说你孩子怎么什么都和你说呀，我们孩子都不说。我说这种沟通效果，是我用了长达十年的时间换取到的。现在很多家长会抱怨孩子大了一回家就把门“啪”一关，和父母没有任何交流，甚至考多少分都不告诉家长。其实沟通是种习惯，是从小养成的。如果想和你说话的时候，你说：“哎呀，宝宝，妈妈要做饭，你等会儿啊。”他想让你讲故事的时候，你说：“哎呀，宝宝，妈妈还要赶个工作，你自己先玩会啊！”如果你总是这样的话，那么有一天，等你想找他说话的时候，他已经不想搭理你了，因为他已经没有和你说话的习惯了，那扇曾经为您打开过的大门关上了。所以我们父母一定要留出和孩子说话的时间，哪怕把火关上一会儿，把手头的事情放下一会儿。千万不要以为两三岁的孩子没有思想没有情绪，他从幼儿园回来会有很多的情绪，或许被老师批评了，或许和小朋友闹别扭了，如果父母能成为孩子情绪宣泄的一个通道的话，那么便可以及时化解掉孩子心中很多的结。

女儿小学一年级的时候，成绩很差，我调整了自己的心态，接纳了孩子的现状，降低了对孩子的期望值，只要考倒数第二就是进步。后来我明白一个道理：一个智慧的母亲不是一味地追求孩子的完美而是要有足够的勇气和能力去接纳孩子的不完美，并帮助他一点点进步。调整好自己后接下来就是帮助孩子建立自信。孩子的爸爸总对她说，你真棒，她回一句，棒什么棒，每次都考倒数第一，还棒呢。所以说“你真棒”这三个字是不能随便说的。你要做的是帮助孩子找到她擅长的某一个方面，哪怕在这点上她只比别人好那么一点点，然后鼓励他，一个孩子最容易在他擅长的那个方面取得成绩，然后帮助他获得一次成功的体验。当时因为自己是学外语的，发现女儿也喜欢外语，于是我决定先从外语入手，提前教她一些，让她上课时做到心中有数，举手回答就行了。两周后她果真在一次百词听写中得了第一名，这个第一名不得了，一下就点燃了她从未有过的自信。之后在老师的帮助下我尝试着各种方法，不断努力着，用爱去唤醒她的各种潜能。

其实那个时候我的期望值很低，只希望她能跟得上。没想到奇迹发生了，我所有的输入到了中学时产生了输出。她终于考了全年级第一，当上了学生会组织部长，并在各种讲演比赛中获奖，还在央视少儿频道的“新闻袋袋裤”栏目中客串了主持人，最终成为一个健康、阳光、乐观的孩子。最让我感动的是在我 39 岁生日那天，她冒着 40 度的高温，走了四站地在大街上找了 39 个陌生人，让每个人为我写上一段生日祝福。从我家底商美发、美甲的，到老家肉饼全体员工、苏宁电器全体员工，从美国的游客到外地的献血志愿者，整整写满两米多长的一张纸。在收获感动的同时，我发现原来那个笨笨的连 3×3 得 9 都不知道的女孩子怎么一下子就聪明了，怎么这么有创意了呢。为什么？因为爱，爱是滋养孩子心灵的秘方，爱是开启孩子智慧的钥匙。那一刹那，我突然感悟到了爱的力量和教育的魅力，于是坚定了我从事家庭教育事业的信念。

我曾经做过三年的青少年教育，起因是我挽救了一名辍学少年，让他改邪归正考上了市重点中学，后来又考上了名牌大学。他说：“阿姨，我帮你建个网站吧，这样你可以去挽救更多像我这样的孩子。”一种成就感让我选择了青少年教育。可当我真正接触到青少年问题时才发现那个难度真的太大了，看到那么多青春期的问题少年，看到他们父母痛心疾首的样子，我在感到自己责任重大的同时又觉得自己是那么的爱莫能助。因为当父母们发现孩子有问题时已经太晚了，有的孩子长期生活在自闭的状态中，有的孩子因儿时受了刺激患上了不为父母所知的抽动秽语症而被同学欺负，有的孩子网瘾成性到了连吃饭都不能离开电脑的地步，有的甚至已经走到了精神疾患的边缘。父母们哭着对我说：邵老师，救救我的孩子吧！而我只想问一句：您早干吗了？

青春期是孩子问题的爆发期，但所有的问题、所有的精神疾患，它们的种子都播撒在苦难的童年。小时候父母关系不和，家庭成长环境的恶劣，安全感的缺失，单亲家庭中孩子性别角色的错位，父亲过多的挫折教育，母亲无端的情绪发泄，爷爷奶奶无条件的溺爱等等都是造成孩子青春期问题的原因。于是我转到早教领域，因为在这里一切都还来得及。早期教育不仅是对孩子智力的开发，更是对孩子心灵的养护。

对孩子心灵的呵护并非一朝一夕的事情，它是一个漫长而持久的过程。在养育孩子的过程中常常会遇到很多你意想不到的事情。

2008年的暑假原本答应孩子和她同学母女一起出国旅游的，却因为北京奥运会要接待挪威奥组委主席而不能兑现，那年的十一正是孩子初三面临中考的关键时刻，但孩子一直心心念念着这次旅行，又碰上我们两个不怎么看重分数的妈妈，于是我们用“读万卷书不如行万里路”来释怀着自己，决定在十一带孩子们去韩国玩个痛快。白岩松有本书叫《痛并快乐着》，而我们这次旅行是名副其实的快乐并痛着。别的同学在国庆七天里上着这个补习班、那个家教课，做好充分的准备迎接初三的第一次月考，而我们是足足玩了七天，连作业都是在飞机上匆匆赶出来的。

回国后上学第一天就开始考试，由于没有任何准备，两个孩子在500名同学中一个考了201名，一个考了202名。女儿遭到了中学期间最大的一次打击，加上六门功课的老师轮番找她谈话，问她为什么成绩下滑得这么厉害，而且下一次的考试是按这次考试的排名来分考场的，同学们都惊讶原来每次考试都在第一考场的她怎么到了第五考场。同学异样的目光、老师殷切的期望都化成了无穷的压力。在第二次大考后孩子对我说，妈妈我想转学。我想去一个没有人认识我的学校从头开始，我实在无法承受从一个优等生变成一个普通生了。那天我和孩子聊了五个小时。我对她说了两件事：第一，明天你把裤子铰一个口子，在学校走一圈，看看会有几个人发现你裤子上的口子。其实没有那么多人在意你，初三了，每个人在意的是自己，没有那么多工夫去在意别人，是你太在意别人的评价，于是把别人看你的眼神放大了，用个心理学的名词叫“舞台中心感”，觉得所有人都在关注你、嘲笑你但这并不是事实。第二，妈妈给你出个好主意，下次考试再考一次二百多名就好了，你再进一次第五考场，别人就不议论你了，因为大家已经习惯你是个中等生了，所以我们没必要转学。明天公布成绩，如果你不能面对，你可以休息一天，等成绩公布完了，你再去。我给孩子请了一天假，第二天她在家听听音乐、看看电视，彻底放松了一天。第三天她去上学了，可偏偏前一天没有公布成绩，恰巧是这天公布，经过一天的调整，她也坦然接受了，发现这次果真又考了一个201。之后孩子放下了思想包袱，开始轻装前进，学习成绩稳步提高，最后以优异的成绩考进了本校的实验班。

通过这件事让我明白了三个道理：

一、“说出你的焦虑，你就不焦虑了。”

有的时候孩子说不想上幼儿园了，甚至以后不想上学了，不要把它当成一个天大的事情，马上训斥孩子。孩子能把真实的想法告诉你，那是你的幸运，他说着，你听着，时而和他共情一下表示理解，时而给他一些切实可行的建议。可能他说完就完了，明天照样背着小书包高高兴兴去上学了。孩子需要的是发泄，让孩子对家人适度的宣泄是给孩子减压的最好方式。这在心理学上叫做“说出你的焦虑，你就不焦虑了”。

二、给孩子制定一个止损点

每个孩子的心理承受能力不一样，有的抗击打能力强，你越给他压力，他越有动力，并且不怕失败，越挫越勇，但有的孩子生性敏感，因为小时候安全感缺失或其他种种原因，经不起情绪上的大风大浪，这样的孩子父母不要一味地给孩子施加压力，孩子如果不能优秀，但起码要健康。很多父母不关注孩子，不真正了解自己孩子的心理边界，一味地给孩子施加压力，总让孩子再坚持一下，而往往是这最后的一下，成了压死骆驼的最后一根稻草，导致孩子彻底崩溃，最终毁了孩子。所以当各种压力快要触碰到孩子的心理边界时，父母要记得及时止损。

三、孩子心灵的成长是呈螺旋式上升的

做父母的不能因为孩子某一次或某一阶段的成功就认为自己的教育大功告成，很多事情是会反复的，如同我们减肥，稍不注意就会反弹，但也不要因为孩子的反弹表现而让自己沮丧甚至绝望。孩子心灵的成长是呈螺旋式上升的，他每一次反弹过后，只要你处理得当，他会呈现更大幅度的进步。女儿在高三的时候，情绪一直非常平稳，她对我说，妈妈，其实初三的那次挫折对我后来的抗击打能力的提高是有很大帮助的。所以妈妈们，不要在乎一时的得失，要看长远。

另外有些家长把孩子的智力开发当成头等大事，觉得孩子只要聪明比什么都强，他们的口号是绝不让孩子输在起跑线上。那么我请问各位妈妈，我们的人生是长跑还是短跑？是的，人生是长跑，想在这样的长跑中获胜不仅需要速度还需要耐力，不仅需要坚强的意志品质还需要乐观、豁达的良好心态。有的孩子特别优秀，可却因为没有良好的心态在人生的长跑中突然自动放弃，这样的例子不是没有，重点高校中每年都有自杀的学生。因此一个孩子的综合素质才是决定最终他是否能赢的必然条件。做父母的不要那么急功近利，不要让孩子在小的时候把劲使冒了，到后来没后劲了，一定要让孩子保持对学习浓厚的兴趣。那些高呼“不能让孩子输在起跑线上”的父母往往因为自己的功利心和不得法的教育，最终让孩子输在了自己的手里。所以说没有输在起跑线上的孩子只有输在家长手里的孩子。

在我女儿小学二年级的时候，有一天我和一个家长聊天，我问她你都管孩子什么，她说除了学习，我什么都不管，就抓学习。我就开玩笑说我除了不管学习，其他什么都管。十年后我孩子的成绩比她孩子高出一百多分。她就问我，我天天抓他学习，找家教，做练习，一刻都不放松，怎么就是不见提高呢？我说因为你遏制了他学习的兴趣，你抑制了他学习的主观能动性。学习有的时候就像我们打台球，你击中那个白球是为了用白球去击那个红球。你让孩子把所有的时间都花在做练习题，你倒是记住了熟能生巧这个道理，可却忘了学习是要用心的这个道理。

学习其实是孩子自己的事情，但很多时候成了父母的事情了。那天我听一个广播节目叫《东吴相对论》，那期节目是以一个非常火的电视纪录片《舌尖上的中国》作为由头，讲的是中国的餐饮文化。它说现在大家的口味都很重，喜欢吃辣的，川菜啦，湘菜啦，其实呢，最好的菜应该是粤菜，因为粤菜清淡，你可以吃出菜本身的味道，青菜你可以吃到那口淡淡的甜味。在广东，最好的鱼是生吃，其次是清蒸，再其次是红烧，最后才是油炸或做水煮鱼。川菜也好，湘菜也好，我们更多的是在吃调料，而食材本身所具有的味道我们却吃不出来了。粤菜会经常煲汤，但是只放一点点盐，这点盐起的作用是调动出那只鸡、那条鱼本身的味道。我觉得这和我们的教育是一个道理。父母其实应该就是汤里那少许的盐，所起的作用就是调动孩子学习的能动性和积极性，告诉孩子世界之大、万物之广，至于探索、发现、研究就留给孩子自己去做。我们不要去做那重口味的调味品，在孩子身上看到的都是父母的东西——父母的思想、父母的努力，父母作品的复制，而没有孩子自身的东西。这样的孩子缺乏独立性，没有创造性。

我一直坚信生活就是学习，学习来源于生活。当一个孩子对生活有着广泛而浓厚的兴趣时，只要你恰当引导，他一定会爱学习的，而一个只知道死读书的孩子在当今这么一个多元的社会里他一定会 OUT 的。孩子的心灵也是需要放飞的，当他视野越广、接触的事物越多的时候，他对事物的领悟力、判断力自然会提高，因此他的学习能力就会提高。所以爸爸妈妈们一定要密切关注并小心呵护孩子的学习兴趣。另外当你认为对孩子的教育是生活教育时，那么教育的时机就无处不在，千万不要走到平时没啥可说的、出了问题说啥都没用的地步。

很多家长问我，要不要干涉孩子交朋友这件事，家长还是希望自己的孩子能交到好朋友，所谓近朱者赤，近墨者黑。我会关注孩子交了什么朋友，并了解她为什么和这个孩子做朋友。我们很多家长总是希望孩子和比他学习好的孩子在一起玩，如果那个学习好的妈妈也这么想，谁还跟你孩子玩？我认为孩子应该有三种朋友：一种是比他强的，和这样的朋友在一起，他可以获得进步，这种进步是方方面面的；第二种是比他差的，和这样的朋友在一起，他可以收获自信；第三种是和他差不多的，和这样的朋友在一起，他收获的是知己，是 360 度全方位的理解，因为感同身受。所以不要粗暴地干涉孩子的人际交往，他的交往有他自己的心理需求，你只要悄悄地关注，不动声色地点拨就好。

女儿在大学学的是广告学，很多人问我为什么首选了这个专业，我说，因为她喜欢，因为她从小就满脑子都是创意，并且可以把想到的东西付诸行动。我认为尊重孩子的意愿比强迫他去做你想做的事要明智得多。每个人都有自己的一生，与其把理想、成功、幸福的砝码全都加在孩子身上，不如让他们轻装前行，活出属于他们自己的精彩。

这就是我十八年来的育儿经验，在我的亲身经历中我认为滋养孩子心灵的秘方就是爱，教孩子学会爱自己、爱生活、爱这个世界。

十六岁花季

女儿的十六岁生日时的班会，恰逢三八妇女节。她的班主任杜老师是一个四十岁的中年女教师，她邀请了所有学生的妈妈来参加家长会，并特别邀请我在会上做个演讲，和妈妈们一同回顾一下我们的十六岁、我们的青葱时代。

以下的文字是那天的演讲稿。

十六岁是个很特别的年龄，是一个充满朝气、充满希望的年龄，对于任何年代的人来说，这个时期所发生的事件都是一生中最美好、最值得回忆的事情。

16 岁那年，看了一部电影《红衣少女》，然后学着女主人公安然的样子和妈妈顶嘴，觉得那样就是长大了，就是成熟了。

16 岁那年，正好是国庆 35 周年，学校让大家学跳集体舞，《阿细跳月》《青春圆舞曲》，第一次触碰到男生的手，心里跳跳的，感觉怪怪的。

16 岁那年，北京成立了学通社，各个学校纷纷办起了校报，小记者拿着介绍信可以到处采访。当时正在播放一部电视剧《寻找回来的世界》，我们就不管不顾地跑到了儿艺，去采访了电视剧中男主角的扮演者许亚军。16 岁的年龄敢想敢干，无所顾忌。

16 岁那年参加了一次北京市讲演比赛，奖没拿到，却结识了一位同伴。他是人大附中的韩剑同学，16 岁的他意气风发，慷慨激昂，才华横溢，风流倜傥，真的算得上是我们那代人中的佼佼者。于是我回家迫不及待地连夜赶写了一篇作文《比赛见闻》，写的就是韩剑，作文还得了奖。可万万没想到的是 20 年后一次偶然的机会，从同学那里得知我年少时的青春偶像居然就是今天的雪村，“翠花，上酸菜”。太不可思议了，太意外了，我怎么也不能把昔日我心中的那个翩翩少年和今天电视上的东北活雷锋画上等号。人的变化真的太大了，所以我想说年少的时候，喜欢也好，讨厌也罢，都不代表永远。因为人是会变的，你的审美标准也是会变的。

16 岁那年，我的一位同学，因为没有考上高中而离开了学校、离开了我们，当时高中需要 360 分，他考了 330 分。我至今难以忘怀他离去时怅然的眼神。一年后，他去了日本，参加了一个国际流行歌曲大奖赛，在 58 个参赛国家中，他的作品脱颖而出，得了总指挥奖。回国后，电台采访他，他说：那年我要是考上高中就好了，那样领奖的时候就可以说中国、北京、八一中学，可是我没有考上，我没有了组织。听得出中考的失利对 16 岁的他来说打击真的很大，但就是因为这样一次失败，使他从此发愤图强，努力学习音乐，终于成为中国流行乐坛的一棵常青树。他就是今天湖南卫视超女的评委常宽老师。所以，我想说，同学们，高考不是唯一的出路，但执着的努力却是通向成功的唯一渠道。

16 岁那年，爸爸带我去参加一个国际贸易洽谈会，爸爸讲德语，而碰到的客户讲法语。两人没法沟通，就让我用磕磕绊绊的英语向对方介绍一种产品叫鹅肝酱，因为当时的词汇量太有限，闹出了一堆的笑话，从此下定决心好好学外语。20年后当我见到了挪威国王、接待了挪威奥组委主席时，我才突然意识到儿时不经意的一次机遇、一个小小的兴趣，都会成为今后职业理想的萌芽，所以同学们，好好珍惜你身边的每一次机会，好好呵护你自己的每一个兴趣爱好。

我们的16岁，和你们有太多的不一样。

我们吃的不是必胜客、麦当劳，而是冬储大白菜；我们穿的不是北欧的VERO MODA，而是一身军绿，英姿飒爽；我们跳的不是街舞，是略带些傻气的集体舞；我们模仿的不是Lady Gaga，而是台湾的邓丽君。

我们没有MP4，有的是手抄歌本；我们没有手机，留的是通信地址；没有哈根达斯，喝的是北冰洋汽水；没有开心网，玩的是穷开心。

同学们，你们听我说这些，一定觉得特老土，但是我们的16岁在我们心里依然美好，因为年轻，因为美丽，因为那里是梦开始的地方。

记得16岁的生日礼物是断臂的维纳斯，16岁的生日聚餐是醋熘土豆丝。

16岁，默念着北岛、顾城的名字，学着写朦胧诗，觉得自己特文艺；

16岁，读着琼瑶的小说，唱着《光阴的故事》，觉得自己特浪漫；

16岁，第二次对越自卫反击战，给老山前线猫儿洞的战士写慰问信，觉得自己特豪迈；

16岁，特别喜欢交朋友，校内校外，男生女生，见面介绍都说这是我的一个朋友，觉得特有面儿。

这就是我们的16岁，青涩但不乏味。

说到这些时，恍惚间我觉得自己又回到了当年，那尘封了整整26年的16岁记忆，居然如此清晰地跃入脑海，每一个画面都历历在目。于是我终于明白了，原来青春是不会忘记的，原来青春是不能忘记的。

转眼26年过去了，幸运的是我的女儿拥有了一个比我更精彩的16岁。每天她都会兴奋地给我讲述班里的各种趣闻，以至于让我在不知不觉中记住了你们46个同学所有人的名字。

按说我们这个年龄，已经很少流泪了。可当我无意中从孩子的作文里发现这样一句话：有一种精神那就是高一一班精神时，我愣住了，当她向我讲述那50个俯卧撑的故事时，我流泪了。因为精神这个字眼已经太久远了。我感动，是因为你们不是在被动地学习、效仿某种精神，而是自发地创造了一种属于自己的精神。我为我的女儿感到骄傲，因为她生活在这样一个优秀的集体中；我为我的女儿感到自豪，因为在她16岁的时候遇到了你们这样一群青春伙伴。

有一个人因为自己曾经拥有美丽的16岁，而决定把她所爱的人的16岁都变得美丽，这个人就是你们的杜老师。一个在潜移默化中让你们形成了高一一班强大凝聚力的老师，一个无时无刻不在培养你们集体优秀意识的老师，一个精心呵护你们的每一份情感、每一种兴趣爱好的老师。每当大考完，她就把你们放归到大自然中，大学校园、植物园等，让大自然的阳光雨露滋养你们，她努力着，尝试着，创造出一种属于中国孩子独有的消遣方式；每当大考完，她费尽心思地联系各种社会实践活动，让你们去银行见习，看着你们点钞票的样子，杜老师一定在想：这中间没准哪一个就是未来的银行家呢。每次活动前她都会让你们喊口号，第一次你们会觉得别扭，第二次会习以为常，第十次你们会觉得高一一班就是一马当先，就是独一无二。这就是精神的力量。

两个月后，有些同学就要离开一班去文科班了，我想他们会有太多的不舍和眷恋。不过我相信就是去了文科班的他们也会在考试前默念这个口号，因为他会觉得自己永远都是高一一班的一分子。高一一班的优秀会注入到他们的血液中，陪伴他们的一生。

最后，我要说杜老师，她用自己60后的智慧、激情演奏着90后的交响乐，而你们高一一班将是这交响乐中最华彩的篇章！

孩子，你恋爱了吗？

孩子，你恋爱了吗？如果还没有，妈妈提前来和你谈谈“恋爱”好吗？

你一定会觉得奇怪，我的恋爱怎么和你谈呢？因为当我看到有的妈妈为儿女早恋着急、气愤、不知所措时，我想，倒不如提前把恋爱的道理讲给你，凡事都要打个提前量，到你恋爱时，你好受用呀。恋爱其实是一种能力，真的不是每个孩子都有这种能力的。否则就不会有那么多的孩子频频恋爱又频频失恋了。

恋爱不是件容易事，它需要你具备很多的素质。一是要有被人爱的资本，二是要有爱别人的能力，三是要有可以承受被人拒绝的胸怀。这三点你都具备了，你就可以恋爱了。

恋爱其实是人际关系中最难的一种关系。有的孩子和一般同学相处，都处得很好，一谈恋爱就不行，初恋是一个人第一次和一个没有血缘关系的人最紧密的接触，很快性格中所有的毛病都会暴露无遗。他的缺点是不是能被对方接受，他是否能宽容对方的毛病，这一切都考验着这个孩子。一个能把恋爱谈好的人一定是个能力很强的人。

第一条，被人爱的资本。这是恋爱的硬件条件。美丽、清纯、温柔、智慧，你都拥有了吗？记住，姿色永远是随着你生命的延续而减分的一项，而智慧却是你人生中加分的一项。琴棋书画、诗词歌赋，你精通了几样？洗衣做饭，收拾屋子，你样样都能拾起吗？孩子如果你还没准备好，我们不急。

第二条，爱别人的能力。很多女孩子在这方面存在着很大的误区，认为我喜欢哪个男孩，就意味着我有了要求他对我好的权利，就意味着我有了对他发脾气、任性的权利。孩子，不是这样的。爱别人是给予，是让对方快乐、自在。这需要一个人深层次的善良和豁达。如果你还没修炼好，那就再等等。

第三条，被人拒绝的胸怀。孩子，当你遇到心仪的男孩，记住这样一句话："从不主动追求，永不放弃诱惑。"不主动追求，显示出你的矜持和尊贵。不放弃诱惑是让自己身上的美丽、光彩尽情散放，没有人能抵挡得了美的诱惑。但你要知道，这世上一定有比你更优秀的女人，当你比不过别人时，就坦然放弃。死缠烂打最不可取，你豁达的胸怀也许会让你在失去一个爱人的同时，得到一个永远的朋友。这世上没有唯一的东西，爱人也一样。当你足够明白的时候，你挑的可能不是最优秀的男孩，但一定是个不错的孩子。其实爱情美不美、日子好不好，不完全在于对象怎样，而是你把它过得怎样。明白的女人什么样的日子都能过好，不明白的女人，白马王子到她手中，她也会错过。这种慧眼、这种定力、这种胸怀，非一朝一夕就能练就的。孩子慢慢来，我们有的是时间。

如果有男孩喜欢你，那是一件值得庆幸的事，也许因为你漂亮，也许因为你可爱，也许因为你善解人意。不过孩子，别着急，只有不断学习，你的可爱才会得到升华，因为气质和能力是在学识的基础上产生的。那时你才会被更有气质、更有才华的人欣赏到。恋爱不在乎谈得早、谈得多，而要谈得好、谈得美。

这是我在女儿十六岁的时候给她写的一封信。

在孩子青春期的时候，父母最怕的就是两件事：男孩子是网瘾，女孩子是早恋。

很多孩子在青春期的时候都会有一段懵懂的爱情，这段爱情大都不会修成正果，却会成为人生中最美好的一段记忆。

面对孩子的第一份情感，做父母的你准备好了吗？

首先，把孩子的情感往美好的方向引导。

做父母的要尊重并保护孩子的第一份感情，不要轻易地把感情与邪恶和性联系在一起，你要知道孩子的一生中或许会遇到很多次的情感经历，但这一次一定是最纯洁的。

不要轻易地给孩子扣上早恋的帽子，更不要去羞辱孩子。在这个年龄段，父母会有这样那样的担心也是正常的，青春期这个特殊的阶段使孩子对性充满了幻想与好奇，而网络的发达使孩子有更多的渠道了解性的信息。这是我们和网络争夺孩子最关键的时刻，孩子的情感是需要引导的，让美好的感情战胜性的冲动。一个志趣高雅的孩子，会以诗的形式、音乐的形式来传递和宣泄他的情感，会以日记的形式、博客的形式来记录他的这份美好，会以加倍的努力和拼搏来展现他的才华和优秀。这是一种正向的动力，我们只要默默地关注并悄悄地和他分享这份甜蜜就好。细心的妈妈会发现，孩子吃吃饭会情不自禁地傻笑，看看书会发呆，恋爱中的孩子，眼神里会有一道光芒。初恋的美好会让他觉得整个世界都是那么美好，以至于日后年老了，都不记得自己喜欢的那个人长什么模样了，却仍不能忘怀那段青葱岁月。

因此理解孩子、认同孩子，并正确地引导孩子才是我们父母该做的，只有那些内心世界非常空洞的孩子才会直接把感情和性迅速地联系起来。所以可怕的不是爱情的来临，而是如何面对爱情。每个孩子的人性里都有善、恶两面。做父母的有义务把孩子最美好的一面激发出来并加以放大。恋爱也一样，你把它往美好里引导，它就会变得美好，你把它往邪恶里归纳，它就会变得邪恶。尽量培养孩子的高自尊，因为这样的孩子会在恋爱中学会选择与克制。

其次，父母不要防范过当。

有的父母，一听到孩子早恋，就如同碰到洪水猛兽，惊恐万状。在给孩子做疏导的过程中，加入了太多的负面信息。孩子听了以后，因为害怕，当时的确没有做出任何出格的事情，但这种影响却给今后的生活带来了太多的负面影响。

比如有一个母亲害怕女儿和异性发生性关系，就对孩子说和男人发生关系是多么痛苦、肮脏的事情，还有一个特别严厉的父亲对女儿说，如果你敢不检点，小心我用火筷子烫你。在这样的威胁、恐吓下，很多女孩子在青春期时倒是平平安安了，可是结婚后却遇到了严重的性心理障碍，她们一点都不认为性生活是一件美好的事情。还有的父亲为了让女孩对男孩有防范意识，天天警告女儿，男孩都坏着呢，以至于让女孩对异性有了一种本能的厌恶感，年龄很大了，还不愿和异性接触。所以教育不是片面的、间断的，而是持续的、全面的。

第三，告诉失恋的孩子要爱惜自己。

“其实你执意想和她做普通朋友，是因为你心里还是没有放下她、放下这段感情。你还是想了解、关注关于她的一切。当你还有这么多的念想的时候，是做不了普通朋友的。算了吧，把这页翻过去吧，关注自己，关注学业。这样的结果会是两种：一是你越发出众，会有更多的女孩仰慕你；二是你越发神秘，那个曾经伤过你的女孩也会回头关注你。”

这是我对一个失恋的男孩写下的忠告。失恋对于一个第一次恋爱的孩子来说无疑是痛苦的。并且是对孩子自尊、自信的一种打击。做父母的一定要守护在孩子身边，根据孩子的性格特征，用各种方式激励孩子，让孩子重新点燃对生活的激情。

另外也是非常重要的一点就是要告诉孩子不管在任何情况下不可以伤害自己的身体。要懂得“身体发肤受之父母，不敢毁伤，孝之始也”这个道理。有些孩子在极度伤心的情况下会自残、自伤、甚至自杀，父母要提前给孩子讲明一些道理，身体是父母给的，你没有权利糟践它。因为你身体的任何一点受伤，都会让父母心痛欲绝。一旦感情失败了，心灵受伤了，爸爸妈妈会陪你一起清洗伤口，陪你一起疗伤，等它慢慢愈合，切记不可拿身体出气。自残、自伤与其说是愚蠢，不如说是大逆不道，那是对父母最大的伤害。

恋爱是人生的一堂重要课程，它对一个孩子今后的生活态度有很大的影响，做父母的千万不要错过这样一个千载难逢的教育良机，一个美好的初恋会让孩子幸福一生。

女儿的生意经

一日在家和女儿闲聊，问她二十年后想以什么姿态和同学见面，她说："我希望我以小富婆的姿态和同学见面，开着名贵的跑车，挎着名包。"说得我目瞪口呆，我忙问："你不想当杨澜了？"她说："我从来就没想过要当杨澜，那是你的梦想，不是我的，我就是要当小富婆！"然后做个鬼脸进屋了，我愣在那儿半天合不上嘴。我没这个遗传基因给她呀，书香门第的出身多多少少会让我有些假清高，有些重名轻利。曾几何时，自己的小文章被发表了，在乎的肯定是自己的名字变成了铅字，而不是那区区稿费。以前没少灌输给孩子要做文化人的思想，怎么就突然要当小富婆了呢？

回到屋里，我左思右想、前思后想，终于想出了眉目，找出了线索，理出了头绪。原来她有这种想法已经不是一天两天了。

记得女儿十岁那年，我给了她一辆小推车和十块钱，试着让她去菜市场买菜，我在外面等她。可半个小时过去了，她还没出来，情急之下，我忙冲进市场找她，茫茫人海，只见瘦瘦小小的她在人群中挤来挤去，满头大汗地推着车出来，兴奋地对我说："妈妈，我买到了全市场最便宜的西红柿和黄瓜！""何以见得？""我每买一样东西，都问了三四家，找最便宜的买呀，你看我买的多吧。"看着女儿骄傲的样子，自己是又心疼又好笑，小小人儿还知道货比三家呢。此后，每当我再去菜场，卖菜的都会和我调侃："你那精明女儿没来呀，她上次都不买我的菜，嫌贵！"

十一岁那年，女儿数学不好，我给她请了个数学小家教，愿意当家教的大学生一般都是外地学生，家境都不太好。教了一阵子，小老师看见我家有钢琴就对女儿说："小时候，我特别想学钢琴，可家里穷，学不起，我看你家有琴，你能教我吗？"女儿爽快地答应了问："多少钱一节课？""十块。""才十块呀，你教我数学四十块，我教你钢琴才十块，再说我妈当年是花一百五一小时请老师的呢！"小老师坚持说："我只能给十块，你教不教吧。"女儿心想到手的生意哪能黄了，马上说："行，成交！"于是为了挣这十块钱，她每天备课、弹琴，别提多认真了，只是有一个要求，那十块钱不能抵数学家教费，要另付给她。我说那当然，劳动所得嘛，就这样她赚到了她有生以来的第一份工资。只是好景不长，此后小老师一到我家就抓紧一切时间练琴，女儿才教了 10 次，小老师的水平就赶上她了。

十二岁那年，假期里，女儿和同学 Y 一起去吃吉野家，店里搞活动，送给她们一个杯子，两个小丫头一琢磨，一个杯子给谁呢，干脆把它卖了吧。两个人为有这样一个有创意的想法激动半天，然后就跑到了翠微大厦，卖儿童用品的那层，寻找商机。开始杯子定价 10 元，见到顾客就问，但半天没卖出去，两人一合计，认为可能是定价太高，于是从 10 元降到了 6 元，销售策略也有所改变说是学生实践活动。看到对面来了一个阿姨，两个孩子急忙上去你一言、我一语："阿姨呀，您反正也是要给孩子买玩具，不如买我们的，又实用，又好看，还便宜，也算您支持一下我们的实践活动了，才六块钱。"也许阿姨被孩子的认真劲儿所感动，爽快地掏了钱。六块钱！卖出去了，两个孩子忘情地抱在了一起。一人三块。可三块钱能干什么呢？女儿说："这样吧，我们每人再添 2 块，凑够 10 块，我们再去做一笔大生意。"她们拿十块钱去买了10瓶矿泉水，摆在商场门口卖。两个小时过去了，一瓶也没卖出去，孩子们灰心了，又渴又累，一人五瓶矿泉水，全部自产自销了。

十三岁那年女儿做了一笔真正意义上的生意，因为这次投入了成本，她和小 Y 一人投了 10 块钱。20 块钱在天桥的这头买了一只小兔子，准备到天桥的那头把兔子卖了。两个孩子冒着酷暑，在烈日炎炎下守兔待人，四十分钟，没等到一个人，小 Y 有点蹲不住了。“咱们撤吧，卖不出去的。”女儿坚持说：“再等等，再等 5 分钟好吗？你知道我妈平时不怎么给我零花钱的，我投进了 10 块钱呢，成本太高了。”可怜的小 Y 像被晒蔫的茄子一样歪倒在一边，默默地忍受着这最后的五分钟。但是奇迹就这样发生了，小兔子在最后的两分钟里以 46 元的高价卖了出去，两个孩子各自分得纯利 13 元。后来女儿总结到凡事都要坚持，胜利会在最后一刻向你招手。

中考刚一结束，女儿就被一个同学订走了，原因是学校科技节时，女儿帮她卖书，战绩不错。中考完了，一堆没用的参考书可以卖，女儿谈好分成比例四六开，同学出书拿六，女儿出力拿四。不成想，刚谈好这边，那边又有人要和女儿合作，居然有两个合作方，真是得意呀，于是秉着薄利多销的原则，女儿的利益从四六开变成了两份三七开。就这样为期三天的卖书生意开张了。

第一日回来，看到女儿的肩膀被晒得黝黑，两只小手被绳子勒出了道道红印，为娘我心疼得眼泪哗哗地流。女儿却不在意地说：“出力嘛，总是要干点苦力活的。不过妈妈，今天我太有成就感了，和多方交涉，才使小书摊得以生存呀。妈妈你知道吗，有个初一的小孩，要和我砍价，我没同意，她说她妈是工商局的，让她妈妈来抓我，我说你妈来了你可一定给我打个电话，我好赶紧跑呀！后来小饭馆的老板又来找我麻烦，说我们妨碍他们的生意了，我是又作揖，又鞠躬，才把他摆平。对了，居然还有个学生说，在这卖书，你丢不丢人呀，我大声说靠自己劳动挣钱不丢人，花父母的钱才丢人呢！”女儿喋喋不休地讲述着、比划着，我的心呀，随着她故事的起伏而跌宕着。

第二日回来，我问生意如何，她摆着手说，今天生意不好。我说要不要顺便卖点别的小商品、衣服之类的。女儿气愤地说："那怎么行，你那是降低我书摊的品位，我是文化产业，只卖书、CD 和明信片。"

第三日回来，女儿手里拿着她这三天挣到的 200 元钱在我眼前晃了晃，这是她经商以来挣得最多的一次。她说："妈妈，昨天不是生意不好吗，晚上我看了一本营销的书，今天现学现卖，还真管用。我看今天一初中生特想买我的书，我就一本都不降价，一下卖了 12 本。"我想她一定会非常珍惜这二百块钱，因为里面凝结着她多少汗水和智慧呀。

两年前，我学了心理学，一心想退休后开个心理诊所，就鼓动女儿让她大学也学心理学，然后我们好母女联手，可她说，我不学心理学，我要帮你卖呀，你光会讲，可没人知道你，谁来你的诊所，所以我要宣传、推销。这一刻，我发现，她是真的爱钱，爱挣钱，爱把一块变十块、十块变一百、一百变一万的过程。

一日女儿回来，一脸沮丧，问何故，说初中的时候，评语里总是多才多艺，可这个高一一班，实在是能人太多了，相比之下，自己一样特长都没有。我忙说："谁说你没特长，你有呀，你会砍价呀！"女儿一听，两眼放光说："是哦，论砍价，我们班谁都比不过我。艺术节的衣服，我从一百一套砍到了五十一套，老师让我做作文集，复印时，我从一块砍到八毛，妈妈，你说我这么爱砍价，是不是因为我们家太穷了？"这时，坐在一旁的爸爸不乐意了，说李嘉诚年轻的时候还砍价呢，那说明你有经济头脑、有成本意识。听爸爸这么说，女儿一脸的释然。

一日女儿洗头回来，说洗头的小工非常不错，用心、肯学，以后自己开公司一定聘用她。

看着女儿的梦想越来越大、志向越来越高，可心却越来越浮躁，一天，我给女儿讲了一个故事。一个公司里有一个部门，有一个老总和一个副总。

老总有很多创意、很多点子，每次他的创意都由副总去实施，他们配合得非常好，他们部门的业绩每次都是全公司第一，后来总公司就把这个部门的老总和副总分别调到两个不同的部门做老总。当老总的那个人仍旧就有许多创意，可是他离开了副总，没有人帮他去完成他的想法，很快他的业绩就不突出了，而那个副总，受以前那个老总的影响，思维得到了启发，再加上他有实施创意的能力、有脚踏实地的精神，很快他的业绩就一跃成为第一了。故事讲完了，也不知女儿听懂了没有。

有时，我也会想，人各有志，随她去吧，也许上帝真给了她这个灵性呢！有个小富婆的女儿也不错嘛，真不知她以后的那辆跑车是黄色的呢还是红色的呢？

特殊的生日礼物

女儿是个天才的创意家。我们的每一个生日，她都会为我们创造出一个个惊喜。无论是一顿丰盛的早餐，还是一面生日纪念墙，无论是为爸爸亲手制作的模范父亲奖状，还是清晨的时候，妈妈刚刚睁开惺忪的睡眼，她就拉着爸爸举着蜡烛，站在床边唱着那首无伴奏的生日快乐歌（她说生日是要从早晨醒来就开始祝福的），这一切都让我们喜出望外、感动万分。其实女儿有的不光是创意，更是对父母的浓浓爱意。

在所有的礼物中，有一件礼物最特别。那就是在我 39 岁生日那年，她花了五元钱买了一支笔和一张两米长的纸，冒着 40 度的高温，用了四个小时，在大街上请了 39 位陌生人为妈妈写下了 39 段生日祝福。在这过程中她跑遍公寓下面的所有底商，去过妈妈曾经去过的所有店铺，最后沿着长安街走了四站地。她遭到过拒绝，受到过奚落，但却坚持做出了这份无与伦比的生日礼物。

随着时间的推移，纸张变黄了，字迹模糊了。为了永存这份特殊的礼物，这份难得的孝心，今天我把它在此呈上，作为永远的纪念。全文如下：

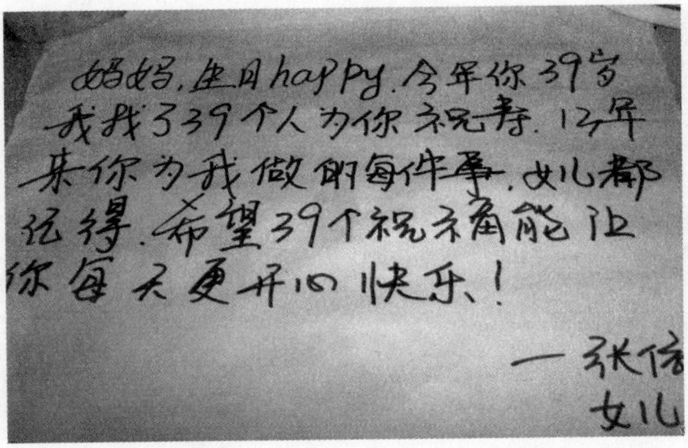

妈妈，生日happy，今年你39岁
我找了39个人为你祝寿。13年
来你为我做的每件事，女儿都
记得。希望39个祝福能让
你每天更开心快乐！
——张依
女儿

妈妈，生日 happy，今年是你 39 岁，我找了 39 个人为你祝寿。13 年来你为我做的每件事，女儿都记得，希望 39 个祝福能让你每天更开心快乐！

——张　依

女　儿

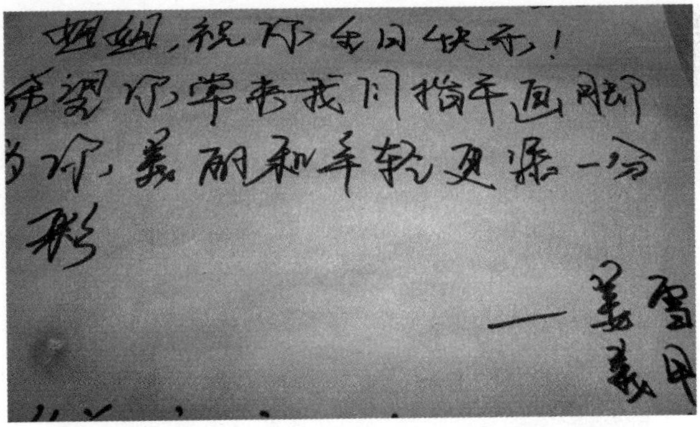

姐姐，祝你生日快乐！
希望你常来我们指手画脚
为你美丽和年轻更添一分
彩
——姜雪
美甲

姐姐，祝你生日快乐！希望你常来我们“指手画脚”，为你美丽和年轻更添一分色彩！

——姜　雪

美甲师

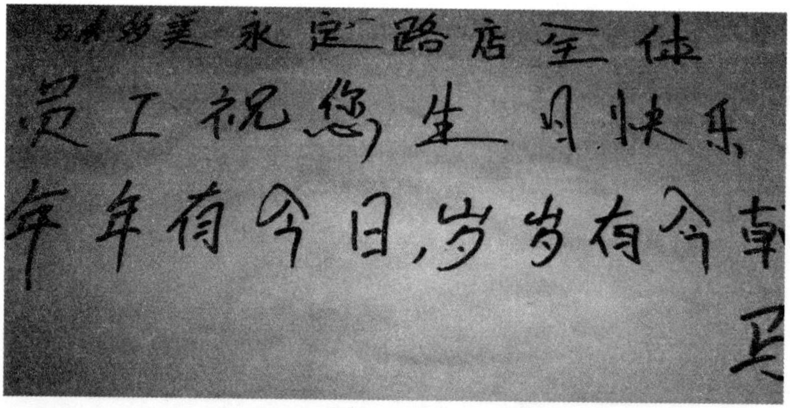

味多美永定路店全体员工祝您生日快乐，年年有今日，岁岁有今朝！

马　悦

永定路DQ祝您生日快乐，合家幸福，天天来吃暴风雪吧！

——陈宏飞，白明月

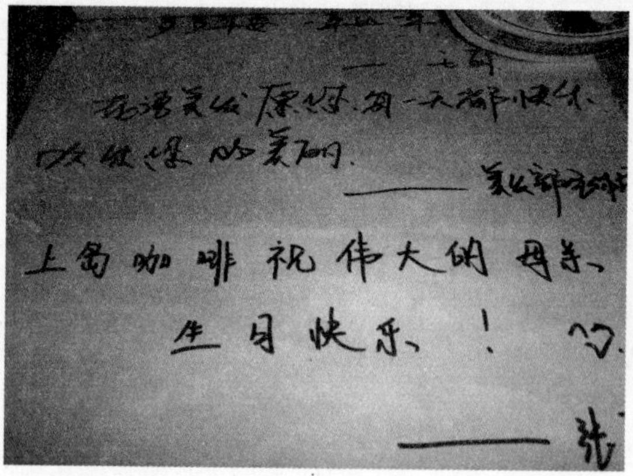

“红跳棋”祝您生日快乐，岁岁平安，一年比一年漂亮！

——王　丽

花语美发愿您每一天都快乐，吹出您的美丽！

——美发部全体员工

上岛咖啡祝伟大的母亲生日快乐！

——张唐丽

亮视点祝您生日快乐，身体健康！

——亮视点眼镜

苏宁电器真诚祝福您生日快乐，身体健康！

——苏宁复兴路店

老家肉饼祝您生日快乐，吃出健康，吃出美丽！

——老家肉饼

永定路中复电讯全体员工祝张依母亲：

永远年轻，万事顺意！

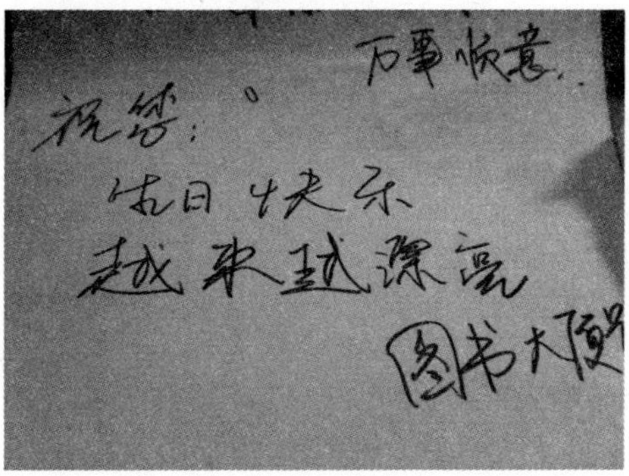

祝您：

生日快乐，越来越漂亮。

——图书大厦员工

祝：

你妈妈生日快乐！越来越漂亮、健康！

——张文芳

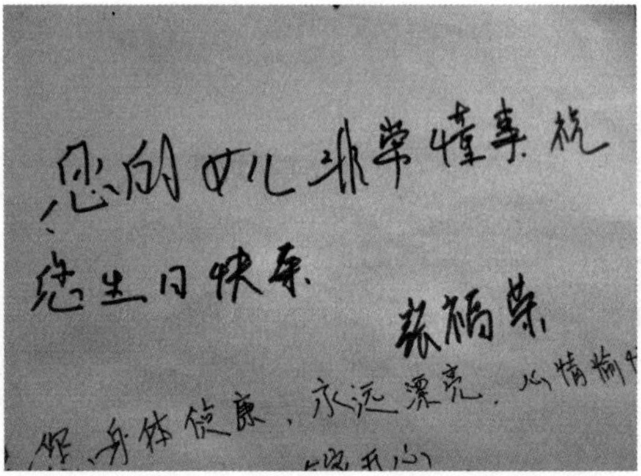

您的女儿非常懂事，祝您生日快乐！

——张福荣

祝您身体健康，永远漂亮，心情愉快，女儿省心，学习进步，全家开心！

——林宝英

祝您身体健康！笑口常开！

——高凤玲

祝您身体健康，快乐幸福！

——郭小红

您有一个懂事的女儿，恭喜你，祝你幸福！

——白　雪

张依妈妈：

您有这样的女儿真幸福，祝生日快乐！

——黑龙江牡丹江　阚　萍

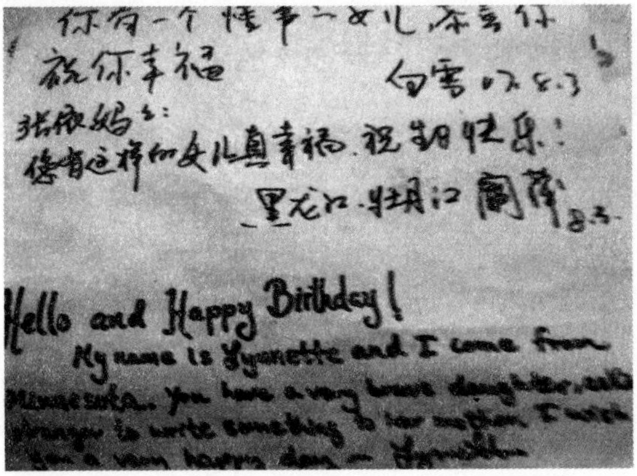

Hello and Happy Birthday！

My name is Lynnette and I come from Minnesota.You have a very brave daughter, asking a stranger to write something to her mother. I wish you a very happy day！

——Lynnette

祝您生日快乐！天天开心。

——周京蕾

虽然不认识你，但你有个可爱、用心的女儿，这应该是你最好的生日礼物！

——赵润海

祝张依的妈妈生日快乐！

——张　颖

祝张依妈妈生日快乐，笑口常开！

——李　媛

祝张依妈妈越来越年轻，生日快乐！

——李　慧

祝您和您的家人永远快乐，更祝愿您永远年轻漂亮！

——王小莉

您有一位可爱漂亮的女儿，真为您高兴，祝您生日快乐！

——于凤艳

祝您生日快乐，有女是福。

——李秀伶

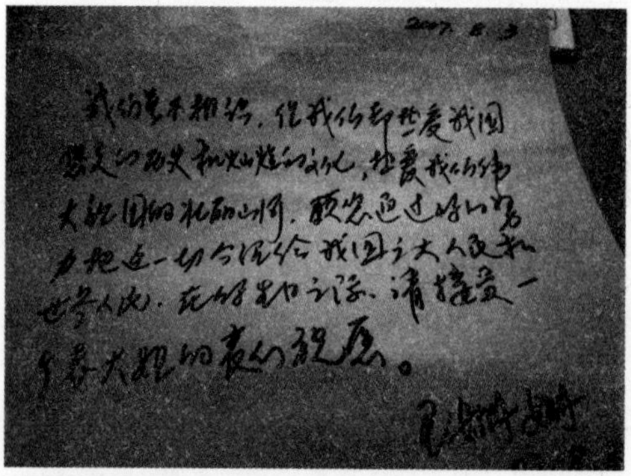

我们虽不相识，但我们都热爱我国悠久的历史和灿烂的文化，热爱我们伟大祖国的壮丽山河，愿您通过您的努力把这一切介绍给我国广大人民和世界人民。在你生日之际，请接受一位老大姐的衷心祝愿。

——王姗姗

真心希望您身体健康，万事如意！您有一个可爱聪明的女儿！

——吕红

祝生日快乐，祝您有一位好女儿！

——肖明

祝您生日快乐！合家幸福安康！

——于州

祝您生日快乐，心想事成！

——LILY

祝您的女儿健康成长，祝您全家幸福快乐，祝您生日快乐，永葆青春。

——WILLIAM

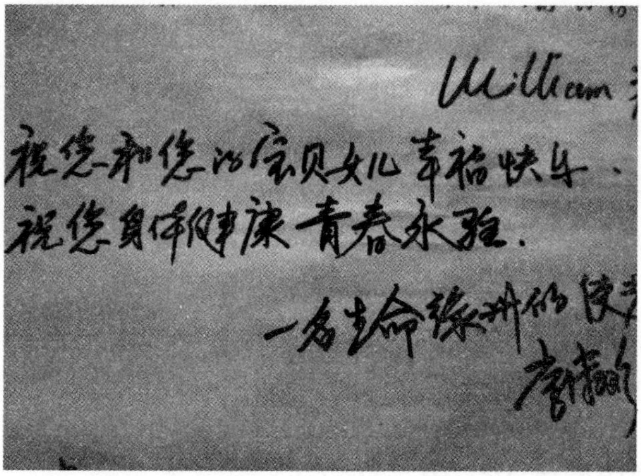
William
祝您和您的宝贝女儿幸福快乐.
祝您身体健康 青春永驻.
一名生命绿洲的使者

祝您和您的宝贝女儿幸福快乐，祝您身体健康，青春永驻。

——李淑彤

一名生命绿洲的使者

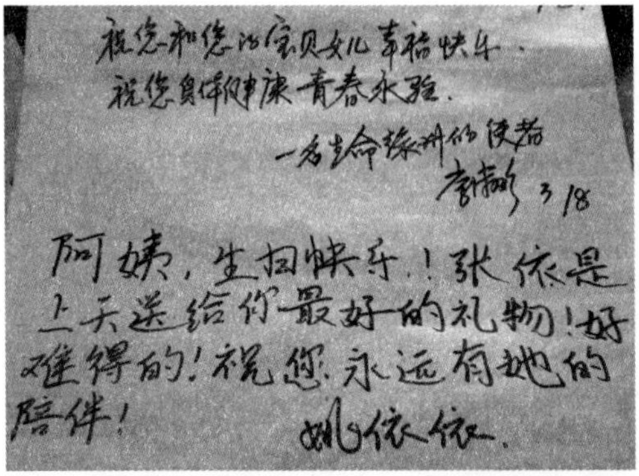

阿姨，生日快乐！张依是上天送给你最好的礼物！好难得的！祝您永远有她的陪伴！

——姚依依

博客评论

亚亚 2010-09-06　16：44：19

好感动耶~~~

博主回复：2010-09-10　16：34：54

谢谢亚亚，每次你都是我博客的第一位读者。

美食爱好者 2010-09-07　10：38：09

感动！！

博主回复：2010-09-10　16：35：25

谢谢来访。

青青杉树 2010-09-10　13：43：30

这份生日礼物太特别了，令人感动和羡慕。依依和妈妈好贴心哦，是个智商和情商都很高的孩子。祝福!

博主回复：2010-09-10　16：36：35

谢谢青青杉树，她的确是个懂事的孩子。

洁儿 2010-09-20　08：23：35

真惭愧，我从来没为我妈妈做过什么。

博主回复：2010-09-20　14：02：11

现在做，来得及，随便为妈妈做点什么，妈妈都会很感动的。

新浪网友 2011-12-30　12：59：35

呵呵！太巧了，我就是那位黑龙江牡丹江的阚萍！我记得是在书店遇见您女儿的。您女儿长得很漂亮，非常有礼貌，当时就让我很感慨。

第五章　特殊家庭篇

请在孩子面前脱掉军装——写给军人爸爸

为什么会想起写这样一个题目，因为我家住在长安街的西边，这边有一片部队大院，当年《血色浪漫》里描述的故事，应该是三十年前住在这片部队大院里的孩子的真实写照。后来自己的孩子上了附近的一所国防校，她的同学大部分是附近部队大院里的军人子弟，再后来在《虫虫乐园》做“妈妈学堂”，发现很多前来听课的家长都穿着各式的军服，于是让我有了进一步地了解军人、军人家庭的机会，听到了很多妈妈在谈到军人爸爸严厉管教孩子时的苦衷，也亲眼目睹了一些军人家庭出生的孩子和父母亲关系不太亲密的情景，于是萌发了我专门为军人爸爸做一个专场的想法，告诉他们——请在孩子面前脱掉您的军装。

场景一：某部队幼儿园，3 岁的孩子排成一排，老师喊“立正”，孩子们直挺挺地站好，两只小手的中指紧紧地贴着裤线，一动不动。

场景二：一个军人父亲对上小学一年级的儿子说，如果今天课文背不下来，就不许吃晚饭。

场景三：一个高三的男孩在走廊里拿着手机对老师哭诉着：“老师，他们（军人父母）一直在骂我，一直在骂，说我没救了，我真的没救了吗？”

场景四：外地教师到北京的一所中学参观学习，上操铃声一响，千名学生在2分钟内全部集合完毕，外地教师惊叹不已：怎么这么迅速、整齐，像部队一样。校长得意地笑笑：他们都是军人的孩子。

军人家庭是个特殊的群体，由于军人职业的特殊性，造就了他们特殊的人格特质。而军人家庭的教育方式与一般家庭的教育方式也存在着很大的差异性。

记得小时候，爸爸总对我说，要想培养一个优秀的孩子必须让他经受两种锻炼：一是部队的锻炼，一是农村的锻炼。现在学农没有了，军训依旧存在。对于城市里娇生惯养的孩子们来说，军训是种别样的体验，也是一种必要的体验。

前几年有报道说，一名复员军人开了个物流公司，他沿用了部队的管理模式，让员工具备了超强的执行力，赢得了广泛的赞誉。于是很多民营企业也纷纷引进了部队的军事化管理模式。

为什么一提到军人、战士会让人有如此不同的感受，我想是因为他们身上有一些特殊的品质：吃苦耐劳、绝对服从、自信、自律、执着、良好的心理素质等等。因此很多家长坚信，要想把孩子教育好就要送到部队去，接受部队这个大熔炉的锻炼。很多老板笃信要把员工管理好就要借鉴军事化的管理模式，让员工像战士一样服从命令听从指挥。

我身边有很多这样的实例，十七八岁的男孩在家吊儿郎当，网瘾成性，父母在无奈之下把孩子送入部队，几年后，孩子脱胎换骨，在家叠被子、洗衣服，父亲把公司交给他，他管理得井井有条。

这都是事实，我非常认可。部队的确是锻炼人的好地方。就像众所周知的美国西点军校，那里不仅培养了3700名将军，还为美国和其他国家培养了多名总统和商界领袖。美国五星上将麦克·阿瑟曾经说过："我们需要的是战场上的狮子，要知道由一头狮子带领的一群羊能够战胜一只羊带领的一群狮子。"因此很多家长希望孩子尤其是男孩能像狮子一样勇敢、智慧，也因此荣誉、意志、信念、进取这些西点军校的精神便成为了当今培养优秀男孩儿的精神。

但是在家庭教育中，尤其在幼儿早期教育中，我反对对孩子进行军事化的管理和教育。因为这样的教育方式会扼杀孩子的天性，是违背儿童的心理发展规律的。即使在成年人中我们所看到的大多也是好的一面。展现在人们眼前的常常是战斗英雄，是经过部队锻炼后具有坚强的意志品质的高素质人才，但是我们没有看到的是，在精神病医院里的那些没有经受住部队严酷的或者说是近似残酷的训练而患上精神疾患的年轻战士。军人是什么？军人是要面对战争的，军人是要经过战争洗礼的。而战争是血腥的、是残酷的，因此从某种意义上说军人的字典是写着“残酷”二字的。

即便是在现在的和平年代，接受过部队正规化训练的军人也是和老百姓不一样的，所以军人家庭有着军人家庭的特质。

一、军人家庭的家教特质

1. 父亲在家庭中的权威。

在军人家庭中，军人父亲有着至高无上的权威，因为在中国的部队大院里，只有两种身份：军人和军人家属。从字面上我们就不难看出，除军人以外的家庭成员都是以“军人家属”命名的。在军人家庭中父亲和母亲在家庭中的不同地位不言自明，尽管妈妈照顾孩子更多一些，但拿主意的大多是父亲，父亲一回来，他的身份只是从首长变为了家长，从部队中的上下级关系变成了父亲和儿子的关系，发挥的作用是和首长一样的，在家中照样是说一不二。军人家庭中的家长制非常严重，再加上父亲常常任务在身，在家里和孩子是聚少离多，因此父亲在孩子心目中的威严远远多于柔情，孩子更多的不是爱父亲而是怕父亲。

2. 教育方法简单粗暴，不排除使用武力。

军人在部队里习惯于服从命令听指挥，具有超强的执行力，可是这种特质放在家庭教育里，其教育方法就显得简单粗暴。孩子一哭，尤其是男孩，父亲会说哭什么哭，简直就是孬种。有一个孩子考试不及格，父亲看了看试卷说：怎么才考 58 分，下次给老子考 85 分回来。孩子是分不同性格类型的，有的适合激将法，你命令他考 85，他一努力下次真的能考个 85 分回来；有的生性怯懦，本来已经很难过了，也已经努力了，只是方法不对，你再刺激他，他一害怕下次连 58 分都没有了。

在军人家庭中教育孩子是不排除使用武力、实行体罚的，很多军人父亲在部队信奉“枪杆子里出政权”的信条，回到家，则坚信棍棒底下出孝子。他们常常看到的是打了以后的结果：挨打以后，这小子老实多了。但从不顾及孩子在挨打过程中的心理感受。我的一个朋友告诉我，小时候他犯事了，他的军人爸爸让他趴在长条凳上，照着屁股打了一百下。他形容那真是皮开肉绽，两个星期不能坐凳子，他说，当时他趴在凳子上就想，等我长大了，我杀了你。虽说这是挨打时一瞬间的想法，并且这也是一个比较极端的例子，但是如果在孩子幼年的时候，在他的心里埋下了仇恨的种子，对孩子今后的心理发展是非常不利的。我们不要以爱的名义、以管教的名义去暴打孩子，以发泄自己心中的愤怒，家庭不是战场，孩子不是敌人。

简单严格的管理方式，在部队中备受欢迎，也为国家培养出了无数优秀的士兵。这种管理方式在家庭中却显得力不从心。这是为什么呢？其一，简单严格奏效的基本条件，是建立在被管理者具备较为健全的人格、成熟的思维和一定的社会阅历的基础之上的；而孩子，尤其是幼儿，正是思想、品质、身体迅速成长的时候，他们需要的是爱的滋养和智慧的灌溉。就像风吹雨打可以让山顶的劲松更加挺拔，却也让脆弱的海棠“绿肥红瘦”。其二，士兵与将军是较为简单的上下级关系，服从甚至“被刁难”都是天经地义。而孩子对父亲是有精神需求的，他们需要的是你的爱和关怀，而不是你自以为是的“良苦用心”。

另外军队的家长往往纵容孩子使用武力，其实他们知道打架不好，也知道处理起来比较麻烦，但与此相比，孩子被人揍得鼻青脸肿，哭哭啼啼地回家，就像打在他们自己脸上一样，更让他们窝火。他们内心认为男人以后是要打仗的，打架只是练练手，打架可以，但要打赢了回来，所以在那个年代部队大院的孩子出门带个砖头、拿把刀也是常有的，或许他们的自卫意识要比普通老百姓强很多。

在药家鑫事件的采访中，记者在问作为军人子弟的药家鑫，平日车里为什么总会带把刀时，他一直闭口不答，但他父亲曾说：“年轻人喜欢舞枪弄棒，不算什么大事。”这话听来让人毛骨悚然，但放到军队的环境里，确实也不算什么大事。但这种“强悍之风”与和谐稳定的社会风气显得那么格格不入，试想在这种教育环境下成长起来的药家鑫，带刀就显得很平常，刺人可以很专业，带刀原本为了自卫，却为杀人提供了便利。另外军人家庭长大的孩子一直接受着简单粗暴的教育方式，久而久之，自己遇到紧急情况时，也会用简单粗暴的方式来解决问题。药家鑫认为与其把撞伤的张妙送进医院，被她纠缠，不如捅了她来得简单，这是多么可怕的逻辑。

3. 对社会规则的漠视。

记得多年前在凤凰卫视看过窦文涛主持的《锵锵三人行》，其中有一期节目邀请的嘉宾是王朔，他说我们从小在部队大院里长大的孩子有种与生俱来的优越感，觉得大院外面的人都是老百姓，我们和他们不一样。这的确说出了许多部队大院孩子的骄傲，无论在哪个年代部队大院的孩子都享受着比其他地方的孩子更优越的物质条件和很多特权。部队和地方是两个系统，因此对社会上的一些规则军队子弟就不像老百姓那样那么在意，马路上跑得最快的、最不守规矩的车一般都是军车，这让孩子走出部队大院后对社会上的要求会不那么适应。

4. 家教严格，要求孩子近乎完美。

部队对军人的要求是严格的，这点孩子们从军训中就深刻地体会到了，一个正步走姿势就要保持五分钟，军人父亲会把他曾经受到过的训练、吃过的苦用在孩子身上，对孩子要求非常严格，要求孩子近乎完美。

据一项调查资料显示，在当今青少年中易出现问题的孩子家庭，除了单亲家庭外，军人家庭也位列其中。为什么？因为军人家庭中的孩子在童年时所接受的家庭教育很多是违背儿童心理发展规律的，违反儿童天性的。这种压抑的、扭曲的情感到了青春期会像火山喷发一样来势凶猛。

在这四项特质中，对孩子的不良影响尤以第四条为甚，所以在下文着重阐述。

二、造就军人家庭中问题孩子的两大根源

1. 弄巧成拙的完美主义。

下面我们分别来猜猜这两个人是谁。

第一个：国家战斗英雄，保持着素食习惯，从不吸烟，只偶尔来点啤酒，年轻时从未做过违法的事。

第二个：身上具备五“不”，不赌、不嫖、不吸鸦片、不近女色、不贪污。他的妻子到死都忠于丈夫，认为丈夫是对的，最后死在牢里，真正做到了把牢底坐穿。

他们分别是希特勒和汪精卫。

一个太完美、太自律的人，一旦思想、行为失控，会成为一个反社会的

人。所以不要逼孩子各方面都完美，太完美的人在走向“完美”的过程中，一定经受过许多对欲望的压抑，心理上也受到长期的压迫。他们就像是外观精美的炸弹，平时完美得像一件艺术品，一旦行为失控，引爆开来，危害更大。同样一个太完美的孩子一旦行为失控，便会从一个好孩子变成一个彻底的坏孩子。有调查表明，人们在生活和工作中更喜欢、更乐于合作的也是那种经常犯些小错误的有能力的人，而不是十全十美的人。

抛开希特勒和汪精卫不说，我们来说说我们前面提到的药家鑫，先来看看人前的他：

每次上钢琴课前都会把手洗得干干净净，上课从不迟到，也没有请过假。晚上六点左右开始教琴，进了门就关了手机练琴。他的琴弹得熟练而规范。

他进门会微笑着和所有人打招呼。即便课时费涨了，看到人家困难，最终还是调回到原来的价格。

学校乙等奖奖学金的获得者。

从来不吃别人家里的东西，有点轻微的洁癖。

性格内向、羞涩，是邻居眼中的乖孩子，是同学眼里内向、羞涩的好同学。

从以上的描述，我们可以看出药家鑫是个很规矩的好孩子，是个做事认真、严谨、具有完美主义倾向的蓝色性格的孩子。事实是，如此完美的人竟然成了令人发指的杀人犯。何解呢？

药家鑫和父亲的关系一直非常紧张。他常常会在背后骂父亲说父亲小时候对他太过严格，父亲打他，还曾经把他关在又黑又冷的地下室。

药家鑫的朋友曾经在他家下面的垃圾桶里，发现一堆被掰成两半的游戏碟片。药家鑫从来不敢在自己家玩游戏。

父子矛盾的焦点在于父亲很保守不能接受药家鑫对情感的态度，而药家鑫最无法接受的是父亲的讽刺。父亲曾经对他说：“你那么丑，没有人会喜欢你。”初中的药家鑫近200斤重，但在很短的时间内，他迅速瘦了下来。他说，他会把吃进去的食物都吐出来，只尝一下味道。

药家鑫很在意自己的外表。夏天，为了不晒黑，他会穿长袖的衣服。他不能容忍自己的脸上长痘痘，会熬中药来吃。他会买各种化妆品，会用脱毛膏。他保养自己的手比女孩子还要精细，一层层地抹护手霜，修剪指甲。他爱美，还想到要整容。高考他考得很好，姥爷奖励了他一万块钱。药家鑫拿出一半的钱来做脸部美容，一半的钱买了手机。他说："我想把家里的钱都花光。"有时他甚至对同学抱怨，恨死了自己的父母。

这样的药家鑫躲在乖巧、成绩好的药家鑫后面，很多人看不到。他对同学感叹，"也许我心理有点扭曲了吧。"

药家鑫的爸爸希望他出类拔萃，所以对他要求非常严格，做不到就会讽刺、挖苦、甚至惩罚他。在这种高压政策下每个孩子的表现是不同的，有的孩子生性刚烈，就会表现的叛逆、强烈的反抗。有的孩子生性软柔，就会表现的胆小、害怕、自卑，还有一种孩子就像药家鑫这样外表乖巧、听话，内心倔强、执拗，他一面加深内心的怨恨，一面要求自己完美起来，不接纳自己的任何缺点和瑕疵哪怕是一颗小痘痘，期望有一天通过自己的严格要求把自己变得"强大"起来，从而改变现状。

可惜的是，他并没有变得强大，而是变得扭曲和极端了。父亲为了激发他的斗志，常常羞辱他，要知道羞辱很容易把人一下拽到谷底，心生绝望。因此不难看出，药家鑫琴弹得很好，但心中的那份自卑却难以释怀。他的悲剧与父亲的完美主义、偏执的家庭教育理念是密不可分的。

我们再来看两个人：第一个，他曾经两次被上司赶出办公室，每天要睡到中午才起床，每晚都要喝大约一公升的白兰地，而且有过吸食鸦片的记录；第二个，他曾经嗜酒如命，有多年的吸烟史，笃信巫医，一个情妇不够，非得再找一个。

他们分别是：丘吉尔和罗斯福。

所以，人们常说的三岁看大七岁看老，有时也会看走眼呀！每个人都有自己独特的成长轨迹，给孩子一点自由，还孩子一些本真，率性而略带瑕疵的孩子更真实、健康。

2. 暗藏杀机的严家教。

严家教的家庭，很多孩子还会出现偏执，严重的会导致强迫症倾向。比如药家鑫喜欢滨崎步，他不允许任何人说滨崎步的坏话，说了他就会翻脸。这属于偏执，他和朋友一起出门，一般要提前两个小时，擦化妆品，然后反复检查包里的东西有没有带全，这是强迫症里的强迫性行为。

我还见过一个中学的文科高考状元，他不仅学习好，而且非常爱干净，每节课的课间他都会把所有的文具和书放进课桌里，几年如一日，没有一个课间不这样的。后来聊天中才知道，他的父母都是军人，小时候有一次玩玩具，忘了收拾，妈妈二话不说，把玩具从窗户扔了出去，此后他再也不敢不收拾玩具。还有一次他玩游戏玩得太投入了，没有听见妈妈叫他吃饭，等他玩够了想去吃饭时，妈妈把饭全收了，告诉他吃饭的时候不吃饭，过点儿就没有饭吃，孩子一直饿到晚上才吃上饭。之后孩子做事非常认真，学习成绩一直名列前茅，身边却没有一个朋友，因为他有洁癖，因为他有偏执的人格特征，他成了一个很硬、很僵没有一点弹性的人物。

我们的传统教育总是把学生的学习成绩放在第一位，三好学生的评选第一条也是根本的一条——每门功课成绩在 85 分以上，这个标准一定，就没几个学生能上榜了，于是上榜的这几位就成了三好学生。下面我们来听听一个学生会主席、三好学生的故事。他是老师心目中典型的品学兼优的好学生，但是在宿舍里，他却像监狱里的黑老大，欺负着每一位新来的室友，有人给他打饭，有人给他洗衣服，如果谁得罪了他，他会让那个同学坐飞机，品尝各种心灵和躯体上的羞辱。大家怕他又不敢惹他，因为他学习好，可以帮他的手下写作业，甚至帮他们考试作弊，他们想告老师，可是老师根本不相信，还认为是同学嫉妒他，直到有一天他把一位室友逼成了精神分裂，才引起了校方的关注。我们大人有时把太多的注意力放在孩子的学习成绩上，完全忽视了孩子的品行和心理，认为成绩好就是好学生，从没想过他是否真实、健康。

另一个找我咨询的母亲，是五岁的儿子得了抽动秽语症，孩子会不停地抽动鼻子，在紧张、焦虑的时候会抽动得更加厉害，一问才知道家里有个军人爸爸，对孩子管教非常严厉，孩子钢琴弹不好就打，打了不许哭，憋着，憋不住哭了，就关到小黑屋罚站，一站几个小时，妈妈、姥姥都不许进。孩子后来性格越来越怪癖，总在学校捣乱，老师请家长，爸爸带回去就是打，孩子慢慢地从心理上的压抑转变为躯体上的表现，不停地抽动鼻子。抽动秽语症也是强迫症的一种表现，一般男孩子患病居多，发病于四五岁。

在严家教的家庭中长大的孩子要比一般的孩子更容易患上强迫症和恐惧症，不要对孩子要求那么严，要允许孩子犯错误，并让孩子学会原谅自己，每个人都是有缺点的，只要孩子是上进的，是个热爱生活的人就好。我们对孩子严是为了让孩子做事更准确、做人更优秀，但不是每个孩子都适应这种方法，如果这种方法不但没有培养出优秀的孩子反而把孩子的心灵扭曲了，我们为什么不改变一下呢？

综上所述，军人家庭的家庭教育存在诸多隐患，也足够引起我们的重视。文中的案例虽大都比较极端，却都是实例，我并不想危言耸听，只希望通过这篇文章能给军人家长们带来一些警醒和思考。可喜的是现在很多年轻的、有文化的军人家庭已经越来越多地意识到石光荣式的军人父亲的不足，正以更人性化的方式对待自己的孩子。

在孩子面前，脱掉“军装”，蹲下身来，抱抱孩子，做一个平凡的父亲，或许更能让你体会到一个做父亲的滋味。

破碎的心拾起完整的爱——单亲妈妈必修课

几年前，在一次“妈妈学堂”上发生过这样一个情景，那天讲的题目是“父母间的亲密关系是送给孩子最好的礼物”，讲完课我走出教室，一个年轻的妈妈泪流满面地追了出来，把我叫住，给我讲了她的故事。她说：“老师，今天我知道了父母间的关系对孩子的影响有多么大，可是我的孩子从一出生，就没有了爸爸，难道这样的孩子注定就不幸福、不健康吗？”原来她是个单亲妈妈，在她怀孕六个月的时候丈夫就离开了她，她本来想生下这个孩子来挽回丈夫的心，但最终丈夫还是没有回头。她一直生活在离婚的阴影中，对孩子的情绪也不稳定。我对那个母亲说：“当然不是，好的单亲妈妈照样可以带出一个优秀的孩子，但是你若不从失恋、离婚的阴影中走出来，始终无法调整好自己的情绪，那么孩子的成长问题将会成为下一个让你痛心的问题。”

这次谈话让我发现了一个新的问题，随着社会的发展进步，单亲妈妈这个群体越来越庞大。一颗破碎的心何时能愈合，一份完整的爱何时能给孩子，将是摆在我们面前的一个崭新的课题。于是孕育了这篇文章，谨此献给那些伟大而坚强的单亲妈妈。

一、如何修复破碎的心

1. 离婚不是错误的开始，而是错误的结束。

很多优秀的女性在离婚后无法释怀的是，我这么优秀，丈夫凭什么抛弃我。那我告诉你失恋只说明两个人不合适，不等于说分手的人，尤其是那个被甩的人是“次品”。就好比一个人穿37号的鞋，让她试穿36号的鞋，夹脚。店员问她要哪个，她肯定要37号，不要36号。但这并不意味着36号鞋不好看呀，它仍然是双美丽的鞋，它穿在36号的脚上就是又舒服又好看的。优秀的女孩好比是只天鹅，你高雅脱俗，可你偏偏爱上了公鸡，公鸡和你在一起，他欣赏不了你的美，他又觉得和你在一起特别不自在，所以他只好去找母鸡了。他们在一起又般配又自在，留下你孤零零地漂浮在湖面上，没关系，去找你的天鹅。

两个人如果实在不合适，索性就分开，对双方都好。当然，伤心总是难免的，一日夫妻百日恩，况且两人已开花结果。但接受是改变的开始，你必须清楚中断婚姻的合理性和必要性，明白即使痛苦，也是正确的选择，不会后悔。人只有认为自己选择了正确的道路，才可能大胆地走下一步，也才可能为今后善待孩子打下良好的心理基础。

2. 单亲不是残缺。

“单亲家庭不是残缺的家庭，而是家庭的一种，衡量一个家庭是否残缺的标准不应该是人数和性，而应该看它是否具备充足的爱和欢乐，以及它能否给家庭成员提供相互支持和归属感。”这是一段摘自《上帝也是单亲》一书中的片断，我觉得它道出了家的真正意义，与其在一个不和谐的家庭中苟延残喘，不如选择一种新的开始。

对一个家庭来说它可能是暂时的不完整，但对一个女人来说，一段独立的生活反而会把你变得更完整，因为你不再依赖任何人，你的独立、坚强会让你更加魅力四射。

一些女性丧偶或离异后认为自己和别人不一样了，于是把自己关在屋子里，大门不出二门不迈，好像额头上贴着“离婚”二字一样。她们与孩子“相依为命”，对家庭的残缺耿耿于怀。其实残缺与否全在你心里，与其诅咒黑暗，不如点亮一支蜡烛。你有本事就把不完整的家过出完整的样子来。

父亲在六十岁时丧偶，当我们问他是否愿意和公婆一起出去旅游时，他爽快地答应了。三个老人和睦相处，婆婆很受用亲家的照顾，公公也为多了个哥们而高兴，三个人高高兴兴地回来了，之后又一同结伴去了很多国家。其实，人越开放自己的内心，能感受到的幸福就越多，当你不认为它是残缺时，它就真的不残缺了。

3. 给自己的心放几天假。

有时身上的担子太重了，与其步履蹒跚地走，不如停下脚步，放下担子，坐下歇一歇。这时你会发现路边的风景很好，以前的日子在奔波、争吵、纠结中度过，竟在不经意中错过了许多风景，其实想想以后的日子，自己不光可以看风景，还可以把自己变成一道风景，这是多么美妙的一件事情！给过去的日子一个隆重的葬礼，然后给自己的心放几天假，调整自己，清空垃圾，心灵的空间是有限的，只有把它打扫干净，才有地方放新的东西。否则新的东西放进去也会被旧的东西砸倒。空的街，可以蛇行；空的手，可以拿起很多新东西。

找个心理医生谈谈心，对单亲妈妈来说，它不是一件奢侈品，而是一件必需品；开个微博聊聊天，才发现原来有那么多新鲜事你不知道；找个体育馆游游泳，你会惊叹，原来体育锻炼是释放不良情绪的最好方式。能妥善处理好上一段感情的人一定可以很好地获得下一段感情，好的东西没有人不喜欢，女人也一样。

伤口会慢慢愈合，只要记住从今往后，你是崭新的自己，前方是崭新的生活。好好修养爱，好好调整心态，找回最初对生活的热爱，让一个健康、积极的自己呈现在孩子面前。

二、单亲妈妈在养育孩子中容易出现的误区

1. 无谓的怜悯——孩子好可怜，我对不起孩子，我要加倍对他好。

要知道我们离婚的目的不是为了伤害孩子，而是为了让孩子过得更好，与其让孩子在硝烟弥漫的家庭里担惊受怕地生活，不如给孩子一个宁静、祥和的家庭环境。孩子不是可怜虫，不必用赎罪和补偿的心态来满足孩子的一切要求，把他当正常的孩子来对待。你越给他特殊的照顾，他就会越发自怜自哀，这是一种消极的暗示，就像你在不停地提醒他："孩子，你好可怜，你没有爸爸了。"你积极向上、乐观豁达，孩子也会和你一样阳光。

2. 自私的埋怨——孩子是我的拖累，没有孩子我能嫁得更好。

如果你只是为了自己再嫁方便而不要孩子的话，那么你是自私的，同时也是愚蠢的。如果他是一个好男人，在和你相亲的时候，他会想，一个连自己亲生孩子都不要的女人，一定是个狠心的女人，她怎么可能对别人的孩子好呢？如果你选择了要孩子，就做个有责任感的单亲妈妈，即使在孩子不听话的时候，也不要常常冒出放弃的念头，想当初如果给了他爸爸该多好。大人的这种遇到困难就推来推去的想法，会让孩子非常地没有安全感，最终他谁都不跟，跟坏人跑了。孩子是无辜的，不要把孩子当出气筒，不要把孩子当替罪羊。

3. 过度的寄托——孩子是我生活中全部的希望。

孩子是你生活中的重要部分，但绝不是全部。你一定要有自己的生活，这样孩子今天和日后的生活才会是正常、健康的。每个人都有自己的一生，不要把自己的一生平白无故地加在孩子身上，让孩子觉得他是为你在活。我在吉林卫视《幸福词典》做情感节目时，遇到许多单亲妈妈含辛茹苦把孩子带大，最后孩子找的对象让妈妈不满意，闹到脱离母子关系的地步。这类妈妈年轻的时候太苦了，生活中唯一的希望就是孩子，于是希望孩子的一切都能如自己所愿，以此慰藉自己曾经受过伤的心，偿还生活对自己的不公。但就是因为太在意，才会介怀本该可以欣然接受的东西，才会干涉甚至横加阻拦。你有权利追求自己的幸福，你也有义务对自己负责任，但不能说你自己把日子过得乱七八糟的，然后用孩子的幸福来成就你的幸福，那是对孩子的不公平。你要相信，即使我再婚，也丝毫不会减少我对孩子的关心和爱护，我和孩子之间的关系，是相互需要、相互扶持，最后双方都变得更加完整。

三、让孩子在破碎的家庭中体会到完整的爱

1. 选择什么样的分手。

分手无外乎三种类型：朋友型、陌路型、仇敌型。父母亲不同类型的分手，对孩子日后完整人格的形成影响非常大。

我曾经有很长一段时间是和北欧人打交道的，发达国家的离婚率远远高于发展中国家，在挪威——这个女权盛行的国家，他们的单身比率占总人口的 70%，很多孩子都有两个或两个以上的爸爸、妈妈。在一个班里，父母是原配的没有几个，但是他们大多都很健康，其中的原因就是父母选择了朋友型的分手方式，他们大多都能和前妻、前夫成为朋友，有时妻子带着现任丈夫去和前夫及前夫的现任妻子一起聚会，同父异母、同母异父的孩子也都能

玩得到一起，反正大家都差不多，不像中国单亲家庭的孩子会被当成一种另类来看待。其实即便不能成为朋友也不必成为敌人。

如果一件事情已经到了无法挽回的地步，那么宽容能够让你避免失去更多，因为他还是孩子的爸爸，孩子还需要他。

2. 在孩子面前怎样评价他的爸爸。

很少有人会无缘无故地离婚，尤其在中国，所以在彼此不得已分手的时候，多多少少都会对对方有些怨恨，这也是正常的。但记住一条，永远不要在孩子面前说对方的不是。在孩子面前说爸爸的不好，与其说受伤害的是爸爸，不如说是你和孩子。你一次次地提及那些不愉快的事情，你一次次地沉浸在往昔的痛苦中不能自拔，你开心吗？你愉悦吗？为什么要用别人的一次过错，惩罚自己一辈子呢？放下别人的错，解脱自己的心。

尊重孩子血液里的另一半，孩子的一半来自于父亲，一半来自于母亲，否认孩子父母亲的任何一方，等于无意识中也否认了孩子的一半。孩子是由父母的细胞结合而来，因此每个孩子的潜意识里是希望父母在一起的。今天我们不能在一起了，也不能生生地剥离一方在孩子心中的存在。父母其中一方否定另一方，那就像自己心中的一半否定另一半一样，结果会造成孩子精神上的分裂。例如妈妈常说爸爸不好，不认同爸爸，孩子为了能和爸爸连接，会采取强烈的方式，也就是和爸爸做相同的事，但因为这不被妈妈允许，所以孩子表面上会听妈妈的，私底下会很像爸爸，甚至潜意识里跟随着爸爸的命运而不自知。为什么呢？因为孩子的心理强烈地需要和父母连接，但有关爸爸的信息却全是负面信息，孩子就只好和这些负面信息连接了，做出相同的行为来满足与爸爸妈妈连接的归属感。再者丈夫对你不好，并不意味着对孩子也不好，也许他还是很爱孩子的，分开后还会一如既往地给予孩子父爱，这对孩子而言几乎是奢侈的，你却替孩子拒之门外，你生生地把对丈夫的仇恨灌输给孩子，这会让孩子对人和事的判断产生错觉。

北京电视台《选择》栏目的王导（王为念老师）曾多次在节目中提到他的前妻，他说，今天我能和孩子正常交往非常感谢我的前妻——孩子的妈妈，她从来都说你爸爸不容易，他是个称职的爸爸。这让我和儿子感情非常好，也让孩子得到了爸爸的关爱。

3. 允许孩子和父亲见面、相处。

在中国，离婚率虽然越来越高，可离婚人的境界和意识还有待提高，很多人离婚后是老死不相往来的，单亲妈妈不允许孩子和父亲见面接触，而父亲的新女朋友也常常以不许和前妻及孩子见面、接触作为交往的条件。就是因为我们有太多这样陈旧、狭隘的意识和观念，才导致我们的单亲家庭的孩子成为了问题孩子。大人离婚是大人的事，为什么要生生剥夺孩子拥有父亲、母亲的权利，这对孩子是残忍的。

有句话叫欠的债总是要还的。有个单亲妈妈，在孩子 1 岁时离婚，离婚后就一直自己带孩子，没再让孩子见过亲生父亲，为了孩子的成长，也没再找新的伴侣。等孩子青春期时，突然对自己没有爸爸这件事格外地纠结，百般和妈妈做对，妈妈给儿子做的面条，儿子一口不吃，原封不动地倒进垃圾筒，然后指着妈妈的鼻子说，谁给你的权利让我一辈子没有爸爸？妈妈痛不欲生，每天以泪洗面，最后无奈联系上十几年都没联系的前夫和孩子见了面，父亲和儿子约在肯德基见面，儿子见到父亲，上前就是一拳，痛斥这个没有尽任何义务的爸爸。

爱是要成全的，他要成全你的幸福，你也要成全他看孩子的愿望，不要把孩子当成报复对方的工具，当成要挟对方的砝码，这样最后最受伤害的一定是孩子。当妈妈的，尤其是单亲妈妈，没有比伤着孩子更让我们痛心的了，所以我们要修炼出个大胸怀，在祝福孩子爸爸幸福的同时，也大胆地追求自己的幸福，然后两个人共同负担自己的孩子。

4. 和孩子一起开始新生活。

如果怕孩子在单亲家庭中感到孤单，我们可以尽可能地带孩子多出门，接触更多的人和事，尽可能多地参加一些活动。让孩子见多识广，孩子格局大了，心就不窄了。

让孩子多和同伴交往，家庭中的不完美有一些是可以在同伴中弥补的。

帮助孩子建立多方面的兴趣和爱好，很多单亲妈妈为了弥补孩子，给孩子花很多钱，你与其拿这些钱给孩子物质上的满足，不如帮助多培养孩子的兴趣爱好，这样也可以分散孩子的注意力，让孩子不把过多的注意力集中在家庭成员的缺失上。

家不是木桶，少一块木板便滴水不剩。家是一把伞，断一根伞骨，依然可以撑起一片天。不要自暴自弃、弃伞淋雨，因为伞下还有避雨的孩子。从你怀上孩子那一刻起，也同时怀上了一种责任，这种责任要求你必须足够坚强，即使婚变，亦不能任性或放手。

修复破碎的心灵，找寻自己的天空，享受单亲生活，拾起完整的爱，这样的单亲妈妈是可敬而智慧的，这样的单亲家庭里长大的孩子是可爱而善良的。

隔代教育——中国家庭教育的国粹

今天这里开设的是祖父母课堂。首先我要对战斗在家庭教育第一线的爷爷奶奶、姥姥姥爷们表示最诚挚的敬意，衷心地向你们道一声：辛苦了！

在中国，大约有80%的孩子都是由爷爷奶奶带大的，“隔代教育”在中国就像京剧、国画一样也属于“国粹”之一。因此“隔代教育”在家庭教育中的重要性非同一般，甚至它的实际意义远大于我们常常提到的“亲子教育”。中国的祖父母是每个家庭中最不可或缺的群体，也是最具奉献精神的群体。我在开了很多期的“妈妈学堂”后，很多妈妈对我说：邵老师，您快开个“祖父母学堂”吧，因为真正每天带孩子的是爷爷奶奶呀。在大家的呼声下，今天祖父母课堂终于和大家见面了。

众所周知，家庭教育在养育下一代的社会化过程中起着非常重要的作用，伴随着社会的进步和家庭结构的变迁，作为家庭教育的重要形式之一——隔代教育，它的状况、水平如何，在一定程度上决定着家庭教育的品质，对未来全民族素质的提高、整个社会的长远进步都有着很大影响。因此在人们越发重视家庭教育的今天，隔代教育也愈来愈受到人们的关注。

今天我要做两件事情：第一是给爷爷奶奶正名，第二是为爷爷奶奶支招。

我们先来说说为爷爷奶奶正名这件事。

现在当我们看到很多孩子有这样、那样的问题，比如任性、脾气大或者胆小、认生，很多父母都会张嘴就来：都是爷爷奶奶给惯的。我个人认为这是一种特别不负责任的说法，该是你的责任，你没有承担，老人在替你承担，孩子有问题，你不在自己身上找原因，完全把责任推诿给老人，哪有这样的道理？

在全世界，中国的老人是对子女最具奉献精神的，家务事帮你做，孩子帮你带，退休金还要搭进去补贴家用，有个闪失还要看子女的脸色。在西方，老人是不会这样全程帮子女带孩子的，子女如果有事实在脱不开身，或想偶尔享受一下二人世界听个音乐会、看个电影，才会请求父母帮自己带两个小时的孩子，那还要千恩万谢呢！西方的孩子十八岁后就相对独立了，而中国的孩子对父母的依赖要长久很多。这是因体制造成的观念，可问题是我们的父母为孩子付出了这么多，又换回了孩子的多少感激和认可呢？所以今天我要在这里为所有的爷爷奶奶们正名，告诉大家你们对我们整个社会、对每一个家庭都是功不可没的，包括你们的很多做法也不是没有道理的。下面我想从三方面来说明这个观点：

第一，老人带孩子责任感更强。

现在流行一个词叫“全职妈妈”，可又有多少年轻的妈妈可以生下孩子后做三年的全职妈妈直到孩子上幼儿园呢？恐怕在城里五分之一都没有，很多家庭还是需要双职工来维持家里的基本开销，加之保姆费用高，又不那么放心，算来算去，还是父母是最经济最可靠的支持者。而对老人来说，今天的爷爷奶奶大多是50后，年轻的时候忙工作，自己无暇照顾孩子，对孩子心存愧疚，现在退休了，有时间了，觉得该给孩子一个补偿，于是从内心认为帮助晚辈带孩子是自己责无旁贷的使命。而年轻的妈妈，即便是全职妈妈，由于年轻，没有生活的经验和阅历，自己还没有玩够呢，带孩子的繁琐很快会使她变得烦躁，从而对孩子失去耐心，所以从这点来讲老人带孩子责任心会更强。

第二，老人更爱孩子。

我们常常说老人溺爱孩子，但不管怎么爱，前提是爱孩子的。人到了这把年纪，对很多事都看得很开，因此对孩子也多了一份宽容和谅解。记得二十年前，那时不兴心理咨询、家庭调节，看到一些年轻的夫妻吵架，年长的人都会说："现在有点小脾气，岁数大了就好了。"当时我一直不明白为什么岁数大了就好了，现在自己岁数也大了，就明白了，随着岁月的积累，经历的事情多了，什么都见过了，心态反而平和了许多。所以很多爷爷奶奶对孙儿的哭闹会更从疼爱的角度去关心、理解孩子，这真的是没有错的。相反年轻的爸爸妈妈们，在外忙碌了一天，工作压力、人际压力、堵车压力已经压得自己像个随时都要引爆的炸药包，回到家，再一听到孩子任性的哭闹，炸药包的导火索一下就被点燃。他们往往没有耐心去探究孩子哭闹的原因，而以管教孩子的名义训斥、打骂孩子，这其实更多的是自己不良情绪的一种发泄。老一辈对孩子的溺爱，在我们眼里就像是一种痴爱，而事实上他们并不像我们想象的那样不明事理、盲目无知。那是岁月赋予他们的一种处事方式，这种方式虽然不尽理智，却更贴近人的本真，所以更容易被孩子所接受。

第三，老人更有经验。

虽然老人没有看过太多的早教书籍、没有太多的理论知识，但是他们的经验是从养育孩子的过程中摸索出来的，有些看似很随意的管教方式恰恰是顺应了孩子的发展规律，更有利于孩子自由、健康地成长。更何况当今的爷爷奶奶、姥姥姥爷，大都是有文化的，很多是共和国的同龄人甚至还要年轻。他们饱经风霜，有着丰富的工作和生活经验，是难得的一代人。他们也经历过送孩子上幼儿园的苦恼，也在中考、高考的考场外紧张、焦虑地徘徊过，也亲自送子女上过大学，他们完整地体验过养育 80 后子女的整个过程。仅从这一点意义上说：他们养育孩子的综合素质并不比年轻的父母差。这代祖父母的经验和历练可谓是升级版的，因此宝宝一不听话就把责任全都归咎于爷爷奶奶是非常不妥的，因此，在这里我要正式为爷爷奶奶正名。

讲了这么多“隔代教育”的好处，那么“隔代教育”有没有弊端呢？一定有，所以在此我也给爷爷奶奶们支点招，尽可能减少“隔代教育”的弊端。

第一，不要对孩子过度关注、过度呵护。

老人带孩子会比年轻的父母更小心、谨慎，唯恐孩子磕着碰着，如有闪失没法向子女交代，但是这样小心翼翼地护着孩子，恰恰阻碍了孩子各方面机能的发展。

我在山西见过一个煤老板的孙子，两岁的孩子有四个保姆看着，只要孩子一摔跤磕着，保姆就要被炒鱿鱼，所以保姆们没有一个去想怎么锻炼孩子的爬行能力、行走能力，怎样发展孩子的探索能力，保姆只是想别摔着孩子。而父母想着孩子有爷爷奶奶保姆六个人看着，自己就不用管了，结果这个孩子完全成了个低能儿，各方面发育都要比别的孩子迟缓。所以说未必凡事都要小心。走路太小心，会错过风景；恋爱太小心，会错过姻缘。过分谨慎的关爱与呵护，会让孩子失去很多成长的机会。

另一个早产儿的故事。有一个 4 岁的小宝宝去上幼儿园，老师让小朋友去做游戏，就她不去，老师问为什么，她说，老师，我姥姥说我是早产儿，不能剧烈活动。老师给小朋友盛汤，就她不喝，老师问为什么，她说，老师，我姥姥说我是早产儿，不能被烫着。老师让小朋友中午做课间操，就她穿着厚厚的羽绒服，老师让她脱了，她死活不脱，说，老师，我姥姥说我是早产儿，不能被冻着。为了改变早产妹妹的什么都不能的情况，老师调出了所有孩子的档案，按照他们在母亲肚子里的时间给孩子排了队。早产妹妹排到第四名，这说明前面还有三个孩子比她还早产，但是因为没有姥姥这样的不良暗示，他们像正常孩子一样参加任何活动，他们看上去要比早产妹妹健康得多。所以过度的关注、过度的保护都会阻碍孩子的发展。

以上虽然是两个特例，但是爷爷奶奶一遍遍地帮孩子整理玩具，孩子走到哪抱到哪，追着孩子喂饭，这些都司空见惯。我们最常见的是孩子碰到桌子摔倒了，奶奶赶紧把孩子抱起来，然后握着宝宝的手打着桌子说："打你，让你碰我们宝宝。"奶奶开口说这句话前可能并没想那么多，只是一味地想安慰宝宝，让宝宝解气。但是孩子对世界的认识、对生活的态度，就是这样一点一滴形成的，长此以往，当孩子长大后一遇到问题、麻烦，他就会把责任推给别人。摔倒了是地的错误，不爱吃饭是妈妈做的饭不好吃，不爱上学是老师不好，不爱考试是教育制度的问题，结婚后吵架甚至离婚也都是对方的责任。这样的孩子在一次次地得到暂时满足的同时丧失的是永久的自省能力。我们要告诉孩子，磕着了是宝宝不小心，宝宝疼，桌子也会疼的，下次留点神。教孩子客观地、理性地看待问题，孩子长大后就不容易情绪失控，也就是说不太容易任性。

第二，和爷爷奶奶好的同时也要让孩子和父母建立亲密关系。

1. 奶奶带大的孩子，尤其容易和妈妈产生隔阂。

有一次，我在医院里看望病人，看到临床的祖孙俩在聊天，样子特别亲密，仔细一听，那个孙子在说妈妈坏话，而一旁的奶奶非但没有阻止，反而笑得特别开心，还不停地夸孙子，真是奶奶的好孙子，就是和奶奶贴心。可是您要知道不爱妈妈的孩子长大后人格是不健全的，心理是不健康的，是会有很多隐患的。有一个女孩，父母离异了，从小跟奶奶长大的，奶奶一直灌输给她妈妈是个坏女人，不要你了的观念。以至于后来妈妈到学校去看望孩子，女儿根本不见，甚至当众羞辱妈妈。孩子失去一方亲人的陪伴已经很可怜了，何必要抹杀掉孩子心中那残留的唯一一点对母亲的眷恋呢？一个孩子当他在幼小的心灵里埋下仇恨的种子的时候，尤其是对自己的亲生父母，他长大后的幸福指数也会降低的。所以不要去说孩子妈妈的不是，哪怕她真的做得不够好。让孩子记恨自己的父母，与其说是对父母的惩罚，不如说是对孩子自身的惩罚。孩子的爱是一口井，会越挖越深，爱妈妈的孩子也会爱奶奶。

2. 儿子打孙子，我就打儿子。

首先儿子打孙子不对，好的家长不用暴力。但是我们做老人的如果再打儿子的话，孙子看到的是双重暴力。父母是孩子的父母，他们有行使管教的权利，即使方法不对，我们事后劝导，不要当着孩子的面杀了父亲的威风，真到有一天孩子谁都管不了的时候，您也着急。

第三，老人要与时俱进，了解一些教育新理念和专业知识。

如今的社会文化是晚辈文化，晚辈的文化占社会主流。所以做长辈的就要与时俱进，上上网、看看书、听听讲座，你会发现原来顺理成章的养育方法可能并不科学，长久形成的教育理念在一一受到冲击。

1. 吃手。

我们很多宝宝从六个月的时候就开始吃手，甚至把玩具或其他东西往嘴里塞，爷爷奶奶一般都会不让孩子吃手，甚至因为孩子吃脏东西打孩子。我们非常担心孩子不卫生。但事实是，因为不卫生孩子拉肚子的并不多，但因为阻止孩子吃手、吃脏东西而阻碍了孩子口腔敏感期的发育从而导致孩子特别爱吃零食、抢别的小朋友的食物、吐口水、骂脏话的现象却比比皆是。所以说在那个时间该满足的就一定要满足，只要做到孩子入口的东西相对干净就好，而且最好能提供不同的东西让孩子用口腔去探索，在这个时期孩子要用口腔来认识整个世界。有时候压抑欲望的结果，是欲望的膨胀，最后导致欲望的扭曲和爆发。

2. 看画。

有的爷爷奶奶是知识分子，觉得让孙子从小学知识是自己义不容辞的义务，于是买来小卡片，每天教孩子识字、认画，奶奶很有耐心，每一个都慢慢地读、慢慢地翻，对宝宝说这是太阳，红红的，圆圆的。但奶奶不知道儿童在 0–6 岁这个阶段是右脑起作用的时期，这个时期孩子需要的不是知识学习，而是左右脑的连接，这种连接需要的是对大脑的刺激，而右脑有快速、大量的记忆功能，在这个时期对孩子大脑的开发是给予足够的刺激，所以卡片是应该快速地闪、大量地闪才有效果。

3. 创造力。

我们会带孩子上这个班、那个班，但有时我们会忽视一点，就是对孩子创造力和想象力的培养。

在这里我给大家讲一个O的故事。在美国，一个小朋友从幼儿园回家，举着一个O问妈妈，这是什么？妈妈说，你说呢，儿子说老师说这是字母O，妈妈一听，放下手里的活，拉着儿子就到幼儿园去找老师理论，和老师吵完去找了园长。这个妈妈吵什么呢？她说她儿子只有3岁，你怎么能告诉他这个东西是字母O呢，它可能是数字0，还可能是鸡蛋，是椭圆形，你告诉他是字母O，完全扼杀了孩子的想象力和创造力。这个妈妈吵了不够，还上法院告了这个幼儿园。最后美国法院判妈妈胜诉。这就是美国，美国把孩子的想象力和创造力看得非常重要。要是在中国，3岁的孩子回家告诉奶奶，老师今天教我英文字母O了，奶奶一定高兴地直拍手。因为应试教育让我们把学知识看得太重要了，而严重忽视了孩子的创造力。

中国的小朋友计算能力世界第一，创造力世界倒数第一。我这次去美国发现美国很多东西并没有我们想象得那么奢华、那么新，就算是导弹，它的外壳也比较旧，但它的技术却更新得非常快。如果我们的下一代再不注重创造力的培养，那真的会被世界淘汰。大家知道，世界科学中心会以每八十年的速度从一个国家转移到另一个国家。比如从十六世纪的意大利到英国、法国、德国，最终到了二十世纪的美国，大家都认为二十一世纪该转到中国了，可是它却迟迟没有转移过来，因为中国人复制的能力太强、创造的能力太弱。每个科学家都是从小培养的，很多的科学家也是爷爷奶奶带大的，所以中国的未来就在您的手里。就算他们不是科学家，但是如果每个孩子都人格健全、身心健康，那整个民族的国民素质也会有质的飞跃。

4. 任性。

当爷爷奶奶的最怕孩子三件事：危险、不卫生、哭闹。爷爷奶奶在带孩子的过程中稍微觉得有些不安全的东西、事物一般都绝对不让孩子碰，可这恰恰扼杀了孩子的好奇心，当孩子的好奇心得不到满足的时候，孩子会表现得特别任性。所以除了像电、火、刀这些不能让孩子碰以外，有一些东西在大人的保护下是可以让孩子尝试的，接触的事物越多。探索精神越强的孩子大脑的开发越好。至于不卫生上面已经提到，尽量保证孩子的卫生，但卫生不是最重要的，不要丢了西瓜捡了芝麻。最后是哭闹，老人很怕孩子哭闹，第一不忍心，第二怕孩子上火。其实有时孩子哭闹是和你打招呼，是在和你说话，是在表达他的某种情绪，对于孩子的哭闹不必太过紧张，让孩子学会等待，学会“自我镇静”。不要在孩子哭闹的前奏刚敲响您就一个箭步飞过去，您总是这样提前满足他的各种需要，长大后当他的需要得不到满足的时候，他能不任性吗?

当宝宝不听话的时候，有时老人会说：“宝宝你再不乖，奶奶就不要你了，让警察叔叔把你抓走，让大灰狼把你叼走。”孩子一听，害怕了不再闹了，奶奶有时觉得这招真管用。但您不知道，0-3 岁是孩子安全感建立的关键期，如果孩子在这个时期常常体会被抛弃、不安全的感觉，那么长大后，稍一受刺激，稍一有压力，孩子的心理就会出现问题，甚至出现精神疾患，孩子儿时安全感建立得越好，长大后抗压能力越强。

曾经有一个奶奶对我说，我从来不宠孩子，如果孩子犯了原则性错误，我是一定会打孩子的。我问她，您认为的原则性错误是什么？她说撒谎和偷东西。我对她说这是您不了解儿童的心理发展过程，孩子在五岁以前不存在品质问题，特别是 0—3 岁。孩子撒谎必定有撒谎的原因，有一次我和家长开座谈会，每个家长都说了自己孩子撒谎的表现。我帮助他们一一分析，最后妈妈们发现孩子撒谎的真正原因根本不是她们想象的那么简单。三岁左右的孩子有时会把别人的东西拿回家，其实这不是偷，是孩子到了“占有”敏感期，是宝宝发展过程中一种正常的心理现象。对孩子的这种行为，切忌严加管教、打骂孩子，因为强烈的管教方式反而会让“偷窃”成为他强烈的心理需求，从而使他变本加厉地“偷拿”别人的东西。你只要带着孩子把东西还给人家就好。

我想我刚才提到的一些专业词汇和教育理念会让有些爷爷奶奶受到一定的冲击，可能一时还难以接受，没关系，慢慢来。俗话说，干什么吆喝什么，既然今天我们干了带孩子这件事，我们何不多了解一些儿童早期教育的理念和知识，让我们的这项工作做得更专业一些呢，我们做什么职业都有上岗证，当爷爷奶奶也要有个上岗证的。一些农村妇女通过专业的培训都可以成为月薪万元的金牌月嫂，何况我们这些有知识、有文化、有爱心的祖父、祖母们。

所以，年轻的父母们，请客观、理智地看待隔代教育这个问题，给予老人应有的尊重和理解。孩子是自己的，自己应该承担更多的责任和义务，而不是再多欠父母一份养育之恩；而作为老人呢，也要尽量包容子女们的冲动和误解，努力营造和睦的家庭气氛，并且本着“活到老学到老”的态度，积极迎合时代的号角，继续造福子孙后代。

“隔代教育”是具有中国特色的家庭教育，那么我们就要走自己的路，告诉世人，中国的爷爷奶奶们也可以带出非常优秀的下一代。

妈妈，您能不偏心吗——写给二胎妈妈

我们小时候，常常听到一个词叫“偏心眼”，说谁谁的妈妈特“偏心眼”，对小儿子是疼爱有加，对老大是拳脚相加，因为老大是奶奶带大的，小儿子是自己带大的。当年我的小学同学就是个典型的例子，身上青一块、紫一块，都是表现不好被妈妈教训的痕迹，可是小弟弟却像小皇帝一样被妈妈宠爱着。

之后三十多年的计划生育政策，让很多家庭过上了独生子女的生活，“偏心眼”一词渐渐地远离了我们。但随着“二胎”政策的放开，越来越多的家庭会摆脱一胎化，生育第二个孩子。如何公平对待两个孩子的问题将会成为家庭教育中的又一个热议的话题。

俗话说十个手指头还不一般齐呢，要求父母绝对的公正、不偏心实属很难，父母往往会对那些懂事、听话、乖巧的孩子给予更多偏爱，这也是人之常情。但是做父母的特别是做妈妈的，还是要努力做到一碗水端平，要关注孩子的内心世界。

一、妈妈为什么会偏心

当母亲的有种本能会去更多地呵护弱小的、容易受伤害的孩子，当老二诞生的时候，老大往往都开始满地跑了，相对于一个三四岁的孩子来说，刚出生的新生儿肯定会得到妈妈更多的照顾，久而久之对小的更多的呵护也就成为了习惯。

另外老大生下来时是当独生子女养的，所有人的关注点都在老大身上，什么东西都属于他一个人，没人争，没人抢。老二生下来就不一样了，他会有一种本能的竞争意识，什么东西都不只属于他一个人，都有一个人和他分享，因此老二的心机就会比老大多一些，更会讨巧父母，这种高情商是在所谓的“恶劣”的生存环境中培养出来的。因此人们往往会看到老二更会撒娇更会说话，更会讨好父母，也就更能得到父母的宠爱。

二、偏心的后果

有一个四岁的男孩，从小很受父母的宠爱，可是 3 岁时，家里突然添了一个小弟弟。自从有了小弟弟之后，他再也没有上过父母的大床，看到小弟弟躺在爸爸妈妈中间，每日受到父母无微不至的照顾，一种受冷落、被忽视的感觉油然而生。突然有一天，他心生一计，如果我晚上尿床了，把整个床都尿湿了，妈妈就可能把我抱到大床上了，于是那天晚上他故意尿了一大泡尿，可是没想到的是，妈妈不但没有把他抱到大床上睡，还狠狠地揍了他一顿，揍完后给他换了新的被褥，让他继续睡在小床，那晚孩子伤心地哭了。

生活中这样粗心的父母有很多，他们在有意无意中伤害了孩子稚嫩的情感，有的还因为父母的偏爱而伤害了本来很好的手足之情。

有这样一对兄弟，老大做错事，总会被妈妈责骂，老二做错事，妈妈都会原谅。于是每次老大犯了错误，妈妈责问时，他都会赖到弟弟头上，说是弟弟干的，弟弟害怕哥哥不带他玩，也只好每次都替哥哥受过。这还算好的，更有甚者，有的哥哥会把在父母那里受到的委屈和愤怒发泄到弟弟身上，在父母不在的时候虐待弟弟，这样的悲剧也时有发生。

三、怎样做到不偏心

1. 让哥哥成为家长的一分子。

在日本，因为没有独生子女政策，很多家庭都有两三个孩子，他们是怎样处理和几个孩子之间的关系呢？一次我有幸认识了一位日本儿童教育专家。他告诉我在日本，当父母生第二个孩子的时候，他们会对老大说，现在你已经荣幸地成为家长了，小弟弟出生后，他有三个家长：爸爸、妈妈和哥哥，你要和爸爸、妈妈一起来照顾他，也要像爸爸妈妈一样来管教他。每当哥哥听到这样的话的时候，就会从内心中生发一种使命感，也对即将出世的弟弟、妹妹充满了期待，因为他可以行使大人的权利了。

2. 让姐姐知道弟弟是上帝送她的一份礼物。

有一位妈妈问女儿，“给你生个小弟弟好不好？”小女孩说：“不要！不要！你们要是非给我生个小弟弟的话，我就把他塞进冰箱里。”妈妈被小女孩的话吓坏了，再也没敢提生二胎的事。无独有偶，一位妈妈问女儿：“爸爸妈妈给你生个小妹妹，你想要什么样的？”小女孩回答说：“我希望她比我丑、学习没我好、也没有我听话，如果你生出来的妹妹是这样的，我就要。”妈妈听了睁大了眼睛，一脸惊愕。其实这也不奇怪。老大不想要弟弟妹妹，是因为他们觉得对于他们来说这是一件坏事，会有一个小人出来和他们来争夺很多东西。争好吃的、好玩的，争父母的爱、老人的宠。有时你只是纯粹地对她讲，你不可以这么自私啊，她也听不太懂。你不如告诉她弟弟的出生是上帝为她准备的礼物，这个礼物有多么可爱，多么漂亮，这个礼物是专门送来给她做伴的，而且这个陪伴会很长很长，比爸爸妈妈的陪伴还要长，会陪她一辈子。没有孩子会拒绝礼物的，尤其是专门为她准备的一个礼物。因此她会珍视他，爱护他，会一天天地看着他长大。

3. 在弟妹面前树立老大的威信。

在一次亲戚的聚会里，我听到了一位英雄母亲的故事。老人活到了九十五岁，养育了五个子女，其中三个将军，两个部长，大家都称她是英雄的母亲。她八十八岁的长子，老将军回忆起母亲对自己从小到大的教育，潸然泪下。

他讲了他 8 岁时的一个故事，小时候家里很穷，他是老大，一天他带着四个弟弟妹妹出去玩，正巧碰上了卖杂货的小摊贩。当时不到三岁的弟弟死活哭着要买糖吃，其他的弟弟妹妹也眼巴巴地看着哥哥。可是当时哥哥兜里一分钱也没有，怎么办呢？哥哥不忍看到弟弟妹妹可怜的眼神，当即决定拿自己身上穿的毛衣换五块糖给弟弟妹妹。弟弟妹妹吃着糖高高兴兴地回家了，当妈妈得知哥哥是拿自己的毛衣换了糖给弟弟妹妹时，妈妈并没有因为这样极不等价的交换责备哥哥（在当时经济条件相当窘迫的情况下，一件毛衣对一个家庭来说是很珍贵的），而是把哥哥紧紧搂在怀里说，你真是个好孩子，你能这样对待弟弟妹妹，妈妈太高兴了，记住以后无论走到哪里，你们五个都要拧成一股绳。随即又对弟弟妹妹说，哥哥这样对你们，你们出门要听哥哥的话。后来这五兄妹出了三个将军，两个部长。现在他们全都八九十岁了，每年大家族都会团聚，在一起纪念他们伟大的母亲。

4. 用公正的方法给予奖励。

从前有这样一个家庭，家里有兄弟两人。一天妈妈拿来一筐苹果，先让弟弟来挑，弟弟不假思索地挑了一个又红又大的苹果。妈妈看后很不高兴，说弟弟，你怎么一点谦让精神都没有啊，凭这一点，你不能吃大苹果，于是换了个小苹果给弟弟。轮到哥哥了，哥哥心想如果我拿大的，结果是和弟弟一样的，于是他动了个心眼，拿了个又小又青的苹果，结果妈妈看了很高兴，说哥哥懂事又谦让，反而给了哥哥一个又大又红的苹果。从此哥哥总结出一个道理，心里想要的东西不能明说，要用其他的方式获取。

另外一个家庭，是兄弟四个，妈妈也是分苹果。妈妈说这里有一筐苹果，外面有一块地，你们四个去翻地，谁的地翻得又快又好，谁就可以吃到最大的苹果，四个兄弟摩拳擦掌，争先恐后地干了起来，最后老大干得最好，妈妈就把最大的苹果分给了老大。从此后这家的兄弟记住了，在家里一定是多劳多得。

第一个家庭，那个哥哥成了一名罪犯，第二个家庭，兄弟四个都非常成功。谦让是中国的传统美德，我们从小就听过孔融让梨的故事，但是对于一个 4 岁的孩子来说，谦让超出了他的道德范畴，对孩子内在需求的压抑引导不好有时会发生扭曲。

适时地对老大的奖励和认可，可以让弟弟妹妹们看到榜样，也看到成长的快乐，希望自己也快快长大，能像哥哥姐姐那样能干、优秀。

当一个孩子的妈妈更多的像是当一对一的教练，当两三个孩子的妈妈更多像是一个指挥官。指挥官比教练需要更多的统筹能力和智慧，生二胎的妈妈们，你们准备好了吗?

图书在版编目（CIP）数据

妈妈学堂：让我们的孩子高贵起来 / 邵珊 著. --
北京：作家出版社，2014. 3
ISBN 978-7-5063-7052-3

Ⅰ. ①妈… Ⅱ. ①邵… Ⅲ. ①家庭教育 Ⅳ. ①G78

中国版本图书馆CIP数据核字（2013）第204463号

妈妈学堂——让我们的孩子高贵起来

作　　者：邵　珊
责任编辑：郑建华　李　雯
装帧设计：梦　石
出版发行：作家出版社
社　　址：北京农展馆南里10号　　**邮　　编：**100125
电话传真：86-10-65930756（出版发行部）
86-10-65004079（总编室）
86-10-65015116（邮购部）
E-mail:zuojia@zuojia.net.cn
http://www.haozuojia.com（作家在线）
印　　刷：三河市北燕印装有限公司
成品尺寸：170×240
字　　数：180千
印　　张：18
版　　次：2014年3月第1版
印　　次：2014年3月第1次印刷
ISBN 978-7-5063-7052-3
定　　价：30.00元